人文与社会译丛

刘东 主编 彭刚 副主编

道德的演化

[澳大利亚]理查德·乔伊斯 著

刘鹏博 黄素珍 译

译林出版社

图书在版编目（CIP）数据

　　道德的演化 ／（澳）理查德·乔伊斯（Richard Joyce）著；刘鹏博，黄素珍译. —南京：译林出版社，2023.9
　　（人文与社会译丛 ／ 刘东主编）
　　书名原文：The Evolution of Morality
　　ISBN 978-7-5447-9660-6

Ⅰ.①道… Ⅱ.①理… ②刘… ③黄… Ⅲ.①道德 - 研究 Ⅳ.①B82

中国国家版本馆 CIP 数据核字（2023）第 066373 号

著作权合同登记号　图字：10-2022-268 号

道德的演化 [澳大利亚] 理查德·乔伊斯 ／ 著　刘鹏博　黄素珍 ／ 译

责任编辑　陆晨希
装帧设计　胡　苊
校　　对　梅　娟
责任印制　董　虎

原文出版　The MIT Press, 2006
出版发行　译林出版社
地　　址　南京市湖南路 1 号 A 楼
邮　　箱　yilin@yilin.com
网　　址　www.yilin.com
市场热线　025-86633278
排　　版　南京展望文化发展有限公司
印　　刷　江苏凤凰通达印刷有限公司
开　　本　880 毫米 ×1240 毫米　1/32
印　　张　10.375
版　　次　2023 年 9 月第 1 版
印　　次　2023 年 9 月第 1 次印刷
书　　号　ISBN 978-7-5447-9660-6
定　　价　69.00 元

主 编 的 话

刘 东

总算不负几年来的苦心——该为这套书写篇短序了。

此项翻译工程的缘起，先要追溯到自己内心的某些变化。虽说越来越惯于乡间的生活，每天只打一两通电话，但这种离群索居并不意味着我已修炼到了出家遁世的地步。毋宁说，坚守沉默少语的状态，倒是为了咬定问题不放，而且在当下的世道中，若还有哪路学说能引我出神，就不能只是玄妙得叫人着魔，还要有助于思入所属的社群。如此嘈嘈切切鼓荡难平的心气，或不免受了世事的恶刺激，不过也恰是这道底线，帮我部分摆脱了中西"精神分裂症"——至少我可以倚仗着中国文化的本根，去参验外缘的社会学说了，既然儒学作为一种本真的心向，正是要从对现世生活的终极肯定出发，把人间问题当成全部灵感的源头。

不宁惟是，这种从人文思入社会的诉求，还同国际学界的发展不期相合。擅长把捉非确定性问题的哲学，看来有点走出自我围闭的低潮，而这又跟它把焦点对准了社会不无关系。现行通则的加速崩解和相互证伪，使得就算今后仍有普适的基准可言，也要有待于更加透辟的思力，正是在文明的此一根基处，批判的事业又有了用武之地。由此就决定了，尽管同在关注世俗的事务与规则，但跟既定框架内的策论不同，真正体现出人文关怀的社会学说，决不会是医头医脚式的小修小补，而必须以激进亢奋的姿态，去怀疑、颠覆和重估全部的价值预设。有意思的是，也许再没有哪个时代，会有这么多书生想要焕发制度智慧，这既凸显了文明的深层危机，又表达了超越的不竭潜力。

于是自然就想到翻译——把这些制度智慧引进汉语世界来。需要说明的是，尽管此类翻译向称严肃的学业，无论编者、译者还是读者，都会因其理论色彩和语言风格而备尝艰涩，但该工程却绝非寻常意义上的"纯学术"。此中辩谈的话题和学理，将会贴近我们的伦常日用，渗入我们的表象世界，改铸我们的公民文化，根本不容任何学院人垄断。同样，尽管这些选题大多分量厚重，且多为国外学府指定的必读书，也不必将其标榜为"新经典"。此类方生方成的思想实验，仍要应付尖刻的批判围攻，保持着知识创化时的紧张度，尚没有资格被当成享受保护的"老残遗产"。所以说白了：除非来此对话者早已功力尽失，这里就只有激活思想的马刺。

　　主持此类工程之烦难，足以让任何聪明人望而却步，大约也惟有愚钝如我者，才会在十年苦熬之余再作冯妇。然则晨钟暮鼓黄卷青灯中，毕竟尚有历代的高僧暗中相伴，他们和我声应气求，不甘心被宿命贬低为人类的亚种，遂把迻译工作当成了日常功课，要以艰难的咀嚼咬穿文化的篱笆。师法着这些先烈，当初酝酿这套丛书时，我曾在哈佛费正清中心放胆讲道："在作者、编者和读者间初步形成的这种'良性循环'景象，作为整个社会多元分化进程的缩影，偏巧正跟我们的国运连在一起，如果我们至少眼下尚无理由否认，今后中国历史的主要变因之一，仍然在于大陆知识阶层的一念之中，那么我们就总还有权想象，在孔老夫子的故乡，中华民族其实就靠这么写着读着，而默默修持着自己的心念，而默默挑战着自身的极限！"惟愿认同此道者日众，则华夏一族虽历经劫难，终不致因我辈而沦为文化小国。

一九九九年六月于京郊溪翁庄

感谢我的母亲，

让我心无旁骛地致力于学术。

目　录

致　谢

　　该研究计划最初得到了英国艺术和人文研究理事会（UK Arts and Humanities Research Board）的鼎力资助，谢菲尔德大学哲学系为我的研究也提供了时间丰裕的学术休假。在这段时间里，我的临时研究助手阿里·冯纳埃以其勤勉的工作对我相助良多。学术假期结束之前，澳大利亚国立大学的社会科学研究院为我提供了一份新工作，从而使我得以把大部分精力投入到本书的撰写中。为此我对迈克尔·史密斯永远心存感激。此外，我要感谢达特茅斯学院的莱斯利人文学科中心在2004年邀请我去做了半年访问学者，这里要特别感谢沃尔特·辛诺特—阿姆斯特朗促成了此行。对于参加达特茅斯学院每周阅读小组的成员，我要特别感谢他们为我提供的反馈和富有启发性的交流，尤其是欧文·弗拉纳根、唐·勒布和钱德拉·斯瑞庞达。回到社会科学研究院之后，我与一群研究生每周会面一次，从头到尾梳理了本书的最终稿，从中我获益甚多，为此我要感谢所有相关的人。

　　对于阅读整本或部分书稿的人，我都深表谢意，但我在此要特别赞美一个人，即金·斯特尔尼，因为他忍受了我早期书稿的诸多错谬（在这个过程中,他用完了好几支红笔,在书稿的空白处都写满批注)。其他给予我珍贵反馈的人包括乔治·博特里尔、布雷特·考尔科特、威廉·凯斯比尔、奥利弗·柯里、泰勒·多格特、里根·法郎茅、本·弗雷泽、丹尼尔·弗里德里克、彼得·戈弗雷——史密斯、吉尔·哈曼、马克·豪泽、肖恩·尼克尔斯,以及瓦尔特·辛诺——阿姆斯朗。

在我学术假期期间,以下诸位朋友为我提供了安静的(并且通常还是景色优美的)环境,让我得以思考和写作:皮埃尔和玛丽·鲍利、帕特丽夏·鲁宾逊、杰姬和弗里克·阿特金斯、吉姆和凯奥·诺兰。我还要感谢迈克尔·怀特黑德,他在堪培拉找到了一本弗朗西斯·科布的《道德上的达尔文主义》(*Darwinism in Morals*)。最后,我要对我的妻子温迪表达最深切的感激之情,她给予我无尽的爱意和支持。我还要感激刚刚出生不久的马克斯,他在我撰写该书第五章之时来到人世,这使撰写完全书变得尤为困难,但也为我的写作带来了更多乐趣。

导　论
人　性

　　对于善与恶，美与丑，相宜与不相宜，幸福与不幸，恰当与不恰当，什么是我们应该做的，什么是不应该做的等等，来到这世上的人谁没有一些先天的观念呢？所以我们每个人都使用这些词语，而且还力求把我们的先入之见用于各种特定的事例。"某人做得很好，做得不好；做得很正确，做得不正确；某人很不幸，很幸福；很正直，不正直。"我们当中有谁能忍得住不这么说？又有谁要等到学会了这些词语之后才使用它们？……这是因为，我们来到这个世界之时，自然就已经在这些领域给了我们一定程度的教诲，但从此以后，我们往后又添上了自己的妄自尊大。你问道："难道我不知道什么是公正，什么是卑鄙吗？我对此没有概念吗？"——有的。"我不是把这个概念用于特定的事例了吗？"——是的。"那么是我用得不恰当吗？"——而问题就出在这里，妄自尊大也就在这里开始发酵……现在，既然你认为自己是把先入之见适当地用于特定的事例上，那么请告诉我，你是怎么得出这个结论的？

因为在我看来是这样的。

可是在别人**看来**就不是**这样**，难道人家不会认为自己是恰当地使用了这些概念吗？

他会这么认为。

那么，在同一个问题上，有没有可能你们意见相反，但两人都正确地使用了各自的先入之见？

不可能。

那么，对于你的先入之见，你能给我们指出一些比在你**看来是这样**更好的依据吗？疯子不是也只会做在他看来正确的事情吗？对他来说，这个标准也就足够了吗？

不够。

那么，来找一点比**看起来**如何如何更可取的东西吧。

——爱比克泰德，"哲学的开端是什么"，《谈话录》

本书试图完成两个任务。第一个任务是回答如下问题："人类道德是先天的（innate）吗？"（第一至四章）首先，我们需要理解这个问题问的是什么；然后，通过几个章节的论述，我们会得到一个肯定的回答。
1 由于现有的证据还不足以保证对这个问题做出有把握的肯定或否定回答，因此得出的结论只能是暂时的，并且在一定程度上是推测性的。本书的第二个任务，则是进一步追问："那又怎么样呢？"——当然是以一种哲学的口吻（第五和第六章）。如果我们假设道德是先天的（在某种具体阐明的意义上），这能够以某种方式**维护**道德，使之避开道德怀疑主义的威胁，乃至巩固某个版本的道德实在主义吗？或者，如果道德归根结底只不过是帮助我们的祖先繁殖后代的东西，这是不是就意味着，道德的权威性反而会遭到**削弱**，或者用迈克尔·鲁斯的话来说（1986：253），"道德是基因强加于我们的各种幻觉的集合"？

对于这本小书来说，这些问题都显得过于庞大。我在这里不会自称解决了所有问题；能够概述一个哲学观点，为一个正处于发展中的研究计划添砖加瓦，我就满足了。我的目标是综合的与跨学科的，我也知道这种企图会带来的危险。但虽然如此，有些迫切而重要的问题在单个学科内不可能得到有效的处理，而本书关注的问题就是其中之一。这些重要问题当然值得一部鸿篇巨著，而我自己开始也是这样计划的。但出于一些考虑，我后来认为一本相对较为简洁和轻巧的书会更符合我的目标，尽管这样做不可避免地会令一些问题讨论得不够充分。拉尔夫·沃尔多·爱默生曾经指出，"滑过薄冰时，我们的安全就在于速度"，但速度也有其他优点。我希望没有人会认为，我这在简短的篇幅里涉及大量材料的雄心，反映了脚下根基的不牢靠。

在能够评价一个假说的真假之前，我们需要先理解它的内容。说人类道德是先天的，这话是什么意思？首先，"先天"的意义存在争议。有些理论家论证道，"先天"这个术语过于含混，我们应该把它从严肃的学术争论中剔除出去（Bateson 1991; Griffiths 2002）。我认为这种悲观的看法缺乏根据，但是我同意，任何在郑重的讨论中使用该术语的人，都应该讲清楚他或她的意思。在我看来，人们对"道德的先天性"这个问题进行争论时，通常指的是我们能否从基因的角度对道德（在某种具体阐明的意义上）进行一种适应性解释（adaptive explanation）：能否以某种基因型为祖先提供了繁殖优势来解释某些现有性状的存在。[1]这并 2

1　这个界定并不是要对**先天性**这个概念进行分析或一般说明。我并不反对在别的论述中这个术语有不同用法。

不是说，无论环境如何，一个先天性状都会发展出来［因为任何表型性状（phenotypic trait）都不是这样］，或者它的发展轨迹是被高度规定好了。这也不意味着存在一种"道德基因"。这种先天性概念，以及一般随之而来的"人类本性"概念，并不蕴涵着任何一种关于人类本质的可疑的形而上学。宣称直立行走这个特征是先天的，是人类本性的一部分，并不意味着直立行走是成为人类的必要条件（截瘫患者听到这里可以长出一口气）。

"道德"概念的歧义也增加了理解"人类道德是先天的"这个假设的难度。要澄清这个假设，我们首先需要消除概念上的模棱两可。一方面，说人类天生是道德动物的，可以是指我们天生就能做出值得道德称赞的行为——演化的过程使我们合群、友好、仁慈、公正等。任何人，只要停下来环顾四周，就不会说人类的行为**总是**有德性的，因为我们明显看到，人类这种生物也可以有暴力倾向、自私、好说谎、麻木不仁，乃至卑劣到无法形容（用马基雅维利的话来说，人类"忘恩负义、轻浮、虚伪、趋利避害"）。说人类天生就以道德上值得赞扬的方式行动，我们的意思可以是说上述那些道德上令人厌恶的方面是"不自然的"，也可以是这两方面皆为先天但值得道德称赞的成分占有主导地位，还可以是说，自然赋予了我们一些值得道德称赞的方面，跟阴暗面是否存在无关。

另一方面，我们可以用另一种的方式来理解"人类天生是道德动物"这个假设：演化的过程使我们从道德的角度进行思考，生物的自然选择使我们倾向于使用道德概念。根据上一种解释，"道德动物"这个术语指的是**道德上值得赞扬的动物**；而根据这第二种解释，它指的是**进行道德判断的动物**。同前者一样，后者也可以有多种形式：说我们天生就能够进行道德判断，意思可以是，我们被设计成对于某些特定种类的事物具有特定的道德态度（例如，把乱伦和弑父看作道德上可憎的）；

也可以是说，我们拥有一种发现某物道德上可憎（或道德上值得赞扬等）的倾向，但憎恶和赞扬的具体内容则取决于偶然的环境和文化因素。这两种可能代表了一系列立场的两端；所以，很多中间立场也站得住脚。

以上两种假设也许有逻辑上的关联：经常有人论证说，只有那些行为动机是出于道德考虑的人才适合道德评价。刑事法庭界定神经错乱的传统标准——即界定被告能否被视为道德上可谴责的标准——是被告能否"辨别是非"（在不少地方，这仍然被看作是判断神经错乱的标准）。如果这种关联是正确的，那么除非人类天生就能够作出道德判断，否则就不能认为人类天生是在道德上值得称赞的；因此，只要能证明第一个假设是正确的，就足以证明第二个假设也是正确的。然而，这个策略看上去并不那么可行，因为这里提到的关联——这个关联大意是说，能对某个人进行道德评价就意味着此人的行为是受道德所驱动——仍然存在很大争议，难以成为有力论证的基础（下文会提到，其实我怀疑这个观点是不正确的）。

我在本书关注的是第二个假说，而且我会对其进行直接的考察，而不是通过证明第一个假说。既然点明了我们关注的假说是关于人类做出道德判断的能力是否先天的，那么就不难看出，从那些支持人类亲社会性（prosociality）的论证和材料，并不能必然得出关于先天道德的结论。蜜蜂具有高度的亲社会性，但它们几乎不具备任何道德判断的能力。但什么才是道德判断？我们不能回避或轻率处理这个问题，因为除非我们对X是什么已经有了一个充分理解，否则我们对X的讨论就会一无所得。这个问题留待第二章处理。

不过在着手处理这些问题之前，为避免误解，我需要讨论一些预备的问题。我们现在谈到的观点（即人类行为或思维在某些方面是先天的），最近几十年间，在某些人当中很容易激起怒火，以至于光是提起这个问题都难免战战兢兢。我确信，对许多读者来说，我真实的看法非常令人不安，所以我也准备好了面对批评。但要是被莫须有地强加一些愚蠢或有害的观点，那就实在招人厌烦了。为了避开这类危险，让我先在某些理论信念和研究计划的大背景之下，谨慎而清楚地摆明自己的立场。

"生物社会学"（sociobiology）是一项研究纲领的名称，于1970年初显雏形。这项纲领以生物学为基础来解释社会行为，并预设相关的生物学是先天的。就从生物学角度来解释蜜蜂、蚂蚁或裸鼹鼠的社会行为而言，这项计划获得了广泛的支持，也是成功的。（一份当代生物社会学期刊登出一些无可厚非的标题，例如《论土蜂抚养后代的社会结构》《淡水指甲蛤兄弟姐妹之间的表面竞争》。）只有当这样的解释应用到人类行为上，争议才开始变味。[1]不知从何时起，生物社会学研究范围扩大了，以至于借助生物自然选择理论来解释人类行为的方式都被认为属于"生物社会学解释"。在20世纪80年代，生物社会学又把自己树立为演化心理学（evolutionary psychology），但这不仅仅是名称上的改变。生物社会学关注的是先天行为，而演化心理学关注的是行为背后的心理学机制。两者的重要区别在于，于史前时期导致适应性行为的心理机制，后来在其他的环境中发生作用时，可能会造成不同的、出人意料的，乃至不适应的行为。这里立刻需要注意三个推论。

（1）演化心理学并没有声称可观察的人类行为具有适应性，而是认为引起人类行为的心理机制才具有适应性。适应性机制的产

1　生物社会学家在某种程度上是咎由自取。菲利普·基彻尔曾经写道："生物社会学有两副面孔。一副是对着非人类动物的社会行为。它目光专注，言论明智，开口说话慎之又慎。而另一副面孔几乎被扩音器遮住了，带着极度的兴奋，高声宣讲关于人类本性的宏论。"（1985: 435）

物本身不需要具有适应性。

（2）演化心理学也不意味着适应性机制必然造成人类行为跨文化的共性。演化产生的机制可能被设计为对环境敏感的，也可能在预期之外的环境中起到出乎意料的作用，或者在没有受到恰当触发的情况下就不能发展出来。只有在这些破坏因素不存在的情况下，我们才能期待有跨文化性出现。尽管如此，如果没有任何说明普遍的外源解释因素的更好假说，跨文化性也可以作为先天性的证据。

（3）虽然保留"先天"这个术语最主要是为了说明心理学机制，但是演化心理学似乎也没有理由谈论"先天行为"——这并不是指**由先天机制而产生的任何行为**，而是一个关于过去的主张：简略地说，这种行为是由某项先天机制所产生，而且符合这个机制的设计目的（这项机制"理应"在这些条件下产生这种行为），也就是说，这项机制之所以存在，部分的原因就是人类祖先曾经在这些环境条件下进行这种行为。

宽泛来说，没有任何一个明白事理的人会反对演化心理学。我们到底为什么具有情感？为什么人类记忆力好于金鱼？为什么我们能够更好地记住其他人的面孔而不是数字的顺序？为什么我们一般都对性和食物感兴趣？为什么我们拥有良好的视力却看不见紫外线，也不具有回声定位的能力？毫无疑问，我们必须从人类祖先的生活状况中寻找答案。因此，有的人很可能会好奇为什么演化心理学引起了如此多的敌意。当中的理由在于，"演化心理学"这个名称通常所指的观点，5并不只是认为人类心智的基本官能产生于演化的压力，它还进一步认为，人类心智的**许多东西**也可以这样解释：人类心智包含了大量（可能高达几百个)先天的、负责特定领域的心理机制,每个机制都是用来应对过去的某些特定的威胁或机遇。但这样说太过模糊。要认为人类心智在多大程度上可以如此解释,要赞同多少个特定领域的机制,才能称得上是(或在某些圈子里被指责为)"演化心理学家"?上面提到的那种有道理而无异议的观点,和想用生物自然选择来解释大部分人类心智的这种导致争议与分歧的观点,两者之间似乎并不存在清楚的界限。毫无疑问,这种模糊性也部分导致了对这门学科的混淆和误解。

演化心理学承认,大量可以观察到的人类行为从演化的角度来说是"偶然的"(即这些人类行为是先天机制在新环境的产物),但它同时也承认人类行为的很多方面"理应"具有可塑性——人类心理机制的极强可塑性本身就是适应自然的结果。毕竟,大脑的功能就在于对环境的变化作出多变的反应。因此,我们可以合理地假设,人类非凡的大脑就是被设计出来应对环境变化的杰出器官,而且开放的可塑性正是人类的长项(参见 Godfrey-Smith 1996)。人们普遍认为,生物的自然选择赋予了我们杰出而且功能全面的理性能力。有了这种能力,我们就能对数不尽数的环境刺激应对自如。我们跟动物王国的其他成员的区别似乎就在于,我们有能力"自主地"找到做事情的办法,有些生存环境虽然迥异于演化设计让我们适应的环境,我们还是可以成功地应对。我想没有人会真心怀疑,人类跟所有其他的已知物种不同,人类拥有非凡的可塑性(而我们是否应该把这种可塑性归于"理性"能力则是另外一个话题)。就想想冲浪(无论海上还是网络上)、收集棒球卡、思考莎士比亚的著作,或者想想生活在纽约曼哈顿的人们如何成功周旋于日常生活中。面对极为纷繁的环境刺激,我们极为纷繁的反应行为不可能全都是事先"编写好的",即便只是使用条件性指令。这是因为,人类祖先的任何生存环境都无法囊括所有类型的环境刺激,再者人类基因组数量有限,无法容纳应对这些偶然刺激的所有指令。也许所有这些美妙的多样性都是"偶然的"(在上文阐述过的意义上),但更有可能 6 的是,人类在多个领域里的可塑性是演化所设计的特征。我们可以合理地认为,面对许多外部刺激,我们的先人依据自己的生活经历(包括从观察他人得来的信息)来制定实践决策,比起依据他/她的祖先过去的经验来制定决策更为可靠。

另一方面,认为人类心智**只不过**是具有全面的灵活性的主张,显然是错误的。事实上,没有任何一个严肃的思想家接受彻底的人类"白板说"(tabula rasa)。"白板"这个比喻所指的对象,至少要具有一定获得、操控和贮备信念的能力——因为人不能通过学习来获得学习的能力——因此,从环境中获取信念的能力本身就需要一系列复杂的内在心智机制。甚至约翰·洛克——白板说的创始人——都相信人类具有大量内置的心智能力:记忆、情感、感知、思考、意志、理解力等。对洛克而言,重要的是在人类的白板上没有刻入任何信念。但甚至连他都清楚,人类白板具有丰富的先天能力与限制。洛克写道,"我们遇到的所有人,他们品格的十分之九,无论是好是坏,有用没用,都是教育造成的"[(1693)1989:83],如果他隐含的意思是人类百分之十的品格是天生的,那么也许有人会觉得这已经足以使洛克有资格成为演化心理学家!

洛克本人无从回答的一个重要问题是:"为什么人类具有**这些**官能而不是其他?"例如,究竟为什么我们会有情感,而且是恐惧、快乐、嫉妒、内疚等这类情感,而不是其他难以想象的类型?现在,我们可以确定,答案要追溯到人类的过去。有情感,并且是具有**这些**情感,为我们的祖先带来了好处,这些特质是被选择的,我们也由此具有这些特质。当然,在稳定性中也有灵活性。除了大脑受损者,人们都具有恐惧能力，但**对什么感到恐惧**（豹子、莱姆病、股票市场崩盘，或上帝的震怒），则是从环境中学到的——其中比较重要的是我们从他人那里学到的经验。不难看出，为什么恐惧这种情感既是固定的，也是灵活的。在人类祖先生活的任何环境中，总会有值得恐惧的事物，但至于究竟是什么事物引起恐惧反应，则会因为不同环境，不同个体，以及个体生命中的不同时段而产生差别。一个很有意思的可能性是，也许有某些确定会引发恐惧的事物，它们以一定的频率稳定地出现在人类祖先的生存环境中，因此自然选择的机制发现让人类固定地害怕某些事物是高效的。[1]例如，有人论证过，相比枪支和火药，人类更容易对蛇和蜘蛛产生恐惧（Öhma et al. 2001；Öhman and Mineka 2001）。对于这个个例，尽管还有不少相互冲突的证据，但有一点是肯定的：没有什么先验的理由认为有特定目标的恐惧反应不会因此固定下来。另一方面，对于这种精微的适应性，主要的反对因素首先是人类基因组的数量有限，其次是这种性状也不太可能被单独选择出来（也就是说，没有同时选择其他有害性状）。但是毫无疑问，对于一些普遍的、稳定的和重要的环境威胁或机遇，人类具有显著的固定反应。例如，所有人都喜好食物和性。缺乏食

1　演化心理学家有时会被批评为过分随便地使用"**那个祖先环境**"，好像更新世各方面都是始终如一的，并且在演化论上有特殊地位。在很多方面更新世的环境显然不是始终如一的：人类的一些祖先生活在资源丰裕的地方，而另外一些则面临着干旱和贫瘠的环境；对一些人类祖先来说，捕食者构成一个主要问题，对另外的人则不是，诸如此类等。但是，话题要是转到解剖性状的演化过程，例如对生拇指和低位喉头的演化，这些批评者好像就对环境的差异不以为意。人们可以毫无问题地说这些性状适应于"**那个**祖先环境（因为没有什么东西有绝对适应性）：这个环境在许多方面都有所差别，但同时也展现了足够宽泛的连续性，因为（比如）对生拇指一般具有普遍的适应性。演化心理学家只不过是对心理机制作出了同样的断言。至于"更新世"具有演化的特殊地位：更新世囊括了最近的、时间跨度足够长的人类演化世系，足以发生重要的生物自然选择。因此，如果想要理解**现在的我们**，给更新世以特别的关注是很合适的。毫无疑问，人类身上也有源于上新世、中新世，乃至更早时代的适应（adaptation），但我们所有的适应，包括非常古老的适应，都需要能在更新世维持下来。

物或性时，我们会更加渴望得到它们。（食物**和**性同时稀缺的情况下，食物胜出：在救生艇上饥肠辘辘的人们根本不会充满爱意地凝视着他人丰满的肢体。）

　　生物社会学的早期批评者很想贬低这个研究领域，于是不断叫嚷"基因决定论！"，直到这项指控深入到普罗大众的心中。但是事实上，任何一个有判断力的人都不会支持基因决定论，更别说著名的生物社会学家们了。以上讨论也足以表明我不是基因决定论的支持者。自然/教育（nature/nurture）的二分法早已经入土为安，乃至现在光是提到它入土为安，都已然令人厌倦。说人类道德在基因层面上是"编写好的"，意思并不是要否定文化影响的核心地位，甚至也不是说道德的出现**完全**不可避免。环境因素有多容易对基于基因编码而形成的性状的发展造成影响乃至妨碍，这是个实证的问题。例如，苯丙酮酸尿症（PKU）属于遗传性的新陈代谢紊乱，这种疾病可以严重地妨碍心智发育的程度，但是单靠饮食上的限制，就很容易避免患病。与之相对，唐氏综合征是由于遗传因素而导致的机体紊乱，迄今为止，尚没有任何方法能避免基因特性的显现。[1]基因型和表现型之间没有一般性的联系。因此，史蒂芬·杰伊·古尔德当年的这句话是完全错误的："如果我们是被编写成为现在这个样子，那么这些性状就是不可避免的。我们最多只能引导它们，但是我们不能通过我们的意志、教育或文化来改变它们。"（1977：238）这句话一般而言不可能是正确的，除非他所谓"被编写"的**含义**就是不能为意志、教育或文化所改变的东西（这样的话，他的观点就显得没有什么价值了）。有的人身上的某些性状虽然在基因

8

1　我并不是主张，依照我之前规定的"先天"的用法，这两种情况都是"先天的"。但是，在"编写好"这个词组的核心意义上，这两者都是在基因层面上"被编写好的"。

层面上是被"编写好的",但完全是可以预防的,PKU只是其中的一个明显的例子。

我们也可以设想,进行道德判断时的倾向是某种先天的条件性策略的产物。在这种情况下,即使某个社会没有明确的道德体系,该社会的存在与"道德是人性的一部分"的假设也不冲突。因为这种社会可能没有满足相应的前提条件。[1]确实,如果我们与我们祖先的生存条件极其不同,那么在原则上,具有道德体系的现代社会就可能不会存在(即可能整个现代社会中都不存在一个有道德的人类),但即便如此,"道德是先天的"这个观点仍然可以得到辩护。强调这些可能性只是为了说明一点:即便有些东西是人类本质的一部分,它们的显现也不是必然的。但是我们当然清楚,现代的人类社会具有道德体系;事实上,几乎所有的人类社会中都有道德体系(参见Roberts 1979; Brown 1991; Rozin et al. 1999a)。只有当一个共同体有严重而明显的问题和错误时,才会出现类似道德崩溃的状况。为了找到一个共同体道德完全崩坏的历史事例,我最初考虑的是欧洲在三十年战争[2]中所遭受的可怕打击。在那段时期,纽伦堡的大街小巷里有人肉出售(还有其他骇人听闻的事件)。但我随后意识到,**出售**人肉这个事实表明,即使在那时,某种道德框架依然成立。就算在最可怕的情况下,道德仍然紧紧伴随着人

1　这里有一个真实生活中先天的条件性策略的例子:某些毛毛虫变成棕色还是绿色的蛹,取决于它们所附着表面的颜色(参见Starnecker and Hazel 1999)。这些毛毛虫能对它们周围的环境产生反应,但这种反应是在基因层次编写好的,以某种的不连续方式对一定的环境变数产生反应。我们可以认为,毛毛虫的基因组间接编码了以下条件式反应:"如果遇到X,那就做φ;如果遇到Y,那就做Ψ。"把一定数目的毛毛虫突然放置到没有绿色事物的环境中,这些毛毛虫最后变成的蛹可能没有一只是绿色的。即便如此,变成绿色的蛹仍然是"毛毛虫本性"的一部分,而变成紫色或柠檬色则不是它们的本性。

2　指1618年至1648年发生在欧洲的一系列战争,战火波及大部分欧洲国家,是欧洲历史上破坏最严重的战争之一。——译注

类——或者更恰当地说,人类仍然坚持着道德。这个令人注目的现象迫切需要一个解释。

即使道德信念具有先天的基础,它们也不太可能是无法避免的,这样一来,就可以驳斥任何类似"用演化论解释道德在某种意义上剥夺了我们的自由"的担忧。帕特丽夏·威廉姆斯(1993)曾经论证道,假若道德是先天的,那么我们的道德判断受到来自内部的强制。然而,要成为有伦理道德的人,我们必须是自由的,由此来看,以演化论解释我们的伦理在根本上是不融贯的。因此,道德不可能是先天的。对于人类自由意志这个问题,我没有什么特别要讨论的,而且我认为它偏移了现在的争议焦点。许多哲学家认为,自由并不包括用单纯的心灵意志来改变神经因果过程的能力;自由只不过意味着根据自己的欲望而行动。那么,对一个行动的演化解释也许可以帮助澄清该行动的自由本质,因为它可以解释与该行动相关的欲望的起源。人类欲望毕竟不是无中生有的——所有欲望都有历史背景,其中一部分就是演化的历史。在我们的日常观念里,信念和欲望都经常受环境因素的激发,但并没有因此就成为了"被强制的"。我不能明白为什么受基因因素所激发的信念和欲望就有所不同。

人类不同的社群有不同的道德体系,但这并不会削弱道德是先天的这个假说,因为该假说未必就主张具有特定内容的道德根植于人类天性。类似地,说人类拥有先天的语言学习机制,并不意味着日语、意大利语或斯瓦希里语是先天习得的。我们都有能力学习任一种语言,而最终学会的是哪种语言则由社会环境决定。任何道德体系的内容和框架都受到文化的影响,这一点毫无疑问,然而共同体有道德规范这个事实本身可以用某些心理机制解释,而这些心理机制正是被生物自然选择所塑造的。尽管如此,自然选择对道德的内容多少**有一点**兴趣,并

9

且偏爱某些宽泛而全面的普遍内容，这是完全可能的。(我稍后将会讨论的证据表明在所有的道德体系中都有些共同的主题。)尽管人类祖先的生活环境多种多样，这种"固定的"内容可能与某些提高人类适应性的行动和判断有关。如果环境有变化，灵活性是一件好事；但假若环境的某些因素是保持不变的(例如，我们难以想象在什么持续的情况下，人类吃自己的孩子会提高适应性)，具有固定内容的道德态度可能更为高效。毕竟一般来说，表型可塑性(phenotypic plasticity)的代价非常高：要收获学习的成果，就要冒着反复尝试的实验风险，而这可能需要付出高昂的时间代价。(想想在你的皮肤晒黑之前，因为过度暴晒而导致晒伤的难受，或者在免疫系统还没开始抵抗之前，你因患病而承受风险。)

针对生物社会学和演化心理学，一直有一种抱怨：研究这些领域最终会引发不良的政治后果。谢天谢地，这种声音近年来有消退的迹象。不要忘了，早期给这些研究领域定调的批评背后有一个政治动机。在《不在我们的基因中》(*Not in Our Genes*)一书中，理查德·列万廷、史蒂文·罗斯、利昂·卡姆明等人展开了对生物社会学猛烈而影响巨大的攻击。他们至少非常坦率地承认，他们都信奉社会主义，还把他们"批判性的科学"看作是"努力创建社会主义社会这个过程的一部分"(1984：ix)。在其他论著中，列万廷和理查德·列文斯非常骄傲地宣称："……我们一直试图有意识地用马克思主义哲学作为我们的研究指导，并已获得一定的成果。"(Levins and Lewontin 1985：165)这种坦承政治动机的行为令人不安，但我在这里要强调的并不是这一点——尽管从智识的角度看他们的观点确实很讨厌(甚至对于马克思主义者来说也是一样)。我要强调的是他们的奇特预设：以达尔文主义方法对人类的心理和行为的研究就应该会有一个明确的政治后果。与一些理论家不同，我并不否认达尔文主义的心理学可能有政治含义（因为政治决策原则上可以受任何一类事实信息的影响）。但是，假如达尔文主义的心理学确实有政治含义，那么，要证明这种含义就需要谨慎而复杂的论证，而迄今为止还没有人提出过这样的论证。在早期批评言论背后的政治恐惧——害怕生物社会学会为种族主义、性别歧视以及等级主义等开脱——当然是不成熟和缺乏根据的。一直以来都有人忧虑，假若用演化论来解释一些道德上可憎的行为，这可能就是以某种方式把这些行为变得合理了，或是给那些令人嫌恶的作恶者提供了借口，或是表明了改正这些行为的努力是徒劳的。但是我们已经看到，所谓演化心理学揭示行为的发生是"必然的"，"受基因所决定的"，或者"不是自由的"只不过是稻草人论证（并且一直如此）。[1] 假设演化心理学揭示了人类大脑的发展是为了使人类心智适应大家族生活。单凭这个假设无法证明这个行为是正当的，也不能证明这个行为是不可避免的，甚至不能证明这种生活安排能够令我们更幸福。（谁说自然选择偏爱幸福的生物？）即使演化心理学确实有特定的政治含义，有就有吧。根据政治偏好而接受科学理论，罔顾经验证据的支撑，仅仅因为实践后果而否决一个理论，就我目前所知，这样的决策方式从来没有资格在人类的知性探索活动中占有一席之地。

　　人类的心理机制，在多大程度上能用具体而分散的先天官能（而不是用学习过程和功能全面的灵活性）来解释，对于这个问题，就让我们的不确定态度同现有的证据保持恰当比例。至于这方面的发现是否具有实践或道德含义，让我们假设答案是否定的，除非我们见识到有某个

1　traw-man argument，一种推理和论证的谬误，指在论辩中先歪曲对方观点，再攻击曲解后的观点。——译注

11　合理清晰的论证支持肯定答案。很难想象会有人反对上述两个原则。尽管我驳斥了对于达尔文主义心理学的一些错误反驳，我还是理解谨慎的必要，并且我也意识到，不是所有的反对观点都是那么幼稚的。[1]在这本书中，我并不认为人类心智的很多方面都可以直接用演化论来加以解释——对于人类心智，我并不是在鼓吹一个"泛模块"的观点，否定全面的组织机制，因此我也不大确定，以下章节所同情的许多观点是否算得上支持某种（更富争议性的）演化心理学。对于有关先天道德官能的问题，在我们检验证据之前，两种假说都不应该轻易否决。生物自然选择应该发展出一些专门用于产生道德判断的机制，这么说看起来是完全合理的。但与此同时，说自然选择没有发展出针对道德判断的官能，说道德判断是由文化产生的能力，基于更全面的心理官能，这看起来也很是合理。本书的大部分内容，即前四章，都将致力于处理这个

12　难题。

1　更为冷静的谨慎言论可参见Kitcher 1985；Dennett 1995；Sterelny and Griffiths 1999；Sterelny and Fitness 2003。

第一章

助他行为的自然选择

1.1　利他主义与利己

　　道德思维有什么价值？从道德的角度评价自己和别人，能带来什么好处？我们可以合理地假定，这些问题的答案与帮助他人、相互合作有关。我们都隐隐约约地觉得，一个愿意使用"美德"、"义务"或"正义"这些概念来设想人际关系的人，比起对这些概念完全陌生的人，更有可能是有益的社会成员。本书第四章将详细分析这种想法，而我现在提及这点，是因为有人可能认为，这个想法对道德先天性的假说构成了直接的阻碍。有人会说，自然选择不就是一场比赛，最后的冠军属于不羁的个人主义者吗？本书第一章的主要目标就是要指出这个疑虑是错误的。我将会概括出几种方式，来说明帮助他人和相互合作的性状可能是如何演化出现的。但在开始这个任务之前，我们首先应该弄清楚一些容易被误解的术语。对于助他行为（helping）的自然起源这个主题，大多数相关文献都宣称自己研究的是利他主义行为（altruism）的演化过程,但在多年来对演化论的讨论中,利他主义这个术语总是被处理得含糊其辞,敷衍了事,导致某些领域总是混乱不堪,结论也常常错误。对于本书来说,在这一点上做到概念精确是非常重要的,因此我下面先做出一个三重区分。

助他行为(helping)能以某种方式为他人带来好处的行为。与此相对的是有害的行为。[我也乐于把这类行为称为"合作行为"或"亲社会行为"("prosocial behavior")。]

牺牲繁殖适应性的行为(fitness sacrificing)在某种意义上以牺牲自己的繁殖机会为代价,促进他人的繁殖适应性。(这通常被称为"演化利他主义"。)与此相反的则是增强繁殖适应性行为(fitness advancing)。

利他主义(altruism)目的是给他人带来好处,行为动机是对他人福利的、非工具性的关心。与此相反的是自私。

这样限定"利他主义"概念,我觉得是符合日常英语的相关用法的。在英语里,只有当一个行动的审慎**动机**是以他人利益为导向时,也就是说只有当他人的幸福是行动者的最终理由时,这个行动才是利他的。假设艾米做出了有利于伯特的行为,但是艾米之所以这样做,是因为她相信这种行为长远来看会给自己带来好处。那么,这只是一个自私的行为,不是利他的行为。假设艾米的想法结果是错误的,她从来没有从有利于伯特的行为中得到回报,获益的人只有伯特一个。这会令我们改变先前认为艾米的行为自私的判断吗?不能。一个行为是自私的还是利他的取决于驱使行动者行动的审慎动机(行动者据以而行动的考虑[1])而非取决于谁最终获益。有人怀疑,从这个角度看,不存在**任**

---

[1] 这里借用了Jonathan Dancy的用辞。

何利他主义的人类行为；他们认为，所有行为的最终目的都是为了行动者自己的利益。我们接下来将会了解，这些人（心理自我主义者）的观点几乎肯定是错误的。很多人类行为都真心地出于对他人利益的关心，而非出于自己获利的考虑。

人类以外的动物，很少（如果有的话）可以毫无异议地被认为具有人类那样的动机理由（motivating reason，即慎思时的考虑因素）。另外，人类以外的动物具有**自我**概念的显然少之又少，但这种概念是形成自私动机的必要条件。所以，人类以外的动物，很少（如果有的话）被认为必然具有利他或自私的动机。我这里并不打算对动机或意图概念给出精确的定义；对于什么生物具备这些概念，什么生物不具备，我也不想划分界限。对我来说，只需要指出这一点就足够了：植物不具有任何类型的动机或意图。尽管有些植物可能以某种方式有助于其他植物，也可能有牺牲繁殖适应性的行为，但我认为最好还是不要把植物的行为描述为"利他的"或"自私的"。

生物能互相帮助，这当然是再明显不过了，但在我们完全确定"帮助"的含义之前，还需要澄清不少概念上的困难。[1]一般来说，"让X获益"的意义等同于"促进X的利益"，但这就涉及"利益"的含义（就算我们讨论的对象是人类，而人类当然有各种利益，事情也不是这么简单）。如果有人在厨房地板上踩死一只蟑螂，说这"损害了它的利益" 14
也很正常（这样说并不需要陷入任何可疑的拟人论，不需要认为蟑螂也具备有意识的欲望、动机，乃至还可以体验到痛苦），但是要确定一只蟑螂的利益是什么，其实没有那么容易。也许归根结底，这个概念是无法

1　按照我的定义，助他行为的出现可以是非常偶然的（其实牺牲繁殖适应性的行为也是一样），但是我也意识到了Jack Wilson（2002）指出的由此产生的困难。

阐明的，所以要求阐明只是因为糊涂。但重要的是，我们并不是轻率地就把生物的利益等同于它的繁殖适应性。一只动物的利益**可能**恰巧是它的繁殖适应性（这也可以是我们对蟑螂的利益的分析结果），但情况不必总是这样。当我为我的朋友购买一件生日礼物，这可以说是一种帮助行为（即便我只是想为我的朋友带去一点快乐）。但我想要促进的是**她**（经历生老病死的这个人）的利益而不是她的基因的利益。比起"蟑螂的利益"，"基因的利益"这个说法更加站不住脚。基因在复制自身的活动中不具备任何利益，正如一条河没有被大坝拦截住，不能说这符合这条河的利益那样。然而，一个基因之所以具有某些特性，是因为这些特性可以帮助基因成功复制和延续；因此，我们可以说（用一种半隐喻的方式）基因是"被设计"成为要复制自身的，说复制是它的"目的"。如果我们允许自己这样说，那么说基因的复制活动对它而言"有利益"，看上去就难以否认了。

如果接受这种说法，认为我朋友的基因和她自己一样，都拥有各自的利益（或者，也可以说与她"个体的利益"相对的是她"遗传的利益"），那么作为她的朋友，我挑选生日礼物送给她是出于对哪种利益的考虑，答案是明摆着的。我可能送给她足够一年用的避孕套作为生日礼物，由此阻止了她的基因复制，但这并不意味着我对她的帮助就减少了。在相反的情况下，我关心的**可能**是她基因的利益（虽然这听起来很怪），所以可能暗中破坏送给她的避孕用品。但是，以这种方式促进朋友的基因的利益，并不能说我的行为对**她**是有帮助的。与此相似，杀父或弑母的行为可能促进了杀人者的基因的利益，从而也就促进死者基因的利益，但显然并不因此就降低了对于死者的伤害！除此之外，说某人由于被迫建立一个大家庭而损害了自身的利益，也没有什么不一致的。简而言之，将一个人与她的基因混淆起来是愚蠢的，这就相当于

把一个人等同于她的肺或淋巴结，而一旦我们区分了这两者，我们也必须区分一个人的利益和她基因的"利益"。 15

我承认，对于不能体验到焦虑或痛苦的生物来说，**也许**可以把它们的利益等同于增进繁殖适应性。不妨做个有用的思想实验：如果我们发现，一个生物既无法繁殖后代也不能给它的近亲在繁殖上提供帮助，扪心自问，我们对于什么会伤害这个生物体的看法，是否会因此而改变。在这种情况下，我们无法影响到它的繁殖适应性；因此，如果我们仍然愿意把踩死或杀死一个生物体看作是"伤害它"（我认为我们经常是愿意的），那么这里一定在使用另一种的"伤害"或"利益"概念，即对于**个体**的伤害。[1]（至于对于该生物的帮助，情况也类似）

至于"牺牲繁殖适应性"的行为，毫无疑问是有的。人们有时候会放弃组建家庭，来到遥远的国家，把自己奉献给那里的慈善事业。也有很多人，在战争中为了拯救他们的同伴而牺牲自己。如果他们为之牺牲的同伴是他们的家庭成员，那么他们英勇的牺牲行为仍然算是"增强繁殖适应性"的行为。但在很多情况下，他们为之而无私牺牲的人跟他们并没有血缘关系。就牺牲繁殖适应性的行为而言，**事实上引起争议**的问题不是它是否发生，而是这种行为的发生是否受到自然选择力量的驱动。有些人争论道，自然选择不可能选择牺牲繁殖适应性的行为。例如，理查德·亚历山大曾经断言（1987：3），没有"丝毫的证据"表明，这种类型的行为是"所有人类个体的正常机能的一部分"。从这里引申的推论大概是说，人类之外的动物界不存在任何非偶然的牺牲繁殖适应性行为。

---

[1] 比较学究气的补充：因为**繁殖适应性**是相对的概念，我们可以合理地宣称，我们可以通过帮助一个生物的竞争对手来伤害该生物的适应性。无论有没有被压扁，这个生物的繁殖能力都为零，但我认为必须承认相对于它竞争对手的繁殖能力，为零的情况可以更好也可以更坏。

在这一章接下来的论述中，我们会看到，与上述推论相反，牺牲繁殖适应性行为很有可能是通过生物的自然选择而产生出来的。关键在于自然选择发挥作用的生物群落有一定的群居结构。但事实上，这方面的争论其实在这里并不特别重要：对于本书的目的而言，重要的是被自然选择出来的**助他**行为。至于协助他人的行为有没有构成牺牲繁殖适应性的行为，或是不是一种促进繁殖适应性的方式，我乐意搁置不管。我感兴趣的问题是："为了控制管理这些助他行为，自然选择青睐的近因机制是什么？"一个可能正确的答案是"利他主义"。换言之，为了令一个生物顺利地帮助他人，自然选择可能偏向于那些从利他主义动机出发的行为（假定生物具备复杂的认知能力，能够有行为动机）。另一个我也赞同的答案是"道德"。为了令一个生物顺利地帮助他人，自然选择可能青睐那些做出道德判断的性状。本书的主要任务就是探索研究第二个答案。

本章余下内容的任务，是找出可以产生有助他行为生物的演化过程。这可以令我们更好地探讨以下问题：道德感是不是一种在人类中发展出来的操控助他行为的手段？但这里有一点先要谨慎对待。假设上述方法是正确的，我们确定人类的道德思维受到特定机制的操控，而这个机制是经过达尔文式的自然选择过程形成的。可是，要是由此得出这个结论，说所有的人类行动，甚至助他行为和被视作体现美德的行为，"实际上都是自私的"，可就是大错特错了。上文做出的区分可以充分表明这个结论错在何处，可是，这种妄下结论的倾向似乎既普遍，又有害，所以有必要再三强调其错误所在。理查德·道金斯基于"自私的基因"的观点（1981：3），得出"我们天生就是自私的"的结论。亚历山大（1987：3）写道，除非我们了解到社会是"个体寻求他们自身利益的集合"，否则我们就无法理解人类的行为。而迈克尔·盖斯林曾说过一句令人印象深刻的话（1974：247）："抓破一个利他主义者，看看一个伪君子流血。"但是这种观点，把自己打扮成强硬的现实主义者，其实错误地混淆了不同的解释层次（参见 Tinbergen 1963）。他们尤其犯了一个基本的错误，把心灵状态的原因和它的内容混作一谈。一个人对临近的工作面试感到非常紧张，这部分是因为他刚刚喝了四杯浓咖啡（要是没有喝咖啡，他也就不会感到这么紧张了），但是下结论说他是**对咖啡**感到紧张就是胡说八道！认为演化论揭示了我们所有动机、理性和利益的"真正"内容，其实也正是犯了这样的推理错误。假设福瑞德在照顾他患病的妻子。别人问他为什么这样做，他非常真诚地回答，因为他爱他的妻子，希望可以减轻她的痛苦。而一个演化心理学家可能会告诉我们，福瑞德照顾他的妻子只是为了提高他繁殖后代的机会，因为这样一来，他的后代就会得到照顾，而他对妻子的感情不过是一套近因机制的产物，自然选择通过这套机制，使得一个人在配偶需要的时候帮助她。这样，我们用演化论来解释了一种认知的/感情的/行为的现象：福瑞德对他妻子的爱。但是，这种解释无法说明福瑞德的动机内容，也无法证明他"真正"关心的是他的繁殖适应性，他只是间接地关心他妻子 17
的幸福。

有人可能对此提出反对意见，认为这样的类比不合适。他们可以提出，演化心理学的解释诉诸的是本身就具有利益偏好的事物（与咖啡不同）：基因。但是，我们已经看到，所谓基因拥有（字面意义上的）利益这种说法是十分不可靠的。（我认为，这个隐喻性用法引起的概念混淆远远多于它带来的理论价值——对于这种概念上的混乱，任何一本讨论道德演化的专著的作者在书的第一章都不得不费时间予以回击。）但即使我们从字面意义上讨论利益问题，由此得到的论证仍然是不可靠的。这个论证需要接受以下"利益转让原则"：

> 如果X拥有利益a、b、c，等等，并且X拥有这些利益可以被另一个事实所解释：Y拥有利益p、q、r，等等，那么，X的利益"从属于"Y的利益，并且，事实上，X的"真实的"或"最终的"利益是p、q、r，等等。

但是，我们没有很好的理由去相信这个原则，反倒有好的理由反对它。这个原则继续混淆了**解释心灵状态**（或利益）**的来源**与**提出心灵状态**（或利益）**的内容**。这个常见的概念混淆的根源或许是因为"一个理由"有歧义。**福瑞德关心妻子**的理由在于他妻子正遭受病痛的折磨。这个理由促使他采取行动，也成为他的考虑因素。妻子的痛苦之所以能够驱使他做出行动，**其理由**（或者更好地说，其理由之一）则在于，照顾一个人的配偶可以提高他自身的适应性，因此这种行为是自然选择作用于人类的结果，而福瑞德就是人类。当我们用一个人的基因具有促进复制的特性，来解释他的行为和心灵状态，那么，我们就为他之所以具有这样的心灵状态和行为提供了理由。但因此就把这些理由视为**他的**理由（即他据以行动的根据），则是一个严重的错误。我们同样可以对雪崩发生的原因产生疑问，但这样做的时候，我们不会怀疑融雪藏有什么恶意动机。[1]我并不是说，一个人的理由对她而言一定总是明显的；我只是认为，一个人的理由并不总是"归根结底"跟基因的繁殖有关。

本节所确定的行动的三个范畴，可以任意结合在一起。如果暂时

1　这种模糊性对应于"因为"这个词的模糊性。我们可以说，福瑞德关心他的妻子**是因为他爱她**——这里的"所以"指的是他的动机，是他在慎思中的考虑；我们也可以说，福瑞德爱他的妻子**是因为这样会促进他的基因复制**——这里的"因为"指的是因果—历史性的解释。这还只是"因为"这个词诸多截然不同的用法里的两种，我们一定不能混淆。

忽略那些宣称不存在利他行为的悲观论者,我们可以得到满足下列条件的例子。[1]

  ——助他的、牺牲繁殖适应性的行为,并且是利他主义的。
  ——助他的、牺牲繁殖适应性的行为,但是自私的。
  ——助他的、促进繁殖适应性的行为,并且是利他主义的。
  ——助他的行为,是促进繁殖适应性的和自私的。
  ——非助他的行为,但是牺牲繁殖适应性的和利他主义的。
  ——非助他的行为,并且是牺牲繁殖适应性的和自私的。
  ——非助他和牺牲繁殖适应性的行为,但是利他主义的。
  ——非助他的行为,并且牺牲繁殖适应性的和自私的。

18

有了这些区分,并且已经把概念上的潜在混乱消除在萌芽之中,我们就可以回到论证的第一步。需要注意的一点是,我们关注的并不是利他主义——不管是日常的心理学意义上的利他主义,还是演化论意义上的(我一直称其为"牺牲繁殖适应性行为")。利他主义对本书而言不是一个重要议题。我们首要关注的也不是"道德"行为。相反,我们的最初任务(也是本章接下来的任务)是概括出导致**助他行为**的演化论过程。在合适的时候,我们会讨论道德思维可能是人类操控助他行为的机制——但这些都是后话。有关道德的议题是我们的研究目标,但现在暂时还不会涉及。

  正如生物之所以能够移动,有许多演化上的理由,生物之所以能够彼此帮助,也同样存在不少演化上的理由。因此,我的目标并不是揭示

  1　为了避免阅读上的冗长乏味,我把具体的例子留给读者去想象。

助他行为被自然选择出来的**唯一**方式，而是勾画几种大致的演化动力：亲缘选择（kin selection）、互助共生（mutualism）、互惠（reciprocity）以及群体选择（group selection）。最后，我将会讨论文化因素是如何影响人类助他行为的特征。

1.2　助他行为的演化过程：亲缘选择

　　总被率先提及的是被称作**亲缘选择**的现象。这方面的经典论述（虽然亲缘选择是达尔文[1]隐约有所察觉的一种选择性动力）是威廉·汉密尔顿1964年的文章《社会行为的遗传演化》（"The Genetical Evolution of Social Behaviour"）。按照理查德·道金斯著名的建议，我们不妨把生物体设想为基因用来成功复制自身的载体。一个对家庭成员（即那些必定与它分享了基因的生物体）友好并乐于提供帮助的生物，可能就是基因的有用载体。对于基因来说，如果它的"载体"为了拯救三个子女，或三个同胞兄弟姐妹，或九个表亲，而牺牲自己的生命，那么这算是一桩划算的交易。牺牲生命的情况多少有点极端；我们同样关注更为温和的牺牲：你把食物分给你的兄弟姐妹，照顾你年幼的侄子（女）或外甥（女），教育你自己的孩子等。生物都应该关心它们自己的子女，这个想法深深地根植于我们的脑海里，因此我们要花一番努力，才能拉开距离，意识到这需要从演化的角度加以解释。很多生物并不关心它们的后代，它们的繁衍是以数量而非质量取胜。但是，大多数哺乳动物都费心培养高质量的后代，这就要求它们提供一定程度的照顾、食物和教

19

　　1　"即使他们（史前的发明家，即对别人有帮助的人）没有留下任何孩子，他们所在的部落还是有他们的血亲。"［达尔文（1879）2004：154］。

育。人类的婴儿极大地依赖他人的帮助，并且这种依赖需要持续很久。因此，我们应当预见，人类照顾自己后代的性状是自然选择的结果。如果基因的人类载体不愿意照料自己的后代（让婴儿一出生就自生自灭），那么这个基因也将很快消亡。

让我们考虑一下膜翅目的社会性昆虫，比如蚂蚁、蜜蜂和黄蜂。我们可以找出这些昆虫三个有趣之处。第一，它们是社会生活的成功典范。如果有一种个体组成的群体可以称得上是"超生物"（super-organism），那就首推蚂蚁或蜜蜂的巢穴。第二，它们展示了大量不同寻常的助他行为。蜜蜂拥有以自杀保护蜂房的毒刺。蚂蚁当中的工蜂不具备繁殖能力，它们每天的工作就是照料其他蚂蚁的后代。演化论需要解释这些昆虫社会生活的特殊性。不育和自杀倾向的性状是如何通过生物自然选择而形成的？难道自然选择不是更青睐那些没有毒刺的蜜蜂吗？事实上，达尔文已经意识到，社会性昆虫的特点给他提出了难题，"这难题对我的整个理论初看起来是难以克服的，事实上也是致命的"[（1859）1998：352]。汉密尔顿则通过强调这些昆虫的第三个特点，提出了不为达尔文所知的答案：它们基因的彼此关联（genetic interrelatedness）。从基因的角度看，生活在同一个巢穴里的蚂蚁、蜜蜂或黄蜂，大多数个体之间的亲缘关系比起群居的猴子、土拨鼠或人类更为接近。我们所熟悉的哺乳动物与它最直接的近亲成员之间最多只有50%的基因是相同的（除了同卵双胞胎）。[1]膜翅目昆虫则因为其染色

1　我这样的表达方式是遵从一个普遍但容易引起误会的惯例。事实上，同胞兄弟姐妹的基因的相似度高达99%以上，而且任意两个同种生物的基因相似度跟这也相差无几。同胞兄弟姐妹之间所谓"50%"的关系（以及表亲之间"25%"的关系等）指的是它们因为有共同来源而肯定相同的基因的比例；或者我们也可以把这种比率视为两者共享任意的等位基因的可能性。

体的特殊排列，呈现出另一种状况：雄性蜜蜂只有雌性蜜蜂染色体数目的一半，而巢穴的雌性"姐妹"们，作为这个巢穴中占绝大多数的成员，则有高达75%的染色体是一样的。[1]汉密尔顿规则（Hamilton's Rule）指出，自身付出代价来帮助其他成员的性状，只要满足如下条件就会被自然选择青睐：

$$rB > C$$

这里 r 是对受惠者和施惠者之间的基因关联程度，B 是受惠者得到的利益，C 是施惠者所付出的代价。在膜翅目昆虫社会中，r 经常高于同种哺乳动物的情况，这使得 C 的数值相应地增大。因此，我们可以预测20 蜜蜂的牺牲性助他行为的数量要远远大于老鼠——这事实上也正是我们观察到的情况。[2]

这样，对于自然选择为什么以及如何使生物承受一些代价来帮助近亲成员，我们就得到一个非常合理且被高度证实的理论。然而，这看起来似乎无助于我们解释人类的**道德**，因为从道德的观点看（至少在西方的传统里），偏袒家庭成员的倾向被认为是"裙带主义"。此外，亲缘选择似乎无法解释对非亲属的帮助是如何演化出现的，而后者是人类道德的重要内容之一。如果两个生物个体之间不具备血缘关系，根据汉密尔顿规则，r 的数值就为0，rB 的数值也因此为0，那么亲缘选择理论就无法解释任何 $C > 0$ 的助他行为（即那些无论如何都要付出代价的助他行为）。

1　我高度简化了这里的问题；膜翅目昆虫的基因情况是非常复杂的。

2　要正确地处理亲缘选择，不仅要考虑基因关联的程度，还必须要考虑受惠者的"繁殖价值"。一个个体与他的祖父母和孙子孙女可能都拥有同样的基因关联度（假设每代都有必要的存活时间），但帮助孙子孙女比帮助祖父母对于提高繁殖适应性要有效得多。参见 Hughes 1988。

然而，对于解释人为什么会帮助没有血缘关系的人，亲缘选择仍然是其中一个重要因素。首先，我们应该记住，帮助亲属这一特征必须包括某种近因机制，使其能识别亲属，但这种机制是会出错的（尤其在一个全新环境中），从而引起对没有亲缘关系的个体的帮助行为。对很多物种而言，气味是亲缘识别的途径；例如，一个母亲或父亲产生抚育行为，可能因为新生儿的气味激发了它们的荷尔蒙（Yamakazi et al. 2000）。但是，与此相比，亲缘确认（kin identifying）的机制可能更为粗糙。如果组成群落的只是小型家庭，频繁打交道的同类很有可能与自己具有亲缘关系，那么自然选择就能找到一个简单的解决方案："帮助那些你经常往来的同类。"有个很好的例子可以说明自然所采用的粗糙机制：孵化的小鸡会"铭印"（imprint）第一眼看到的移动物体，无论该物体是人还是旋转的红色立方体（参见 Lorenz 1937；Bateson 1966）。在自然环境中，由于小鸡刚孵出来第一眼看到的物体通常是它们的母亲，因此，这样的机制可以运作得非常良好。我们在人类社会当中也可以发现类似的现象。人类学家约瑟夫·谢泼德（Joseph Shepher；1971, 1983）研究了在基布兹[1]社区中被抚养长大的人，他发现，这些人极少与那些跟他们一起长大的人发生性关系，无论他们彼此之间有没有基因联系。解释这种现象的假说（最早由爱德华·韦斯特马克于19世纪提出）认为，这种机制最初的目的是为了避免亲属乱伦。为了使人类避免与亲兄弟姐妹发生乱伦，自然选择没有在人类中发展一个"兄弟姐妹探测器"，21而是偏向更为简单的"儿时熟人探测器"。在祖先的环境里，这两个机制挑选出来的对象几乎是一样的，而后一种机制运作成本更低（这个机制在当代得到证实，参见 Lieberman et al. 2003）。倘若人类帮助亲属（或

---

1 Kibbutz（复数形式Kibuttzim），以色列的一种集体社区，传统上以农业为主。——译注

某些亲属）的行为是由"提供帮助给那些你时常打交道的同类"的机制来调控的，而在当今人类社会中，我们接触的同类数量远远超出自然选择所设想的（包括从电视、报纸之类提供的"虚拟关系"中接触到的），那么在其他情况相同的条件下，光是依据亲缘选择，我们就能够预料到有大量帮助非亲属的行为出现。

对于帮助非亲属的行为而言，亲缘选择之所以重要的第二个原因在于，我们至少可以在亲缘选择中，找到一个对某些生物如何以及为什么具有调控助他行为的机制的解释。生物自然选择是一个保守的过程，它把旧的结构转变成新的结构，用已有的材料实现新的目标。例如，哺乳动物体内调控母亲抚育后代的行为的荷尔蒙是催产素（oxytocin），一种古老的荷尔蒙，甚至在软体动物体内也有发现，这种荷尔蒙被选择承担这项任务的历史长达两亿年（Allman 2000：97, 199）。我们现在知道，催产素也在配偶结合（pair bonding）的行为中起到关键作用，这提示我们，为了激发更广泛的、超出母亲—后代关系的助他行为，自然选择在过去数百万年中调整了它的作用（参见 Gimpl and Fahrenholz 2001；Uvnäs-Moberg 2003）。如果亲缘选择为我们的远古先祖提供了调控那些帮助亲属的行为所需要的心理和生理结构，那么在自然选择的压力驱使下，这些结构可以用于新的任务（最明显的是，帮助非家庭成员的行为）。自然选择的压力可以有好几种方式向这个方向去推动。

1.3 助他行为的演化过程：互利共生

有时候，某些目标对于生物个体是有利的，但这些生物不能独自实现。一只狮子也许想用大象肉做晚餐——否则就得挨饿——但它单凭自己无法猎杀一头大象。如果一群狮子都处于这种情形，它们可以通力合作，扑杀这头大象。如果它们不合作，所有狮子都会挨饿，甚至面临死亡。即使要扑杀的不是大象，而是可以独力捕获的动物，狮子们一起行动还是可以增加成功捕猎的概率，并且降低风险。显而易见，自然选择对引发这类合作行为的性状青睐有加，这并不需要这些狮子之间具有血缘关系。这类助他行为有时被称作**互利共生**（mutalism），有时则被称作**合作**（cooperation）。然而，在日常语境中，"合作"也可以指许多其他类型的互利互惠行为（例如将会讨论到的互惠和回报行为），因此，只在狭义上使用"合作"可能会引起混淆。而在学术圈外，"互利共生"并不常见，因此使用这个术语更恰当。[1]

基于互利共生的助他行为不是牺牲繁殖适应性的行为。一只不跟同伴合作的狮子，很可能把整个捕猎给搞砸了，由此降低了它自己的繁殖适应性。有的时候，不必所有的狮子都参与进来，捕猎也能成功，这时就会有一种选择压力促使狮子让同伴继续捕猎，而自己坐享其成。但是一般而言，参与捕猎的狮子越多，捕获猎物的概率就越大（参与捕猎的狮子受伤的机会就越小），所以在大多数情况下，参与捕猎会更好地提高自身的繁殖适应性。

我们需要注意互利共生的一个特点（为了将它与助他行为进行对比）：互利共生的双方并不需要有持续的关系。例如，为了赶走一只大型的危险动物，一群小鸟"群起而攻之"（互利行为的又一个例子），它们此时此地促进了彼此的适应性，即便事后鸟群就一哄而散，不再往来。因此，互利共生不属于一种互惠关系。这种简单的区别，我们可以

1　有人可能更偏向把"互利共生"一词限制在不同物种成员的关系上，而把"合作"用于描述同一种物种的成员之间的成本—收益关系。这种概念选择似乎渐渐不流行了，这里也没有遵循。

用大卫·休谟的一个例子来说明。假设有两个划桨者同心协力把船划到一个彼此都想去的地方。双方没有交换承诺，因为没有必要：任何一方停止了划桨，船就会原地打转；在这种情况下，想到达目的地，就需要"他们都做好各自的工作，只有一个人划桨的话，对双方都没有好处"[（1751）1983：95]。我们可以设想另一种情况作为对比：一个划桨手就可以驾船。甲答应把乙载到乙的目的地，但前提是晚些时候乙也会把甲带到甲想去的地方。这种安排就跟上例不同，包含着契约（虽然是一种隐含的契约）。前者属于互利共生，而后者则属于互惠。现在我们

23　开始直接讨论互惠。

1.4　助他行为的演化过程：直接的互惠

我们经常见到，一个人给另一个人提供帮助，帮助的价值远远超出他所付出的代价。假设有一种猴子容易受到某些寄生虫的侵扰，那么能清除这些寄生虫，对猴子而言具有非常重大的意义（甚至事关生死），而清除这些寄生虫只需要花费半个小时。亲缘选择可以解释为什么有的猴子愿意花费整个下午的时间，帮助它的家庭成员清理毛发；但它很难解释为什么在自然环境中有的猴子愿意帮助非亲属成员。为非亲属成员清理毛发，带来的好处远远多于清理者所付出的代价，尽管如此，它多少还是需要付出**一定的**成本：半个小时的时间，这足以使它找到充足的食物，或寻找到交配的机会。因此，为了没有亲缘关系的同类而做出牺牲，可以为它带来什么好处呢？一个明显的答案是，如果那些它帮忙清理的、没有亲缘关系的同类，在它清理完后（或者晚些时候）会反过来给它清理，那么这就是对大家都有利的安排。假如所有的猴子都参与这种合作，那么对任何一只猴子而言，总的好处就大于所付出的成

本。第一个清楚地观察到这个过程的人是罗伯特·特里弗斯（Robert Trivers 1971），他称之为**互惠利他主义**（reciprocal altruism）。

对于施惠者和受惠者都有利的帮助行为，特里弗斯主要的例子是珊瑚礁上的"清洁站"。在珊瑚礁上有一些小型的"清洁工小鱼"（或小虾），它们以独特的游泳姿势游向大鱼，表示乐意为大鱼清理身上的寄生虫。如果这条大鱼想要清理寄生虫，就会张开口和鱼鳃，让这些清洁工小鱼进去工作。这条大鱼感觉差不多了，就会发出信号让里面的小鱼出来。这条宿主大鱼随时都可以在享受完小鱼的清洁工作之后，再顺势吃掉它们，饱餐一顿。假如海底世界充满了这种清洁小鱼，那么，宿主大鱼似乎就应该这么做。但是，珊瑚礁只能容纳一定数量的清洁小鱼，那么让这种交易持续下去，就更有利于大鱼的繁殖适应性。它能知道去哪里可以得到好的清洁服务，也知道这些小鱼是非常稳定的清洁工，对它很有价值，胜过一餐饭。如果大鱼为了长远利益而放弃眼前的一餐饭，那么清洁小鱼放弃了什么呢？小鱼游向大鱼（甚至进入到它的口中），冒着很大的风险；因此，它们放弃的是安全。如果小鱼不承担会被吃掉的风险，它们几乎不可能得到什么好处（吃掉寄生虫）。它们可以"要诈"，趁大鱼不注意在后者鳍上吃一小口（正如某些种类的"清洁鱼模仿者"的做法一样），由此以他人为代价来提高它们直接的总利益。然而这种做法是短视的。找到好的清洁工是不容易的，找到忠诚的顾客也是一样。[1]

　　1　这个例子似乎表明，"互惠利他主义"不要求在帮助和回报之间有时间延迟。移除寄生虫的行为既是给寄主大鱼报酬同时也是给清洁小鱼的报酬。然而令人惊奇的是，在给出这个例子之前的段落里，特里弗斯说互惠利他主义就像是有时间延迟的"共生"现象，并且"时间延迟是这里的重要因素"（1971: 39）。关于精确定义"互惠利他主义"的困难的进一步讨论，参见 *Ethology and Sociobiology* 9（1988）上的多篇文章。

　　某些植物也有互惠利他主义式的成本—收益结构的关系。植物没有能力做出欺诈行为，所以也没有自然选择的压力来发展出觉察欺诈行为的能力。即使有些生物的认知能力具有可塑性，可以偶尔进行欺诈行为，互惠关系也不会很容易被利用。如果欺诈行为会破坏高度互利的关系，那么任何倾向欺诈的压力很容易被反对欺诈的压力克制。对处在持续交换关系中的双方而言，要是情况一直如此，那么自然选择完全不需诱使任何一方进行欺诈，或者教导它们如何应对欺诈。但因为只有当成本和收益在多种尺度上都达到平衡的时候，互惠交换行为才可以发展；也因为在现实世界中，价值很少是稳定的，所以，在环境因素发生变化时，互惠关系瓦解的可能性总是存在的。如果互惠关系的一方 A 表示，无论发生什么情况，它都愿意提供帮助，那么，回头帮助 A 就可能不再符合 B 的利益。假若欺诈带来的价值提高了（如果 B 可以吃掉 A，而且 B 正面临着突然的食物短缺），那么回头帮助 A 就可能不再符合 B 的利益了。如果找到愿意提供帮助的新伙伴（虽然它们同样在被骗之后就不再愿意），要付出的成本微不足道，那么再帮助 A 也同样可能不符合 B 的利益。为了使得自然选择青睐持续的交换关系，这些价值对双方而言都必须是稳定的和对称的。[1]有意思的是，在许多互惠

　　1　"对称性"这个词的意思是每一方所收到的好处都超出其付出的成本。但是在原则上，交往关系中的一方得到的好处有可能远远多于另一方。假设 B 给 A 4 个单位的帮助，这消耗了他 100 个单位的成本。听起来似乎是个糟透了的交易吧？不一定：我们还可以假设，A 接下来会给予 B 150 个单位的帮助，而这只消耗了她 3 个单位的成本。尽管交换明显不平衡，但因为 4＞3 以及 150＞100，双方都能从中获益，并且在其他条件都相同的情况下，他们应该继续维持这个安排。我们通常假定，对于互惠交换而言，重要的是一方只用相对较少的成本就能给别人带去利益。但这个假设不需要同时适用于交换**双方**。在刚才设定的情况里，这个假设对于 B 来说是不正确的。但是，当这个假设对于其中的一方来说不是正确的时候，为了弥补这一点，就需要这个假设对另一方来说是"极为正确"的：A 给出 150 个单位的帮助，而只付出 3 个单位的成本。

关系中,欺诈对方(一旦它已经得到了好处)而且不受惩罚的可能性确实存在。因此,自然选择偏向于在生物中发展出区分两种欺诈的能力,一种是会导致长期损害的欺诈,另一种是有利可图的欺诈。这又驱使生物发展出两种能力,即对欺诈行为的敏感,以及对欺诈行为的反应能力。具有这些能力的生物之间的交换关系属于**经过算计的**(calculated)互惠关系;处于这种关系中的个体,能够感知到相互之间的成本—收益结构中发生的变化,并依此调整自己的回应方式(de Waal and Luttrell 1988)。

　　如果不回报行为要付出的代价非常大,不单单是丧失了持续的交互关系,那么互惠关系的成本—收益结构就可以被稳定下来。促使这种情况发生的可能原因之一是,个人在帮助了别人之后,如果没有获得回报就会惩罚对方。另一种可能原因则是,即使你本人没有被利用,但你还是会惩罚(或拒绝帮助[1])那些你观察到有"不回报"特质的人。有人可能更进一步,会惩罚所有拒绝惩罚不帮助他人的人。这后一种惩罚性状的发展可能会受到"高阶背叛"("higher-order defection")的妨碍,因为相比自己回报别人也惩罚不回报者的人,那些同样回报别人但不惩罚不回报者的人具有更高的适应性。罗伯特·博伊德与彼得·里查森(Robert Boyd and Peter Richerson 1992)证明了,只要群体的规模足

25

1　在某些情景中,拒绝帮助他人和惩罚他人之间或许没有很大的区别,尽管惩罚他人听起来更为"积极"。例如,如果一群狒狒要终止与群体中的某只狒狒所有来往,这就跟把它杀掉差不多了。这就是我为什么觉得Chandra Sripada的尝试有问题:他把对遵守道德的两种解释,即基于互惠的解释和基于惩罚的解释,当作是**对立的**解释(2005)。惩罚经常跟互惠相伴随——特里弗斯在他1971年的文章中就已经提到了。同时也应该注意,"拒绝参与"付出的代价可能跟实施惩罚一样高昂。如果狮群要是不允许一只想搭便车的母狮子来蹭饭,那么当后者闯进来分享猎物时,它们就会把它赶走,这样做可能还要冒着受伤的危险。(狮子其实很能容忍搭便车的行为;它们的助他行为看起来是受互利共生调控的,而不是互惠,参见Heinsohn与Packer 1995。)

够小，小到所有群体成员都充分意识到不惩罚不回报之人所造成的消极后果，那么这就不是个难题。不过，他们论证道，为了解释在一个更大群体中的惩罚性状，我们必须诉诸文化的群组选择（更多相关讨论见1.7节）。

需要注意两个重要因素。首先，这些"互惠利他主义者"并不是我所定义的"利他主义者"。毕竟，例子里的清洁小鱼，并不具备做出日常意义上的利他或自私主义的行为所需要的心理条件；它们可能甚至都不具备进行**行为**的必要条件。其次，也许相对不那么明显的是，这些助他的生物也并没有表现出牺牲繁殖适应性的行为（因此，它们不是在"演化论意义上利他的"，参见 Sober 1988）。在互惠交换中，双方都没有为了对方而损失其繁殖适应性。按照特里弗斯的定义，"利他主义行为"（他指的是**助他**行为）是那些"在表面上对该生物是有害的"（1971：35）的行为。但是显然，**表面上**的牺牲繁殖适应性并不是真正的牺牲繁殖适应性，正如外表上像劳力士的手表并不是真正的劳力士手表。还有的人将"互惠利他主义"定义为**短期**的牺牲繁殖适应性行为。但是，为了长远的价值而放弃短期价值并不是牺牲繁殖适应性，正如猴子为了找到树上的果子而费力爬树并不是牺牲繁殖适应性行为一样。尽管经常有人主张，互惠利他主义和亲缘选择能够共同解决所谓的演化利他主义难题，但如果（1）我们说的"利他主义"指的是牺牲繁殖适应性的行为（而不是表面的或短期的牺牲繁殖适应性行为），（2）"适应性"指的是总体的繁殖适应性，以及（3）"对演化利他主义这个难题的**解决**"指的是，解释这样的利他主义是如何可能的，那么我就不清楚还有什么理由表明这种常见主张是正确的。但是在另一方面，对**助他行为**的演化而言，互惠性很可能确实是一个重要的过程。出于这些原因，我更偏向使用互惠交换（reciprocal exchanges），或**互惠性**（reciprocity）这两

个术语，来指称特里弗斯笔下的“互惠利他主义”。[1] 26

特里弗斯认为，我们可以用囚徒困境（博弈论研究者长久以来的至爱）来为自然界中的互惠交换构建模型。在囚徒困境（PD）中，两个人要决定如何互动：他们可以同时采取合作，也可以同时背叛对方，或者可以一方合作而另一方背叛。但是他们需要同时做出决策，然后再比较决策结果。每一个可能的结果都与两个参与者的“回报”相关（图表1.1）。用习惯的标记法，8是R（reward for cooperation，**给予合作的奖励**），10是T（temptation，**诱惑**），1是S（sucker's reward，蠢货的**回报**），3是P（punishment，两者同时招供导致的**惩罚**）。囚徒困境要求T＞R＞P＞S，并且2R＞T+S。[2]

		玩家A 合作	玩家A 背叛
玩家B	合作	8 8	10 1
	背叛	1 10	3 3

图表1.1

1　可能有人觉得这是在用词上吹毛求疵。但我见识过太多由这种约定的和半比喻式地使用“利他主义的”和“自私”而导致的混淆，因此，我认为在这里挑剔一些是有正当理由的。

2　严格来说，只有**重复**博弈才需要第二个条件。如果2R比T+S要小，那么在重复博弈中，两个参与者每人在T和S之间的来回切换比一起合作要更有利。

如果你只能和另一个玩家一起玩一次这个游戏，要知道该怎么选择并不容易。也许你觉得，相互合作会有好结果，可是一旦你选了"合作"，那你就可能被利用。你相信你的对手不会让你只得到1？为了安全起见，也许最好还是选择"背叛"，毕竟得到3起码比得到1还是要好一些。当然，如果对方也是这么考虑的，最终你们会互相背叛。但是如果游戏是**重复的**，你和同一个对手一直玩，虽然不知道什么时候停止，那情况可就不同了。你需要制定一套策略，根据对手之前的选择来做出决定。你可以决定先背叛几次，然后再用合作来向她"道歉"。你也可以无视对方是怎么做的，一直选择背叛。罗伯特·阿克塞尔罗德（Robert Axelrod 1984）使"以牙还牙"策略（Tit for Tat, TFT）声名远扬［虽然这最先是由安那托尔·拉波波特（Anatol Rapoport）提出的］。TFT极其简单：第一轮与对方合作，从这往后一直重复对手上一轮的举动。换言之，只要对方合作，你也跟着合作；永远不要率先背叛对方，

27 但如果对方选择背叛，那你就立即跟着背叛。此外，如果双方一直相互背叛，那就耐心地等到对方"道歉"为止（因为必须由她开始）。TFT是"友善的"，既不会被对方严重利用，也不利用对方。

现在回头想想那只"搭便车"、不帮同伴清理毛发的猴子。假设它先请求一只没有亲缘关系的猴子（称他为"A"）给她清理，A立刻帮助了她。随后A请她帮忙清理，却一无所获。由于A根据"TFT"规则行事，A就不会再为她免费整理毛发，除非她决定以后也为A整理毛发。到目前为止，她的确是占了便宜，因为她得到一次无偿的清理，而A却一无所获。但是如果我们考虑其A接下来的活动，她就不再是一个获利者了。她从A那里得到了无偿的毛发整理，我们再假设她也在族群里别的猴子那里都设法占到了同样的便宜（每只猴子都根据TFT而行事）。从此之后，她的运气就到头了；没有任何一只猴子愿意碰她（除

了她的亲属。为了阐明我的观点，这里假设单纯依靠亲属的照料不足以抵御寄生虫的滋扰）。同时，只要其他猴子还保持着相互交往，都乐于为彼此整理毛发。这只猴子最终将死于寄生虫感染。搭便车就到此为止了！

人们对TFT有一个通常的误解，认为TFT任何时候（或者在大多数情况下）都可以胜出。恰恰相反，TFT从来不会胜出。当对手选择合作时，选择背叛是在一轮博弈中拿到更多分数的唯一途径——而根据TFT的定义，只有自己在上一轮的博弈中受到了这样的对待，博弈者才会这样做。TFT所能获得最好结果是跟对手打平。然而，如果我们所说的"胜出"指的是别的意思，那TFT确实可以胜出。如果使用各种策略（或者各种策略的不同版本）相互争斗，胜出者是整个竞赛（假设这里不是"淘汰"赛）最后取得最高分的那位，那么TFT就可以带来胜利。虽然与任何人作为对手，使用TFT最好的结果都是平局，但假如其他所有对手彼此博弈时都有输有赢，那么采取TFT的人最终会成为赢家。在具有某些形式的竞赛中，TFT通常可以取得极大的成功。

但是，实际情况比这里描述的要复杂得多。TFT的成功完全取决于游戏设定的方式，而且有很多理由认为，这个博弈游戏的规则未能模拟出真实世界里互惠交换的许多方面（进一步的讨论，参见Hirshleifer and Martinez Coll 1988）。这里提供六个例子：

1. PD博弈的要点完全在于参与者要同时做出选择，特里弗斯则强调，互惠交换关系的重要特征是时间上的延迟。要改进PD模型，可以 28 引入交替的囚徒困境，其中博弈者做出决策之前已经知道对手的动向。

2. 真实世界里的生物会出错；在彼此之间的交流中容易发生误解。对于两个原本合作愉快的TFT博弈者来说，这是灾难性的：如果一人认为对方背叛了自己，她就会立即背叛对方，导致彼此不断选择背叛。要改进模型，可以把"噪声"（noise）引入博弈，从而有一定概率出现沟通失误和意外发生。

3. 从演化的角度看，有的策略比别的策略要付出更大的成本。采用TFT的博弈者需要有某种分辨的技能，而使用"坚持合作"（always cooperate, ALL C）或"坚持背叛"（always defect, ALL D）策略的人则不需要。因而，在只有TFT和ALL C两类参与者的博弈竞赛中（所有人都忙于跟别人合作），那些实行ALL C的人具有适应性优势，最终获得胜利。改进模型的相应方法是，对参与者的策略征收"复杂税"（complexity tax）。

4. 在跟别人往来之前，我们已经观察到了他们的其他行为。换言之，在我们坐下来开始向对手采取行动之前，我们大概已经有一定的基础来判断她将采取什么策略。这很可能影响到我们对她所采取的策略，影响到我们在多大程度上可以容忍对方偶尔的"背叛"等。要改进模型，可以让参与者树立个人"声望"，并根据对方的声望调整自己的策略。［这种改进可以包括给博弈者提供"审查交易"（scrutiny deal），在这项交易中，一方可以付出一定的代价而得到潜在对手的各种信息。］

5. 在标准的PD竞赛中，一个参与者被迫与另一个人进行博弈，无论他多么反感自己使用的策略，但是，在真实生活中，我们常常可以主动叫停彼此的互动。与4的情况结合起来，我们还可以根据某人的声望而选择完全不同他打交道。要改进模型，可以把**拒绝（再继续）博弈**作为博弈中的选项之一。

6. 虽然有的人认为TFT会"惩罚"那些选择背叛的对手，但其实这算不上真正的惩罚。它甚至算不上"以眼还眼"，因为要让耍阴招的对手品尝到一模一样的苦果（即"蠢货的惩罚"），唯一的方法就是**迫使她**合作，而你则选择背叛。特里弗斯指出，人类的互惠交换关系具有"道

德主义的侵略性"（"moralistic aggression"），这种侵略性不仅仅是TFT
式的温和反应，像"你要不改变自己的策略，我就会一直背叛你"，它表 29
现为更积极的**处罚**（penalty）手段，即谴责、孤立乃至用暴力对待背叛
者。为了改进之前的模型，可以允许参与者不仅能选择背叛，还可以更
进一步地惩罚他人（同时也要付出一定代价）。

在某些版本的PD竞赛中，大部分上述修正都有所采用（虽然也许
其中有的版本已经不能算是囚徒困境），博弈结果显示TFT并不占据上
风。首先，我们来考虑一下把"噪声"引入交互环境的修正。正如我们
注意到的，这对TFT的稳定发展意味着灾难。另一个可选策略（它也
曾风光一时）被称为"PAVLOV"。"PAVLOV"［其能力由马丁·诺瓦克
与卡尔·西格蒙德（Martin Nowak and Karl Sigmund 1993）所发现］所
遵循的策略是"获胜就继续，输了就改变"，这里**获胜**意味着得到R或T
的回报，而**失败**意味着得到S或P的回报。PAVLOV比TFT要更能承受
意外。假设有两个PAVLOV参与者，厄尔尼和伯特，正当他们都连续合
作的时候，厄尔尼不小心按错了背叛按钮。伯特输掉了这一轮，因此在
下一轮游戏中就转换到"背叛"策略。同时，由于厄尔尼赢了前一轮游
戏，他就继续使用**背叛**策略。由于两个参与者都被对方背叛了，他们马
上就又回到了互相合作的策略。（一个惊叹号显示了噪声的干扰。）

厄尔尼：……C C D! D C C……
伯　特：……C C C D C C……

重回合作关系当然很好。但是，当PAVLOV意外发现了某个一视
同仁的合作者时，让我们看看会发生什么。在第一对参与者中，杂音干
扰到PAVLOV；在第二对参与者中，杂音干扰到ALL C。

PAVLOV：...C C D！D D D...

ALL C：　...C C C C C...

PAVLOV：...C C C D D D...

ALL C：　...C C D！C C C...

采用PAVLOV的博弈者会残酷地剥削对方，直到有噪声再次干扰这个过程。有些评论者隐约意识到，TFT不是PD游戏的终极策略，但他们还是赞同以下晦涩的观点：使用某种"类似TFT"策略的人最后总是赢家。但是，假设我们认为TFT的"非剥削性"是其重要特征，那么PAVLOV很明显就不能称得上"类似TFT"。PAVLOV对那些愚蠢的善人毫不留情，这种特质对其成功贡献巨大。[1]

虽然生物可能追求类似"获胜就继续，输了就改变"的策略，以此应对周围的环境（例如在做出觅食决策时），但指望这套策略发展成熟，从而支配智能生物的交往模式，则是错误的。为什么呢？采取

30　PAVLOV所获得优胜地位的一个重要原因在于，它能利用噪声因素排除ALL C博弈者，并能够把他们剥削至死。然而，发现没有辨别能力的参与者并剥削它们，即便这样做确实有生存优势，那么生物的自然选择

　　1　对手若是ALL D（持续背叛的）博弈者，PAVLOV就会很糟糕，一直在合作和背叛之间转变，轮流地接受P和S的回报（而使用ALL D的对手则获得P与T）。尽管如此，PAVLOV要是能发现可以跟足够的其他PAVLOV博弈者互动，它仍然可以离开ALL D的环境。面对另一个PAVLOV对手，PAVLOV只能得到R（不考虑噪声）。而两个互为对手的ALL D的博弈者只能获得P（原因同上）。因此，一个PAVLOV玩家面对两个对手（一个是PAVLOV博弈者，另一个是ALL D博弈者），他的总体表现要好过一个同样面对这两个对手的ALL D博弈者，**当且仅当P+S+2R＞T+3P**。但是，我们不能说这一定会发生，因为PD模型的标准与P+S+2R＞T+3P以及P+S+2R＜T+3P都是一致的。Nowak与Sigmund更偏向于先依靠某种类似TFT的策略把ALL D "清除出去"，从而让PAVLOV能够称王称霸。

也不大可能挑选出这种效率低下的机制："耐心等待,直到你偶然使用了背叛的策略,然后看接下来会发生什么。"如果要先发现对别人都一视同仁的博弈者,才能获得这种优势,那么自然选择大概更青睐更为直接的清除方式。有的生物可能会先**故意**背叛对方,然后观望结果。但这种实验性的背叛可能面临严重的处罚。(如果你想知道某国法律是否处死叛国者,那么亲自到那里去,犯下叛国罪然后观望后果,显然是非常糟糕的满足好奇心的方式。)如果识别蠢货和叛徒是重要的,那么最好的方法大概是观察其他博弈者是如何相互交往的。显然,收集信息需要付出一定的代价(从适应性的角度来看),但是事先知道对手将会采用什么样的策略,这带来的回报是相当可观的。现在已经有一些研究者,尝试模拟PD博弈的回应方式中的这一因素(例如,Sugden 1986; Pollock and Dugatkin 1992;Nowak and Sigmund 1998;Panchanathan and Boyd 2003,2004)。然而,这些研究通常只是用声望的概念来反映一个人过去是否自发选择过背叛。可是PAVLOV的成功表明,声望也应该反映一个人是否是一个无条件合作者。

1.5 助他的演化过程:间接互惠

莎士比亚告诉我们,"凡人一生能享有的最纯洁的财富就是毫无瑕疵的声望"。达尔文以不那么夸张的语言说道,"……对赞美的热爱和对荣誉的强烈情感,以及对轻蔑和恶名更强烈的恐惧"一起构成了"促进社会美德发展的强大动力"[(1879)2004:133,156]。把声望引入我们的理解,我们就远离了标准的互惠交换,而逐渐趋近于"间接互惠"。这是亚历山大(Alexander:1987)的道德系统演化理论的核心,我也同意这个概念确实非常重要。在间接互惠的关系中,一个生物可以因为帮助其他生物而获利，它得到的好处可能远远大于它之前的帮助所付出的成本，而且给它好处的并不一定是它的帮助对象。通过下述的例子，我们可以看到声望与间接互惠密切相关：假设A对几个同类成员非常慷慨，而C观察到或听说了A的慷慨行为。同时，C也听说了B声名狼藉。基于这些观察所得的信息（也就是基于A和B各自的声望），C选择了A，而不是B，作为保持互惠关系的同伴。A付出代价帮助他人的行为获得了实际的收益，但这些收益并不来自他帮助的对象。亚历山大列举了间接互惠的三种主要形式。

> （1）对他人施加恩惠的个体，可能随后被纳入到对他有利的互惠关系中，因为对方已经观察到他在直接互惠关系中的行为，并由此判断他属于可为自己带来好处的交往者（施惠者的"声望"或"地位"被加强了，这最终为他带来好处）；（2）施惠的个体可能从群体中的所有或部分成员那里得到直接的补偿（诸如金钱，奖章或作为英雄的社会地位），这些随后提高了他（以及他的亲属）得到额外利益的可能性；（3）施惠的个体所得的奖励，可能就在于使得他所帮助的群体的成功，反过来促进了他后代或近亲的成功（1987: 94）。

关于间接互惠的一个例子是阿拉伯鸫鹛（Arabian Babblers），阿莫兹·扎哈维（Amotz Zahavi: 1997）曾经对其进行过多年的研究。鸫鹛是一种社会性鸟类，经常互相帮助：为其他鸫鹛喂食，放哨，等等。令扎哈维感到疑惑的不是这种互助行为本身，而是有些鸫鹛非常积极地提供帮助：例如，争着抢着要放哨，或把食物强塞给那些不愿接受的鸫鹛。扎哈维提出的"不利条件原理"（Handicap Principle）认为，这些鸫鹛在努力提高它们在鸟群中的声誉，用行为表示："快看看我；我多强壮和自信，足以承受这样巨大的牺牲！"如此展示强壮的身体，就有可能吸引潜在的配偶，震慑竞争者。所以这样的行为尽管在表面上不利于鸻鹬，其实完全是促进繁殖适应性的。

再想想雄孔雀巨大而笨重的尾巴。乍看起来，它的存在威胁了自然选择理论——查尔斯·达尔文曾经承认看到孔雀尾巴的羽毛就令他感到"恶心"（F. Darwin 1887：296）。然而达尔文大体上也解释了这个现象。他意识到，雄孔雀尾巴进化的最主要自然选择动力，是雌孔雀的配偶选择。[1]如果雌性孔雀更喜欢配偶拥有巨大的扇形尾巴，那么雄孔雀最后将会有巨大的扇形尾巴；如果雌孔雀更喜欢配偶的尾巴是三角羽冠状的，或是螺旋形的，红的，白的，或者蓝的，那么（其他条件相同的情况下）雄孔雀最终都会长出这些样子的尾巴。在性选择的过程中，配偶的偏好，或者对手之间的竞争，都可以产生新的性状，而这些性状原本对其所有者来说是有害的。[2]我这里并不是把一般的性选择归入到互惠范畴，只是举例说明有时自然选择会青睐代价不菲的助他性。雄性帮助雌性（比如送食物），后者因此回报以更大的利益，即繁殖后代的机会，这个例子属于直接互惠。雄性对它的同伴都提供帮助，而雌性观察到这些，并因此给予雄性更大的利益，即繁殖后代的机会（因此他们的儿子经常帮助同伴，而女儿则偏爱有助他行为的雄性），这个例子则属于间接互惠。[3]正如性选择可以产生极其笨重的身体性状，例如雄孔雀

32

1　我说的是"**大体上解决**"，因为达尔文没有解释为什么是**雌性孔雀**成为选择的一方。答案在于，很多物种的雌性必须投入大量的精力抚育它们的后代，而雄性投入很少也可以应付过去。我相信这个答案最早是被遗传学家Ronald Fisher［（1930）1999］理解的。

2　我把性选择归到"自然选择"这个更一般的标题下，而有些学者不这样归类。这只是一个使用术语的问题。

3　要是有人反对这里的分类（坚持认为对助他性状的性选择不属于间接互惠的范畴），这对于本书的论述没有实质的影响。

的尾巴，它同样可以产生代价很高的助他行为。如果好的声望带来的收益足够多，那么自然也可以选择发展能获得好声望的行为模式。如果好的声望意味着与对群体成员一视同仁分享食物，那么一视同仁分享食物的性状将得到发展；如果好的声望意味着头上戴个南瓜，头戴南瓜这个性状也会得到发展。此外，类似的情况也适用于惩罚，毕竟得到惩罚只是奖励良好声望的反面。如果某种促进自我利益的行为（或者任何类型的行为）受到严重惩罚，那么归根结底，这就不再是促进自我利益的行为了（参见 Boyd and Richerson 1992）。

一旦认识到间接互惠包含了由声望和惩罚构成的系统，并且该系统所形成的压力可以促进几乎任何性状的发展（包括代价极高的一视同仁的助他行为），那么我们也就能了解这个解释框架的潜在重要性。为了再强调互惠关系的重要性，我们应该回顾一下亚里士多德在《政治篇》中的敏锐发现，即对于能够以物易物的生物来说，事物都不只有一种功能：一支矛有利于打猎，但也可以用来交换其他物品；一个水罐可以很方便地装水，但也可以用来交易；收集食物的技能可以满足获取营养的需要，但也可以用来交换其他的利益，不逐一列举。显而易见，增多资源的功能带来的好处相当可观。

1.6　助他的演化过程：群体选择

对于直接与间接互惠交换而言，识别能力都至关重要。在直接互惠中，一方只帮助随后会回帮他的另一方；在间接互惠中，一方会根据另一方过去的表现，来决定是援助还是惩罚。但是，在某些帮助行为的模式中，施惠者不需要这样的识别能力。他们并不需要成为互惠型的施惠者；他们会帮助群体中的任何人，无论得到什么回报。乍看上去，自然选择几乎不可能青睐这样的行为。我们对于这种行为的疑虑可以表达如下：这些施惠者看起来像真正的**繁殖适应性牺牲者**（fitness sacrificers）。但是自然选择怎么可能更偏爱牺牲繁殖适应性的生物，而不是增强繁殖适应性的生物呢？

在对群体（或多层次群体）选择的辩护中，埃利奥特·索伯与大卫·斯隆·威尔逊（Elliott Sober and David Sloan Wilson 1998）说明了群体选择如何起作用的。首先，让我们设想一个**没有**助他行为的群落。假设该群落包括200个个体。这个群落的成员是人类、青蛙、狮子、植物或者电脑程序都不重要。重要的是它们以一定的比率进行繁殖。假定基线比率（base-line rate）为1.1。"基线比率"指的是一个个体在没有任何干涉（没有得到他人的帮助，也没有做出任何牺牲）的情况下繁殖的比率。因此，如果这个群体没有发生什么特别状况（没有共享和牺牲等现象），它每一代的数量就会以10%的比例增长。（为了让情况变得更简单，我们假设这个群体是无性繁殖的，并且当新的一代产生时，老一代就立即消亡。）现在让我们在这个群体中也放入少量会帮助他人的个体。这些施惠者给非亲缘关系的成员提供帮助，也由此降低了自身的繁殖能力。假设它们牺牲了自身9%的繁殖能力，来为10个同伴各增加0.4的繁殖能力（这些利益的分配是均衡也是一视同仁的，无论受益者是否自己也帮助他人）。如果我们放置10个这样的助他者在群体中，就总共有100个成员的繁殖能力提高了0.4。既然分配是均衡的，那么100个成员就有5个助他者。这个群体的繁殖能力最终是：5个助他者的繁殖速率是1.4；5个成员是1.0；95个没有助他行为的个体繁殖速率是1.5；其繁殖速率是基线比率1.1。这就导致第二代的结果如下：

群体数量=259（12个助他者，247个非助他者）

首先，我们要注意的是助他者的巨大影响力。总群体数量的净增长不再是10%的基线比率，而是达到了30%。其次，我们也需要注意到，助他者在新一代的群体数量比例：从5%降到4.6%。再经过一轮之后，第三代的情况是：

群体数量=330（14个助他者，316个非助他者）

助他个体所占比例进一步下降到4.2%。如果我们继续下去，我们就会看到这个比例将持续下降。如果存在某种限制群体数量增长的环境压力（实际上肯定有），那么助他性最终会消失，尽管它给群体带来许多利益。助他性不仅不能在种群中确立下来，它还极易被淘汰。如果我们做个类似的测试，让群体一开始有199个助他者，只有1个非助他者，这样一来，尽管群体会爆发式地增长，但非助他者的群体数量比例会逐步而稳定地上升，而助他性状则注定消亡。

现在就让我们来看看群体选择。假设群体还是从200个个体开始，其中10个是助他者，相关数值跟上次一样。但是这一次，分成各具有100个个体的群体，这两个群体至少有一段时间是相互隔离的。群体A只有100个非助他者，因此群体数量以1.1的比率增长，在第二代中增长到110个成员。群体B有10个助他者，带给其他成员的利益同之前一样（即另10个同伴繁殖率增长0.4，且均衡而一视同仁地进行分配利益）。这里有趣的地方是，相对于群体B的人口规模，助他者的比例从10%下降到9.4%，可是相对于整个群体（A+B），它们的比例从5%上升到5.4%（这是辛普森悖论的一个例子；参见Simpson 1951）。再过一轮，第三代的情况如下：

群体A　　　　　　　群体B

群体数量=121　　　　群体数量=218

（所有都是非助他者）（19个助他者,199个非助他者）

相对B的总群体数量,助他者的比例下降的程度更大（只剩8.7%）,但相对总群体,比例却有所增长（达到5.6%）。如果一直这样繁衍下去,结果就没有什么新意;如果给群体数量增长设定一个限制,同上一种情况类似,助他性状会逐渐消失。但是,假设在此之前,整个群体数量发生了特殊的变动。想象一下,整个群体数量（群体A和B加起来现在有339个成员）被混合在一起,并按比例削减到原来200个的规模,然后再分成两个群体。由于助他者的比例有所增长,它们在新的起始群体中所占比例就大于刚开始时的比例。然后,我们进行一项重要的改变：允许成员选择与它们更偏好的成员走到一起（没有人可以强迫对方和自己加入同一群体）。这类偏好并不复杂,也许只不过是选择可以受益更多的成员而已。对于任何成员（包括助他者）而言,加入由助他者构成的群体都可以获得最大的好处。结果就是当两个新群体形成时,助他者会有"抱团"的倾向。[1]助他者的比例在第三代 35 中达到5.6%,导致200个成员中有11个助他者。让我们假设所有助他者都聚集在同一群体中。

现在我们重新从两个新群体开始：A和B。其他所有的情况都跟

---

[1]　假设助他程度排名从1到12的12个个体要结合成对。每个人都想要和1结成对,除了1本人,他的首选是2。因此（在没有干扰的情况下）个体1和个体2将会结成对。个体3的首选是个体1,次选是个体2（现在都无法实现）,所以他的下一个选择是个体4。个体4的第一个选择也是个体1和个体2,但是都无法成功,所以最后满足于个体3。所以个体3和个体4最后成为一对。剩下的几对以此类推：⟨5,6⟩,⟨7,8⟩,⟨9,10⟩,⟨11,12⟩。（自不必说,要是个体12有个大棒槌,那一切都将不同。）

上次一样，只不过这次群体 B 开始的时候有 11 个助他者，而不是 10 个。在再次改变分配之前，我们让这两个群体繁衍到第三代，相对总群体数量，助他者的比例就会超过 6%。如果我们再把它们削减为两个数量为 100 的群体，而且助他者还是会抱团，那么结果群体 B 的初始群体数量中就有 12 个助他者。如果我们让群体这样繁殖到第三代，那么助他者在总群体数量中的比例会超过 7%，所以当再次削减群体数量，然后重新开始时，助他者的数量依然是会超出以往。刚开始的时候，这种变化是缓慢的，但是如果我们让这种发展模式继续下去，就可以得到一个曲线图，显示助他者数量越来越多。我这里的设定有意让助他者没那么容易成功。但要是它们能够以再牺牲 0.1 的繁殖能力的代价来多帮助 10 个个体，让受惠者都得到 0.4 的好处，那么助他者的数量增长会更快。与此相反，在前文所述的单群体模型（single-group model）中（所有 200 个成员都混在一组），这种更大的牺牲会加速助他者的消亡。

前文提到，在单个群体模型中，对其他成员一视同仁的助他者会极其容易被非助他者淘汰。那么，当非助他者出现在众多助他者之中时，多群体模型（multi-group model）会发生什么变化？我们设计一个与前面类似的模型，但是群体 A 全是助他者，而群体 B 开始有 10 个非助他者（别忘了，单个群体模型只需要一个非助他者就能逐渐淘汰助他者）。于是情况如下：

第二代：

群体 A	群体 B
群体数量 =500	群体数量 =461
（全部是助他者）	（414 个助他者，47 个非助他者）

第三代：

群体A　　　　　　　群体B

群体数量 =2 500　　　群体数量 =2 125

（全部是助他者）　　（1 904个助他者, 221个非助他者）

正如上文所述, 助他行为可以极大地促进增长。乍看上去, 非助他性状看起来运作得很好：数量从10剧增到47最后到221。实际上, 非助他者会慢慢占领群体B。但我们需要注意到, 在全部人口中非助他者的比例发生的变化：从5%下降到4.9%再到4.8%。假如我们同先前一样, 削减总数量, 组成两个各有100个成员的群体（同时保留助他者和非助他者的比例）, 并且允许个体选择跟谁走到一起。在这200个成员中, 非助他者的数量会比刚开始时有所减少。跟上次一样, 所有个体（无论是非助他者和助他者）都想与助他者分到一组, 因此非助他者就被赶到一起。如果这两个新群体繁衍到第三代, 非助他者的人口比例将会进一步降低, 在下一轮重组时, 它们后代数量就变得更少。如此往复, 非助他性状最终会消亡。

　　有人可能会抱怨说, 上面这些步骤都只是在摆弄数字, 以便得到想要的结果。这个看法倒也不是完全没有道理。但是我们要记住, 现在的目标是表明助他行为的确**有可能**通过生物自然选择而发展形成。自然选择可以用数以百万年时间, 产生一系列的生物个体, 有帮助过度的, 有帮助不足的, 乃至使用错误的方式进行帮助的, 这些助他性状都以消亡告终。但如果夹杂在诸多不成功的性状之间, 有一个能取得恰当的平衡, 并使助他行为得以发展, 那么可以预计, 这种性状总有一天会出现。大自然的耐性是很充足的。

　　同样, 让生物繁衍三代然后改变其群体数量构成, 这种设置也不应该只从字面上理解。等待三代的时间，只不过为了方便地说明在不同的群体中性状的比例是如何上升或下降的。我的意思不是说，在现实世界里，生物群体都遵循这种"重组之后繁衍三代"的模式。重点在于助他者相互联合的趋势，这种趋势直接蕴含在"人人都爱热心人"这句格言中。包含有助他者的群体，比压根没有或只有很少助他者的群体更兴旺发达。因此，助他性状（即一视同仁、不求回报的助他行为）能够得以发展。为了方便理解，我们可以设想，多群体模式的情况包括住在相邻山谷的部落，或是聚居在不同谷仓的老鼠，它们周期性地聚在一起进行交配，并组成新的老鼠群体，但也仅此而已，这些都只是些简单易懂的例子。同样的模式也适用于看上去规模很大的单个群体，只要我们允许在这个群体里助他成员也有扎堆的倾向。

这里所描述的助他者果真牺牲了它们的适应性吗？倘若如此，那么它们就具有真正的"利他的基因"了（这样称呼是为了和理查德·道金斯的著名比喻形成对比）。我们已经看到，在直接互惠助他的情形中，牺牲繁殖适应性只是表面的。珊瑚礁上的大鱼牺牲了一顿免费午餐，这只是因为它得到了更有价值的长远回报（免受寄生虫滋扰之苦）。至于助他者，看起来确实是放弃了一定的繁殖适应性：以自身的繁殖适应性作为代价，它们促进了别人繁殖后代的机会。在最初的群体B（其中90个成员是非助他者，其适应性是1.1，而10个助他者具有1.0的适应性），谁具有更高的起始适应性？是非助他者。现在再算上那10个助他者提供的利益，分配给群体中的每个成员。平均而言，助他者的适应性将会上升到1.4，而非助他者的适应性将会上升到1.5。做个非助他者仍然更有好处。

要使助他者比非助他者有更高的适应性，唯一的计算方法是把群体A纳入考虑之列。这样一来，在由**两个**群体组成的整体里，助他者的平均适应性是1.4，但非助他者的平均适应性就只有1.28。有人反驳说，这种计算并没有相关性。索伯尔和威尔逊称之为"平均计算的谬误"的一例。他们认为，只关注整体的计算得出的适应性程度，模糊了这个变化的动态过程，而动态过程才是这里的关键。如果忽略了这两个群体以不同的速率繁衍，而只是把它们视作一个数量为200的整体，其中10个成员的适应性数值为1.4，而另外190个成员为1.28，那么，我们就忽略了这些数值产生的**原因**。之所以有这些数值，是因为前者那10个成员把助他的利益分配给后者中的90个成员（以及他们本身），而剩下的100个成员则没有获得这些利益。

看起来唯一明智的结论是：（1）在一定意义上，这些助他者确实牺牲了适应性，但是在另一种意义上，它们并没有；（2）有论证认为前一种角度更具有解释效力。这样的说法多少有些模棱两可，但我觉得讨论到此为止，也并无大碍，因为对目前的研究计划而言，真正的牺牲繁殖适应性性状并不是必要的。重要的是**助他**行为确实已经被自然选择，而多群体的进路为这种选择如何产生又提供了一个模型。

上文揭示了多群体模型如何使未经筛选的助他行为得以发展。显然，如果这个模型里的助他行为是有所筛选的，那么助他行为就更容易得到发展。也许对于某些形式的助他性来说，生物群落的动态过程不足以促进其发展，但如果让助他行为略带有选择性（比如不情愿帮助那些非助他者），那么助他性状就会逐步发展。换言之，有时候群体选择 38 和互惠可以共同促进一定的助他行为，虽然两者都无法单独产生这种结果。我们没有必要把这两者视为相互排斥的过程。

也许在一种更为直截了当的意义上，互惠和群体选择是可以兼容的：互惠只是群体选择的一种形式。对于本章前面几节的组织方式，索伯尔和威尔逊大概会表示反对，因为他们会认为亲缘选择、互利共生和互惠等都应该被纳入群体选择的范畴。在继续本章内容之前,我要对我的概念分类做一点简要的辩护。

先考虑直接的互惠利他主义。索伯尔和威尔逊主张,自然选择的基本单元是**性状群体**(trait group),即成员数量为 n 的群体($n > 1$),各成员"相互影响彼此在某个性状上的适应性,但不影响该群体以外的生物的适应性"(1998: 92ff.)。由此他们得出结论,互惠利他主义只是群体选择的一种特殊形式,其特殊之处就在于这种群体只有两个成员。但是金·斯特尔尼(Kim Sterelny 1996)合理地指出,上述定义中的群体(包括互惠交换的双方),同经常被当作群体选择典范的所谓"超级生物"(尤其包括社会性昆虫的群落),是两种完全不同的类型。后一种群体的代表,常常具有极强的凝聚力和整体性,成员有共同的命运,并且这种群体拥有的适应性无法在个体层面上同等有效地得到解释(例如,新出生的蚁后杀死自己姐妹的倾向)。和普通的生物体一样,这种群体完全可以被视为是具有相当客观性的选择对象。相对而言,对于前一种群体,认为自然选择发生在群体的层面,其实并非必需,因为这种群体层面上的描述,同个体层面上的描述是等价的。对于这类群体范畴,斯特尔尼倡导一种多元进路(Dugatkin and Reeve 1994),根据这种进路,自然选择作用的对象到底是个体还是性状群体(即自然选择的过程是个体选择或是群体选择的过程),其实并没有实质的区别,只有启发价值的区别,而至于如何从中选择,则完全依赖于"我们解释和预测的便利"(1996: 572)。

我同意斯特尔尼的观点,所以也乐意承认,按照某种对于群体构成的宽泛理解,互惠关系可以算作是被群体选择的结果,但把它说成是个体选择的结果也同样可行。约翰·梅纳德·史密斯(John Maynard Smith)曾经说过,在这个问题上的争论不是"关于这个世界是什么样子的……在很大程度上，只是语义上的争论，无法用经验观察来解决"（1998：639）。但是有一种群体选择过程显然不在此列，即斯特尔尼所说的"超级生物选择"（1996：577）。有的人可能认为，人类的合作能力（比如道德）是超级生物选择的产物，而其他人则指出，人类的合作能力可以只用互惠来解释。这两种假说截然不同，但是如果我们出于方法论上的考虑，决定把互惠（以及亲缘选择）归入"群体选择"，导致这两个假说无法区分，那么，我们就不得不承认，这就为达成理论上的统一性而在解释的细节方面造成了难以接受的损失。

1.7　人类超社会性的演化

在上文中，我回顾了助他性状在生物自然选择的压力下形成和发展的四种过程：亲缘选择，互利共生，互惠交换（直接的和间接的），以及群体选择。生物学家李·杜盖金（Lee Dugatkin 1999）曾经称之为"四条通向合作的小径"；虽然我们应该对其他的可能途径持开放态度（例如Connor 1995；参见Sachs et al. 2004），但几乎可以肯定，在动物世界里，这四种方式是助他性状演化的最为重要的过程。然而，这四种过程是否足以说明人类生活的重要特征之一，超社会性，答案就很不明确了。有人觉得与灵长类近亲相比，人类社会的复杂性反而与社会昆虫的合作生活有更多的共同点，这种看法不无道理。然而，膜翅目昆虫极端的助他性状是出于不同寻常的基因关联，人类则不同，其超社会性部分的原因是我们能够以累积的方式逐代传递大量适应性的文化信息，这种能力是独一无二的。虽然我讨论的几种互惠性几乎肯定在人类发展早期发挥了巨大作用，并在人类的心智活动中留下了痕迹，但是现有的模型（Boyd and Richerson 1988, 1989, 1992）表明，互惠只有在规模相对较小的群体(类似黑猩猩群落)中才能发挥作用。对于本书的假说,这倒不是问题,因为道德确实很有可能在人类祖先规模较小的群落中栖居时开始形成和发展。然而,既然本章的总体目的是概括导致助他行为的各种过程,所以任何未能解释超社会性的讨论都是不充分的。

即便我们把惩罚非互惠者(non-reciprocators)的可能性包括在内,也无法改变一个明显的事实:互惠本身不能解释大规模的助他行为。因为我们要是这样做了,就会面临如下问题:为什么在演化的竞争中,执行惩罚的生物不会输给"随和的施惠者"?后者相互施惠,但不乐意花费精力惩罚他人。索伯尔和威尔逊会诉诸群体选择来解释惩罚性状的发展:一群惩罚者可能胜过一群随和的施惠者。有人可能会疑惑,到底为什么索伯尔和威尔逊的模型要诉诸惩罚。难道群体选择不可以直接产生互惠的助他行为吗?答案是:确实**可以**,但群体选择通过惩罚性状产生助他行为,比起直接产生助他行为,可能性要大得多。这是因为,虽然执行惩罚一般需要执行者付出一定代价,但通常来说代价并不高(与群体由此获得的利益成正比)。假设你经营小本生意,某一天,有个人走进来向你索取月收入的20%。这对你来说牺牲确实非常大。但是,如果拒绝交款的惩罚是死亡,那么你交出月收入的20%就是明智的。比较一下你自己的牺牲,和这个敲诈者为了真的威胁到你而付出的代价。或许他要做的,只不过是时不时慢慢开车经过你的房子以示恐吓而已。

牺牲繁殖适应性的性状能通过群体选择得以形成和发展,总是因为取得了竞争的胜利:提高个体繁殖适应性的动力,与促进群体利益的牺牲繁殖适应性的动力,往往背道而驰。索伯尔和威尔逊的主要贡献是证明了前一种动力不一定总能获胜。但显然,只有在提高繁殖适应性的动力较小时,牺牲繁殖适应性的动力才更有可能胜出:换言之,同样是使群体获益的性状,那些使个体遭受较小损失的,比起使个体遭受巨大损失的性状更容易得到发展。而且，如果以失去社会的尊重（社会尊重就像某种神奇物质，可以给也可以不给）作为惩罚（McAdams 1997），或者以被排挤出持续的有利交换作为惩罚，那么惩罚就无须任何成本。

虽然没有人否认基因的群体选择的确可能发生，但是在人类的遗传谱系中，它起到多大的作用，答案就不那么清楚了。这里主要的症结在于群体身份对交配选择的影响程度。例如，两个激烈竞争的部落，倘若有任何联姻或相互移居的情况发生，都不利于群体选择在基因层面上发挥作用。哪怕这两个部落拼得你死我活，但是只要胜利的成果是掳走战败方的妇女，或接纳战败方的幸存者，那么基因选择仍然会受到阻碍。

但是群体选择并不只在基因层面上发生。要知道，自然选择本质上来说与基因没有关系。达尔文很好地阐述了他的理论，但他对现代遗传学一无所知。只要存在性状变异、可遗传性以及决定于性状的差异化繁殖（differential reproduction），那么就存在选择（参见Lewontin 1970）。（如果选择是被有目的的设计所引导，那么这就是人工选择；否则就是自然选择。）他的理论本身并没有说性状一定要编码在基因里，或者能够繁殖的东西必须是生物个体。后天习得的文化实践可能导致不同群体的性状差异，也可能在群体之间传播，也可能影响到群体的延续和繁荣；因此，某些环境虽然没有引发基因的群体选择，但**文化的**群体选择有可能在这样的环境下发挥作用。[1]

要产生群体选择，群体内部必须有一定的统一性，而且群体之间还必须有一定的差异性。虽然在基因的层面上，这些条件并非完全不可能满足，但是群体间普遍的移居和通婚，使得在现实中满足这些条件

41

---

1 这种说法对文化上的东西是否能被当作复制因子的问题不置可否，因此不能同"模因论"（"meme theory"）混为一谈。参见Boyd and Richerson 2000。

非常困难。但是在文化的层面上，这些标准似乎更容易满足。人类学家乔·亨里奇和罗伯特·博伊德（Joe Henrich and Robert Boyd 1998）证明，跟群体的大多数人保持一致行为的倾向，有利于适应多变的环境，因为这种倾向可以让人可靠而高效地接触到那些更容易在周围环境中取得成功的行为（同时参见 Boyd and Richerson 1985）。模仿成功者，或者（结果经常是同一回事）模仿大多数人，可以使得个体"省掉独自学习和试验的代价，直接迅速掌握适应性行为"（Henrich and Boyd 2001：80）。因此，亨里奇和博伊德假定，基因演化在人类中形成了特定的心理机制：支持从众倾向，而且这种特性是人类独有的累积性文化的关键。尤其是再结合那些同运用惩罚策略有关的性状，从众倾向还可以解释在群体之间的差异增大时，群体内部的差异是如何被压制的。正如前文所述，惩罚在原则上可以产生群体中的任何行为，甚至是怪异或看似不适应的行为。但是，在这方面，文化性的群体选择可能有重要作用：一旦存在由不同文化群体构成的集合种群，就会有一种选择压力，有利于那些"亲社会"（prosocial）的文化性状的延续和繁荣。从整体和长远来看，一个以头戴南瓜为文化价值系统核心的群体，会输给一个看重内部和平，珍视为同伴幸福付出的自我牺牲的群体。所以，这是解释助他性的另一套理论。

关于文化的群体选择，还有一个重要的补充，即我们祖先在创造文化的过程中，极大地影响了他们生活的环境。文化性的群体选择发生时，基因的个体选择肯定也在进行，这样一来，前者的结果将会极大地影响后者的进程。例如，像畜牧这样的文化性生产活动可能促进乳糖可耐性的产生，从而影响到相应群体的基因构成。在西非，甘薯的耕作导致热带雨林被大量砍伐，产生了更多的死水，使蚊子得以大量繁殖，从而加剧罹患疟疾的风险，进一步加大了镰状红细胞等位基因的优势，因为具有该基因的杂合子对疟疾有抵抗性（Durham 1991）。还有人假设，古代文化创造的烹饪技术意味着消化食物所使用的能量更少，从而使得耗能巨大的人类大脑可以获得爆炸性的发展（Aiello and Wheeler 1995）。如果这个假设是正确的，那么不单只是我们庞大的脑袋使得文化的发展成为可能，而且文化反过来也使得庞大的脑袋成为可能。

同样，如果我们承认文化性的群体选择可以产生某种社会风气，其中非互惠的行为要受到惩罚，不愿意惩罚这种行为的人也可能被惩罚，不愿意从众的人也可能要受到惩罚，那么，我们就必须要承认，该环境中的个体要面临新的选择压力（这种压力在文化演化之前并不存在）。所以基因层面的个体选择可以产生某些心理性状，使得个体在高度奖励亲社会行为的环境里更容易取得成功（参见 Henrich and Boyd 2001）。这样一来，个体的基因演化与文化性的群体演化就可以持续进行积极的相互作用，由此产生的生物不仅具有高度社会性，而且在很大程度上，其超社会性编码在基因里。[1] 由于人类是已知的唯一会发生文化演化的生物，这种文化—基因共同演化的过程，在对动物的助他行为的各种解释中属于特例。

1.8　结论与前瞻

除去所有这些促进助他行为发展的演化过程之外，我们还可以讨论得更多，但是我这里所关心的并不是更为详尽的概念分类。我现在转向的问题是自然选择形成助他性的**手段**。假设一群古代蜜蜂遇到某　43

1　有人或许会担心，文化影响的历史是否长到能够对人类的基因组构成造成重大影响。但需要记住的是，对于现在的问题（即人的助他性），我们谈论的并不是一个全新器官的出现，而是通过亲缘选择和互惠这些过程实现的"微调"。

种压力,这种压力会促进额外的助他行为,而且亲缘选择可以用来解释这种压力。但了解这种压力的来源并不能让我们知道这种额外的助他性是**如何**形成的。我们知道,自然选择不能用魔法创造助他性更强的蜜蜂;它只能作用于控制生物行为的(无论何种)既有机制,并加以调整或转化,从而引发新的或更强的助他行为。出于这个原因,自然母亲采用什么手段形成助他行为,并没有一般性的答案,就像生物怎样获得移动能力也没有一般性的答案。决定蜜蜂助他行为的机制与促成黑猩猩助他行为的机制也不大可能有相似之处。解释这两种助他行为的演化**过程**大体上是一样的(例如,两者都来源于亲缘选择),但是演化过程通过什么**手段**才得到各自的结果,则有巨大的差异。

本书接下来的三章将考察以下论题:在自然选择为了人类相互帮助而青睐的诸多手段之中,有一种是"道德感",意为一种做出道德判断的能力。这种机制可能来自以上所述的某一种进程,也可能是几种进程共同起作用的结果。我本人认为,如果确实有这样的先天能力,那么它的出现最有可能是源于间接互惠。但是,坚持这个假说并不是本书的目的。(不过,我会在本书的4.6节讨论这个问题。同时参见Joyce, forthcoming c。)我们还有一个需要优先处理的紧迫任务,要求我们暂时放下演化论的问题。倘若对什么是道德判断缺乏可靠的理解,那么要解决道德判断的能力如何演化这个问题,任何尝试都行之不远。(忽视了这一点,就好像写一本名为《德性的起源》的书却对什么是德性缺乏任何实质讨论。)这就是下一章的目的,但是出于将在后文揭示的理由,44 我们要从讨论亲缘选择和爱开始。

第二章

道德的本质

2.1　更新世的爱

　　尽管对于我们祖先社会生活的诸多细节，我们仍然所知甚少，但有一点是可以确定的：早在几百万年前，每个人都在其婴儿时期得到了照顾。人科动物两足直立行走，大脑体积较大，这两个特征加重了婴儿的无助处境。(现代人有三分之二的神经在婴儿出生之后生长，因为能通过人类盆腔的大脑体积有限。)因为我们的人类祖先是哺乳动物，婴儿依靠哺育喂养。这个显而易见的事实意味着，我们知道至少有一个亲属必须密切地参与到帮助新生儿的任务中，即母亲。父亲的参与达到什么程度则可能存有争议。如果假设猩猩与我们的祖先(500—700万年前)比较相似，那我们就必须推断，是母亲主要承担了养育幼儿的负担，而父亲的作用相对而言并不显著。如果我们进一步假设，现代的狩猎—采集社会体现了离我们更近(例如10万年前)的祖先的生活组织模式，我们就必须推断，在某一时期事情发生了变化，"雄性亲本的高度投入"成为了最大化繁殖适应性的更好模式(参见 Wright 1994)。这个改变可能同由树栖生活向草原生活的转变有关。

母亲—幼儿联系毋庸置疑的重要性,足以使我们得出几乎确凿的结论:亲缘选择在我们遗传中是一种重要的动力。无数的思想家都意识到,对亲属的偏爱是人性的一部分。休谟写道:

> 自然给予所有动物对于后代相类似的偏袒。无助的婴儿刚一诞生,哪怕在所有旁人眼中,它都只是个卑劣和可怜的造物,但它的父母都会以最深的感情对待它。对于父母来说,任何其他事物,无论多么完美无瑕,都不能与自己的孩子媲美。这种从人性原初构造中产生的激情本身就把价值赋予最不起眼的事物。[(1742) 1987: 162—163]

早在数世纪之前,斯多葛学派就意识到另外一个关键点:其他形式的情感可以从父母与子女的密切联系中产生。西塞罗写道:

> 斯多葛学派认为,认识到双亲对他们孩子的爱是自然产生的,这是非常重要的。从这一点出发,我们可以追溯所有人类社会的发展……自然要是希望我们繁衍生息,就不大可能不关心我们是否爱自己的后代……因此,自然赋予我们对子女的爱的冲动,就像自然赋予我们对痛苦的厌恶一样明显……这也是人类自然的、相互的同情心的根源……因此,我们自然地适合形成团体、群落和国家。[(45 BC) 2001: 84—85]

达尔文主义者可以这样表达这一点:当我们的祖先仍然使用四条腿行

走的时候，调节母亲—后代联系的神经机制就已经在哺乳动物的大脑中出现，因此生物自然选择就有了基本素材，来让我们发展更深远的帮助关系。亲缘选择理论预测，这些进一步的帮助关系将出现在家庭成员之间，而许多的研究表明，现代人类的大脑确实为广泛地帮助家庭成员的倾向提供了支持。

例如，人类所有社会里都有赠送礼物的行为。如果亲缘选择和互惠是重要的解释过程，那么我们可以预期，只有在估计对方会回报自己的时候，赠礼者才会把礼物送给非亲属，但送礼给亲属则不需要这样的前提条件。马歇尔·萨林斯（Marshall Sahlins 1965）对人类学资料的全面回顾揭示的正是这一点：施惠者和受惠者的关系程度与对回赠的期望之间存在着明确的关系。苏珊·埃萨克—维塔莱与迈克尔·麦圭尔（Susan Essock-Vitale and Michael McGuire 1980）考察了大量的人类学田野研究（从20世纪50年代一直到70年代），目的是为了评估那些研究是否符合下述预测：人们会给予亲属比非亲属更多的非互惠帮助；人们会给予亲属（近亲尤甚）比非亲属更多的帮助；友谊关系是互惠性的；丰厚的和/或长期的礼物赠送现象更多来自亲属；需要大量非互惠帮助的个体会被逐步抛弃，先是被非血缘成员，接着是被远亲，最后则是被近亲。除了少数的例外，这些预测都得到了证实。马丁·戴利和马戈·威尔逊（Martin Daly and Margo Wilson 1988）有一项著名的研究，他们发现，在不同的文化圈中，有血缘关系的家族成员间的谋杀率与有姻亲关系的家族成员间的谋杀率都有一定的差别。拿破仑·沙尼翁和保罗·布戈斯（Napoleon Chagnon and Paul Bugos 1979）的研究显示，在雅诺玛人（Yanomamö）的复杂冲突中，通过参与者之间的基因联系，人们可以更为准确地预测谁会选择哪一方。甚至还有研究表明（Segal and Hershberger 1999），同卵双胞胎比异卵双胞胎更倾向于相互合作（当他们进行囚徒悖论游戏时)。要继续列举证据，支持"人类天生就有强烈的偏袒亲属的倾向"这个假说，并不是什么困难的事情(进一步的讨论参见Barrett et al. 2002，第三章)。

如果帮助亲属的倾向提高了人类繁殖的适应性(帮助的程度同关联的紧密程度成正比)，那么，自然选择的过程对我们的大脑做了什么才能取得这个结果？我认为，部分关键答案其实简单明了而且令人不难赞同：爱。父母对子女的爱，兄弟姐妹之间的爱，叔舅姑姨们对外甥子侄的爱，诸如此类。我们可以没完没了地争论爱是什么东西，但这里让我们先采纳一个自然的答案：爱是一种情感(也许同时也是别的东西)。

这里首先需要澄清一点：也许从亲缘选择中产生的爱，对象非常有限，但这并不意味着爱除了是真挚的、非工具性的和真正以他人为对象的，还要有其他属性。为了讲清楚这一点，我们可以把这种情感与性爱做比较。如果艾米是一个普通的异性恋者，她只会对男人才会产生某种特定的情感，对女人则不会。即便有此限制，我们也没有理由认为，艾米对男友的爱其实是犯了自我指向的(self-oriented，即心理学意义上的自私)道德错误。虽然这样可能有点啰唆，但还是让我重申一次之前的观点：可以从演化的角度解释爱(比如父亲对子女的爱)，并不意味着父亲的爱是由优化自身总体繁殖适应性的潜意识欲望推动的，也不意味着这种爱"归根结底是自私的"。一般而言，人类群体中的父亲并不比软体动物群体中的父亲拥有更多关于整体繁殖适应性的潜意识动机。不了解你产生爱意的某个原因(比如不了解情感的演化起源)，这不等于误解了你的情感的真正对象，更不等于你在某种意义上是在自欺。

有差别的爱不仅**有可能**符合心理利他主义的，而且还有很好的理

由认为，至少从亲缘选择的角度看，这种心理机制可以让自然选择更好 47
地起作用。非利他主义的爱（如果这样说不自相矛盾的话）是指一个
人对她爱的人的关心只是衍生性的，因为他人的福利可以反过来促进
她自己的幸福，而自己的幸福才是她行为的最终动机（一个经济学家也
许会说，被爱者的福利是施爱者的效用函数的一个影响变量）。然而，
亲缘选择最有趣的一点就在于它可以促使人们为了亲属的福利而损害
或牺牲自己的利益，哪怕没有任何回报。如果爱归根结底的是基于自
身的利益，这样的动机根本无法支持牺牲行为。以基因的利益为终极
目标的爱，倒是**有可能**支持牺牲行为——设想一下，人类被设计为能够
为自己的整体繁殖适应性而斟酌考虑，还幸运地有能力依据汉密尔顿
规则（Hamilton's Rule）进行计算和行动。但没有人会真的这样认为；
提议**基因**这一概念是我们固有的，这显然非常荒谬。那么，这件不可思
议的好事是如何演化形成的呢？如果自然选择想要人们为了基因的利
益而行动，并使用爱这种情感作为达到该目标的近因机制，那么，以基
因为导向的爱行不通，而自我导向的爱（尽管这种情感毋庸置疑非常重
要）也不会产生最大化总体繁殖适应性所需要的自我牺牲行为。既然
某些重要的基因存在于他人（尤其是亲属）体内，那么自然的解决方案
就是创造一种（有差别的和有条件的）非衍生性的、以他人为导向的爱。
（参见 Kitcher 1998, 2005）

所有的经验证据都表明，人类的行为经常是出于对他人的真诚关
心，而非归结于自私自利（Pilliavin and Charng 1990; Batson 1991, 2000;
Ray 1998）。在这个问题上，有些证据可能出人意料：人类非常乐意惩
罚违规者，宁可付出一定的物质代价——哪怕自己只是个旁观者，而且
也没有受到违规行为的影响（Fehr and Fischbacher 2004; Knutson 2004;
Carpenter et al., 2004）。在我看来（如果这里容许人身攻击的话），与此

对立的观点一般来自对人类行为的某种悲观的犬儒态度，而不是来自于任何真实的经验根据。人类这种生物确实时常作奸犯科，以自我为中心，自我欺骗等（对此没有人否认），但鼓吹以下普遍的心理学观点，即*所有*的人类行为都由内心贪图利益的小人所引导，这是错误的。没有任何先验的理由能支持这个主张，也不存在有利于该主张的经验证据；事实的情况恰恰与此相反。

有了产生这种利他主义情感和动机的神经机制，生物的自然选择就可以通过调整这些机制来实现新的目标。例如，可以利用爱亲属的能力来创造爱某些非亲属的能力。罗曼蒂克的爱情可能就是这种爱的结果，把夫妻联结起来，还（这也许是一种更犬儒的观点）激发了对通奸特殊的愤慨（Griffiths 1997: 119）。曾经有一种流行的观点认为，爱情的观念在中世纪欧洲才出现；一位19世纪的评论家，亨利·芬克（Henry Finck 1887）甚至把爱情出现的日期追溯到1274年5月1日，那天年轻的但丁狂热地爱上了比阿特丽斯。虽然在中世纪的欧洲，爱情在文化上得到了显著的表达，但更宽泛意义上的爱情可能在数千年前就已经产生了，这与拉·罗什富科的玩笑相反——他认为人们要是没读过有关爱情的书就不会坠入爱河。根据一项目前为止对于爱情最详尽的跨文化研究，89%的社会具有爱情观念，而研究人员还认为，其余的社会里很有可能也有爱情，只是人们不怎么谈论爱情，所以并未引起人类学家的注意（Jankowiak and Fisher 1992；同时参见Jankowiak 1995）。在自然选择创造爱情的能力时，很有可能利用了已有的、产生亲社会性的动机神经机制。（我已经讨论过催产素的作用，参见1.2节）

我为什么要讨论亲缘选择和爱情呢？因为我想要证明（我认为上文的讨论已经足够证明），对于人类为什么对某些他人怀有"亲社会情感"（比如爱情）的问题，亲缘选择提供了一个既便利又简单，还有经验证据支持的演化解释。但是我在这里真正想强调的是,这个答案还远远没有牵涉对**道德**的解释。问题不在于亲缘选择产生的帮助行为偏袒亲属,因为正如前文所述,亲缘选择也可以解释针对非亲属的利他主义帮助。我们暂且放下亲属/非亲属的问题;关键并不在此。假设我们又通过诉诸互利共生和群体选择,为一系列的人类亲社会性情感(爱,同情,利他主义)提出一个可靠的演化解释,这些亲社会性情感可以广泛地,甚至普遍地扩展到我们的同胞。不少理论家似乎想下结论说,这样一来我们就发现了人类道德的起源,因此可以断定道德是人性的一部分。我想要着重强调的是:这种观点大错特错。 49

2.2　抑制和禁止

几天前,我在一位朋友家里吃午餐。午餐很丰盛,将近结束时,他对我说:"别觉得你有义务把菜都吃完。"我边吃边答道:"我不觉得有义务要吃完;我是真想吃完。"这简单的交流突出了一件明显却常被忽视的事情:你做某件事是因为你**想**做还是因为你认为**应该**去做,这两者是非常不同的。[1]不难想象有一群愿望相同的人:他们都想过和平融洽的生活,不知暴力为何物。四处都是友好善良、相互扶持的人们。然而,没有理由认为这里存在道德判断。这些人们有对于杀人、偷盗等行为的**抑制**。他们做梦都不会梦到这些行为;他们也不会想去做。但是我们不必认为他们应该具有**禁止**的观念:"人不应该杀人或偷盗,因为这些行为是错误的。"但是,做出道德判断的条件之一就是理解禁止的

---

[1]　一个人做某事是因为判断他应该去做,在这种情形下显然他也是**想要**做这件事;一个人的义务感会影响他的欲望。

能力。

　　这不能同伊曼努尔·康德的著名观点混为一谈。康德认为，被亲社会性情感激发的行为在道德上不是可敬的［Kant（1783）2002：199—200］。我非常愿意接受常识的立场，反对康德的这个说法。别人的行为动机如果是爱、同情或利他主义，我们就愿意在道德上给予赞扬。我其实还认为，一个人的动机要是出于明确的道德计算，而不是直接的同情，这体现的其实是一种恶德。所以，这里并不是否认上述设想的人们值得我们称赞，也不是否认他们在某种意义上是具有美德的。我的观点争议程度要小得多：一个人如果只是出于爱或利他主义的动机而行动，他并不由此就**做出了道德判断**（假设这些情感本身并不必然包括这样的判断——这么假设看起来是没有问题的）。如果我们研究的问题是道德判断（从道德的角度思考彼此和世界）是否属于人性的一部分，那么解释自然选择如何使人类形成对他人的利他的、同情的和爱的倾50向之类，以及自然选择如何产生好人（或者也可以说是**有美德**之人），其实是偏离了目标。主张人类"天生就具有道德感"，但提供的证据只是人类祖先以道德上令人（我们）称道的方式行动，这就好像主张人类天生就具有简单的算术能力，但证据只不过是人类祖先有十个手指。

　　虽然我着重强调了这层区别，但我并不是要说同情和其他的社会情感对我们的道德生活不重要；正如我们稍后将在合适的时候所看到的，情感毫无疑问对于人类的道德至关重要。此外，我也不是特别反对把"道德情感"这个标签贴到爱、同情与利他主义等亲社会性的情感上，或者把"美德"这个标签贴到亲社会的行为上，这些行为可能出于以上这些动机（虽然在哲学传统中美德的含义远不止于此）；但做出了这样的让步，就必须要声明，道德判断的能力对于这些道德情感或美德而言并不是必需的。当然了，这些道德情感时常伴随着道德判断：当你爱上一个人，你通常会做出伤害对方在道德上是错误的这一判断。但是道德判断并不是道德情感的必要成分，因为不难设想，有一个人对另一个人的感情符合爱的标准（而且完全不想伤害对方），但是她毫无避免伤害对方的义务感。情感的本质在下一章将会得到更详细的讨论。这里所强调的只是一种解释，说明人类如何形成亲社会的倾向和厌恶（无论这些倾向和厌恶基于爱和同情，还是愤怒和反感），并不等于解释了人类如何发展出判断道德对错的能力，并且在这个意义上，也不同于解释了人类的先天道德能力。这充其量只是解释的开端。

2.3　何为道德判断？

我一再重申，"只是想要"帮助他人（或"只是想要"看到那些不愿意帮助他人的人受伤害），这本身并不包括道德判断。现在我们必须直接面对问题：道德判断究竟是什么？一个人判断某件事情是被禁止的，从而决定不做（而不是因为非道德性的抑制而不那样做），这是怎么一回事？我们无须对道德判断进行彻底的**概念**分析（我们不必在所有可能世界里都能准确找到道德判断），因为对本书的计划而言，了解了道德思维的行为后果就足够了。但无论如何，为了明确目标，我们还是 51 需要做些工作，否则我们会遭受无知之苦（正如在柏拉图的《美诺篇》里，苏格拉底说的），不了解讨论的对象，因而无法进行任何有成效的探讨：

> 美诺：苏格拉底，你能否告诉我，美德是从教育中习得的，还是通过实践而掌握的？如果美德既不能从教育或实践中获得，那么它是否来自于人的天性，或者别的什么地方？

> 苏格拉底：……如果你觉得我能回答你的问题，那真是太抬举我了。实际上，我根本不知道美德是什么，遑论美德是否可以教了。

苏格拉底自称无知时，不总是真诚的，对于目前的问题，我们的感觉可能也类似：我们不都知道道德判断是什么吗？但是我认为，这个问题极其复杂，而且根据我的经验，任何谈及这个问题的具体观点都会招来批评。对于很多（真实的或想象的）例子，哲学家和普通人一样都不确定有没有做出道德判断。（例如，某个精神病患者同意"偷窃是错的"，却丝毫不想去遵守。）哲学家们甚至在道德判断是什么类型的东西这个问题上也无法达成共识。有些人坚称，道德判断属于心灵事件，有些则认为，道德判断是一种言辞。也许在这个问题上，最稳妥的方案是接受日常用法，容许道德判断可以是两者中的任意一种。但即便我们聚焦于作为言辞的道德判断，这里的分歧依然很多。道德判断是什么类型的语言表达？有些哲学家认为道德判断表达的是命令；有些认为道德判断是我们表露感情的方式。还有些人声称，道德判断是对事实的报告。可究竟是哪一种事实呢？有的观点认为，道德判断报告的是有关说话人的事实，或有关说话人所属文化的事实，或关于上帝命令的事实；有些人（道德实在论者）则认为，道德判断报告的是独立于心灵的客观事实。但又是哪一种的独立于心灵的事实呢？对于这个问题，也有很多不同的答案。元伦理学这个领域（它不可避免地要在这些相互争鸣的立场中有所选择）有时会让人困惑不已。

我们显然没有必要在这里一举解决所有争议（这是一件好事，否则对那些问题的讨论将会填满这本同时也涉及其他主题的书）。但是，我希望排除一些理论选项（其中最突出的是"纯粹的非认知主义"），还将用一定的篇幅来强调一些我认为是道德判断的特征，这样我们就不会把它们同其他形式的价值判断相混淆。本章余下的内容就是处理这些任务。第三章讨论的是道德情感,然后我将回到关于演化的问题。　　52

　　当我们把道德判断设想为某种公共的言论,引发元伦理学争议的问题就浮现了:"道德判断表达的是什么类型的心灵状态?"我们必须谨慎处理"表达"一词的意思。这里我们并不是在问是什么类型的心灵状态**引起**道德言论。诚然,有时在别的问题上,我们确实在这个意义上使用"表达"。艾米莉踢翻了她弟弟做的沙子城堡,我们说这样做表达了她的愤怒,意思是说愤怒引起了她的行为,或者说,愤怒是解释她的行为的一个重要因素。如果艾米莉其实一点也不愤怒,我们就不得不否定这个解释。然而,我们常用的"表达"一词意思与此不同。当艾米莉稍后为踢翻沙堡向她弟弟道歉,她表达的是负罪感的情感。假设艾米莉的道歉是不真诚的,不带有丝毫负罪感之情,但这并没有改变她做出道歉的事实。一个不真诚的道歉仍然无损其成为一个道歉(正如一个不真诚的承诺仍然是一个承诺,一个不真诚的主张仍然不失为一个主张)。虽然艾米莉的道歉没有诚意,她仍然表达了悔意,因为道歉**就是**悔意的表达。这里的"表达"并不是指艾米莉与她的心灵状态之间的解释性或因果性的联系,而是指一种更加复杂的关系,这种关系包含了艾米莉、她的弟弟以及一系列的语言习惯,根据这些语言习惯,当一个人在恰当的环境下说出"我对不起",那么她就已经(至少)表达了悔恨之情。[1]

　　纯粹的非认知主义认为,道德判断(作为言论)没有表达信念,而是另外的一种言语行为。站在语义学立场上,非认知主义认为,评价性的

　　1　"至少"指的是,虽然一个人无法既道歉又不表达悔意,但一个人可以承认后悔但并不因此而做出道歉;除了后悔,道歉还有其他的必要因素,比如承认自己要负责任。参见Kort 1975;Joyce 1999。

谓词("……是错误的","……是善的",等等)只有在语法意义上才算是谓词;在更深的层面上(当我们认识到一个道德判断的"真正意义"时),这些谓词就消失了。非认知主义哲学家A. J. 艾耶尔(A. J. Ayer)在20世纪30年代有一个非常著名的论断,即"偷钱是错误的",这个判断并不是表达一个或真或假的命题,而是类似一个人用某种声调(用符号表示就是感叹号)说:"偷钱!!"以此来表示他的不赞成的感受[Ayer(1936)1971:110]。我认为,非认知主义有些地方是对的,但纯粹的非认知主义则过于极端。例如我们可以比较一下,同样是称呼一个人,"德国佬"和"德国人"这两个词有何不同。说"汉斯是一个德国人"是把汉斯描述为具有特定国籍的人。说"汉斯是一个德国佬",这不仅指出了汉斯的国籍,还表达了一种贬损的态度。说话者的轻蔑态度,不仅仅是听者从过去的观察而得出的预期,更是隐含在这个词语当中的一种根深蒂固的语言习惯——对一个不知道其轻蔑意涵的人,我们可以说他根本没有恰当地理解这个词,哪怕他能把这个词用于所有德国人且只用于德国人。宣布"汉斯是个德国佬",这个言语行为显然不能简单等同于用嘲笑、奚落的语气说"汉斯!!",因为:(1)说话人同时表达了汉斯是德国人这个信念,(2)他对汉斯表达的轻蔑不仅仅针对汉斯,而且针对所有德国人。因此,对"……是一个德国佬"这个谓词做艾耶尔式的解释完全不可行。这也让人们怀疑以那种方式解释道德谓词也是不可行的,理由是一样的。或许当我们说"偷钱是错误的"时,我们**既**做出了一个关于偷钱的断言,同时**也**表达了对谴责这个行为的准则的一种意动性接受(conative acceptance)。[在选择表述意动性因素的方式上,我参照了Gibbard(1990)的观点。]有一个简单的论证说服我接受了这个观点。

　　按照我们现在对于表达关系的理解,如果人们在环境C中说出一类句子S,该类句子的功能是表达某种心灵状态M,那么显然我们就可以预期,某人在具体环境C中说了S,接着马上加上一句,"但我并不具有M"[1],这就会令听众感到困惑。因此对于某些特定的S、C和M而言,如果确实造成了这种困惑,而且没有其他明显的方法能解惑,那么,我们就应该将这看作是S在C中表达M的证据。设想一下,在某种情境中,单单一个"对不起"就能够构成有效的道歉行为,但某人在此说道:

> (1) 对不起。但我没有丝毫悔意。

这肯定会引起听众的困惑;用J. L. 奥斯丁的话来说,这是"一句说不通的话"(1971: 18)。听者并不会认为对方正确表达了道歉之意。(1)不仅听起来"怪怪的",因为说"对不起;但是我并不打算梳羊毛"(在跟羊似乎没什么关系的情境里),也同样很奇怪;"听起来怪怪的"的句子到处都是,但(1)令人费解的缘故很特别。第一个句子表达了一种心灵状态,而第二个句子则报告了一种心灵状态——这里的古怪之处在于表达和报告的内容不一致。原本单独说出第一句话能实现的言语行为,似乎被第二句话给消除了。G. E. 摩尔让我们意识到某些话语的古怪特性,例如"这只猫在垫子上;但是我并不相信"。这就是后来为人所知的**摩尔悖论**。之所以称为悖论,是因为虽然这对句子并无矛盾(这只猫在垫子上而我对此不相信,这是完全可能的),但是同时说出二者会使得第一个句子的语言行为无效,也让听众感到困惑,不知应该如何

54

1　倘若我把这句话写成"但我并不是想暗示我有M"或"但是我这么说并不是想表达我有M",随后的论证也不会受到影响。

看待说话者所持的对这只猫是否在垫子上的态度。这就造成了"一类特殊的胡言乱语"［Austin（1970）1990：112］。我认为下面的句子也属于此类现象。

  （2）汉斯是一个德国佬。但是我并没有鄙视汉斯或这个国家的其他人。

  （3）谢谢你。但是我对你并没有感激之情。

我们或许会将"但是我并没有……"这部分理解为给前一句话制造了虚构的语境。要是听到了其中的一句话，我们可能先迟疑一会，然后回应道："你把汉斯叫作德国佬，只是在开玩笑吧？"（"你说谢谢我，只是在开玩笑吧？"，诸如此类）尽管这类观察有些粗略，但我觉得是很有用的。如果"但是我没有心灵状态M"这个陈述足以削弱前面一句话的严肃性（也就是说，可以被显而易见地解释成是表明了前一句话的虚构或玩笑语境），那么，我们可以合理地假定前一句话必须起到表达M的功能。让我们再用两个道德判断来检验一下这种假定。

  （4）埃尔金大理石雕应该归还希腊。但是我不认为它们应该归还希腊。

  （5）希特勒卑鄙邪恶。但是我不认为他卑鄙邪恶。

要是没有后一句评论，这里的前一句话本会很容易被理解为道德判断。我认为说出这两组句子极有可能与说出（1），（2）或（3）引发同样的反应。因此，（4）或（5）的前一句话，如果在被当作道德判断的环境中自然而然地说出来（即不以讽刺的语气说出来，也不在话剧表演

中说出来，等等），就应该被看作是信念的表达——看作是肯定的断言　55
（assertion）。这就构成了反对纯粹认知主义的证据。但是现在考虑下面
的两对句子：

（6）埃尔金大理石雕应该归还希腊。但是我接受的道德标准
都不要求把它们归还给希腊。

（7）希特勒卑鄙邪恶。但是我接受的道德标准都不谴责他的
品格或行为。

这些句子显然也很古怪，说出来会遭到质疑，所以在某种意义上它们
也是"说不通的"。我谨慎地倾向于认为，这些句子也是摩尔悖论的例
子，因此，道德判断是肯定的断言但又不仅仅是肯定的断言，它们同时
表达了信念**和**意动性的状态（比如接受）。

如果我们仍然对她是否做出了道德判断这件事存有怀疑，那么我
们也许可设想一种情况，在这种情况中A和B不相关。我们需要问问
自己，做这样的想象时，我们想到的是不是另类的少数群体，是不是人
们在开玩笑，说话人是不是用的嘲弄或反讽的语气，或者我们是否想通
过实例来引入新的语言习惯，或者我们是否在设想一个跟现实世界有
不同语言习惯的世界。如果我们的想象包含任何这类的特征，那这就
不会对我的观点构成反例（这里涉及问题比我们现在能探讨的更为复
杂。进一步的讨论参见Copp 2001 和 Joyce, forthcoming a）。例如，很少
有人会怀疑 "slut"（荡妇）一词在英语里有轻蔑含义。但一个人可以通
过突然改变语气或眉毛上挑等，表明现在遵循的是开玩笑的习惯，跟亲
密的女性朋友闹着玩说"哎哟，你真是个小荡妇"，而且没有丝毫冒犯
的意味。然而，这种情况并没有削弱以下主张：根据某种现有的语言习

惯,"荡妇"一词表达了轻蔑的含义。即使当我们以开玩笑的方式使用"荡妇",它仍然是一个表达轻蔑的词语,归根结底,正是因为如此这个玩笑才有趣。

所以我认同的观点是:(作为言语行为的)道德判断既表达了信念,也表达了不同于信念的意动性状态。因为坚持前半部分,我反对纯粹的非认知主义,比如艾耶尔的观点。(下一章将进一步讨论我的理据。)因为坚持后半部分,我反对纯粹的认知主义。纯粹的认知主义认为说某人是个恶徒只不过把一类特征——类似**个子高**,或是**挪威人**——归到这个人身上,并不以此表达对这个人的态度。我反对这种看法,因为我认为它明显是不正确的。说玛丽**道德败坏**并不同于做出一个中立的陈述,像"她没有付钱就从书店拿走了一本书"。说后一句话时,说话人没有表明对玛丽的态度;他完全有可能是一个无政府主义者,热忱地支持入店行窃的行为。但是,如果是以严肃的口吻说出"玛丽**道德败坏**"这个句子(不是开玩笑,也不是使用"败坏"一词的其他含义,等等),那种中立解释就是行不通的;我们知道说话者确实是在谴责玛丽的行为。

要是我们把表达关系当成**因果性的**,这个结论似乎没什么吸引力,因为这样一来,这种"双重判断"全都要产生于某种兼具信念和欲望两方面特征的心灵状态——用J. E. J. 奥尔瑟姆(J. E. J. Altham 1986)发明的术语就是信欲(besire),而反感这种心理学的人会否定我们的理论前提。但只要我们意识到相关的表达关系并不是因果性的,就可以明白这种结论是得不出来的。一句话可以同时表达信念**和**态度,这跟说话者的信念状态与他的态度状态之间存在何种模态关系是没有关系的。一旦排除了这个顾虑,下面这种语言习惯也就不会遇到什么哲学上的困难:依据这个习惯,某人在环境C说出S同时表达了**两种心**

灵状态。[1]

　　这个结论值得留意，在后面的论证中，对纯粹非认知主义的否定将作为前提再次出现。但是，上面的说法都还没有揭示道德判断有什么特别之处。说希特勒"邪恶"，和称一匹老马是"a nag"（"一匹驽马"），我们目前为止的分析都一样适用。因此可以看到，现在得到结论甚为简单。说一匹马是"a nag"是一种评价；在英语的习惯用法里，这表达了对该动物略微厌恶的态度。但是，道德判断当然有更多的实践内涵，并不仅是根据某些语言约定，选择某个相关的谓词可以让我们既表达态度也交流信念。道德判断的实践影响肯定不只是语言上的花样。

2.4　道德判断的实践影响力

　　我们现在依然在处理"何为道德判断？"这一问题。道德判断有一个必须要强调和探讨的重要特征，即它对于我们的慎思和交往的所谓**实践影响力**的程度：称一个行为是"道德上正确的"、"有德的"、"错误 57 的"或"正义的"，（据说）就是在把我们的注意力引向某种无法合理忽略或回避的慎思考虑。

　　但是，单单只是"表达（对某物）的感觉"，或表明自己的态度，这些根本不是提出**慎思考虑**——只要我们想想，感觉的表达（例如"太好吃了！"）总能够被断言性的报告代替（"我在享受这些食物"），这一点就很明显了。**表达**自己的感觉，和**报告**自己的感觉，是两类不同的语言活动（在过山车上，一个人尖叫并不等于他在很冷静地陈述道："我现在感

––––––––––––

1　C. L. Stevenson, R. M. Hare, P. H. Nowell-Smith 及其他学者持此观点。

觉非常兴奋"），但两者为听众提供了关于说话者内在状态的几乎一样
的信息。然而，单是报告感觉，这本身从来不能为听众提供实践考虑。
假设罗杰是一个反狩猎的狂热积极分子。一群追猎狐狸的人跑过他
面前，他对这些人说："你们的活动我不赞同。"如果猎人略有困惑地回
应道："是的，那又怎么样？"我们很难说猎人们做错了。即便罗杰不是
通过报告，而是通过吼叫**表达**他的不赞同："你们这些杀害狐狸的猎人，
呸！"，同样的回应也还是在情理之中的。如果前面的感觉报告没有给
这些猎人提出（或意图提供）停止猎杀的理由，那么后一种感觉表达也
不能。要是罗杰认为后者能够提供理由的话，那是非常奇怪的。如果
道德判断只不过是说话者意动性态度的表达，那么它们同样与他人的
慎思不相关（除非听者恰巧关心说话者的内在状态）。然而（这是论证
的关键）我们肯定都**不会**认为，要是行动者不关心别人，那么道德事务
基本就无关紧要了。如果罗杰喊道："猎杀狐狸是道德错误！你们的行
为是罪恶的！"那么他意图表达的东西就要求被纳入考虑之列，无论猎
人们对罗杰的态度如何。当然，猎人们听到罗杰的话，很有可能还是若
无其事地跑了过去，因为他们认为这话是错的。但即便不同意罗杰，他
们也会承认，通过道德判断，罗杰**意图**提出一个重要的实践考虑。[1]这又
是反对纯粹非认知主义的又一个原因。

那么，道德实践影响力的源头究竟是什么？这比明白其源头**不是**
什么要更容易一些。例如，一个道德规定的适用性通常并不依赖于对

---

[1] 或许有人会反驳，罗杰的焦虑本身就要纳入狐狸猎人的实践考虑中，无论他们是否在意［对
这个论证的精细论述，参见（Nagel 1978）］。但是即便为了论证的目的而允许这一点，仍然不能否定
的是，罗杰的道德判断，"你们的行为在道德上是错误的！"这句话旨在传达的实践权威性与和"你
们的行为让我痛苦！"**类型**迥异。如果罗杰试图在冷静的争论中支持他的道德判断，他不会首先去
证明他的痛苦感受。如果要提及任何受伤害的证据，最有可能提及的也是狐狸所遭受的痛苦。

不遵循该规定的惩罚。在本章后面的部分,我们将会看到惩罚概念在道德判断中有非常重要的作用。我们一般认为,犯了道德错误的人**应得**惩罚。但是,认为道德上的不端应得惩罚,和认为道德判断的适用性**依赖**于令人不快的惩罚或令人愉悦的奖赏,两者不能混淆。认为道德判断的适用性依赖于潜在的惩罚,意思是说,道德命令是一些建议,其有效性在于若不听从就会引发不想面对的后果。这种实践建议的重要特征是,如果被建议的一方愿意接受惩罚,或有逃避一般惩罚 58的特殊办法,那么"应该"的说法就得要收回。但是,道德判断看起来并不是这样。这并不是否认,在试图向别人解释为什么不应该(比如)违背承诺时,我们可能首先会提到那样做会导致的消极后果。我们甚至可能有一种根深蒂固的制度化文化传统,即通过诉诸某个全能的神的惩罚来支持道德判断。但是,有些行为可能**既**在道德上是可鄙的**又**是不够明智的,这种可能性不能掩盖一个真实而重要的差别。当我们说违背承诺在道德上是错误的,我们认为这也适用于不顾后果的人、违背承诺但直到去世也没有受到惩罚的人(暂不考虑死后惩罚的可能性)、很有可能逃避一般惩罚的人,乃至对道德丝毫不以为意的人。这里的"我们"是指泛文化的、人类意义上的"我们"。如果真听说有某个文化,其成员以实践表明他们普遍认为犯罪之所以是错误的,是因为它们会招致惩罚,而不认为犯罪行为会被惩罚是因为它们是错误的,那我会非常惊讶的。

　　道德判断的适用性并不来自外部的制裁,这一点可以得到广泛共识。但有一个历史悠久的学派认为,道德判断的适用性来自内在的制裁。按照这种思想,一个犯了道德过错的人最终在一定程度上伤害了**他自己**,所以,道德判断就是类似于教人避免自我伤害的建议。这种观点有许多不合理之处。首先,虽然经过了几千年的尝试,但是这样的自我伤害到底是怎么回事,目前还没有人提出一个令人信服的理论。有人可能会简单地说道,"行恶之人败坏了他自身的灵魂",但是在缺乏细节和证据的情况下,这等于什么都没说。在我看来,这种传统更多来自于学院派哲学家,而跟日常生活中使用道德判断的普通人的道德实践没有多大关系。考虑以下例子:恶人杰克做了一件明显的坏事(残忍伤害了一些他根本不该伤害的人),如果他所属文化的成员因而都毫不迟疑地断定他犯下了严重的罪行,认为杰克行为的错误在于伤害了他自己,这种想法肯定非常古怪。毫无疑问地,折磨的错误之处主要是源于强加给他人的**伤害**!此外,如果杰克的行为足够恶劣,那么他就应该为自己的行为遭到惩罚。在这个不言自明的真理面前,那种"自我伤害理论"就更说不通了——说一个人自我伤害导致的痛苦不快,使我们有理由(甚至要求)对他造成进一步的伤害,这话是什么意思?跟之前一样,如果真有一个文化以其道德实践指出**自我伤害**是首要的罪行,而对他人的伤害不过是衍生性的,那我会非常震惊。也许大多数道德罪行确实会引起这样或那样的自我伤害,但首先,即使排除掉自我伤害(哪怕只是在想象中),道德判断依然是恰当的,其次,我们对于违背道德规则的自我伤害,会加之以**更多**的伤害。这两件事实都表明,道德判断的适用性并不取决于自我伤害。

既然对行为的道德判断一般不能等同于建议,这样看来,似乎道德判断一般都是定言命令。定言命令是康德的术语,这种实践命令的有效性不取决于被规定的对象的个人目标[(1783)2002:216]。"关上窗户"这个命令后面通常还附加着"如果你想要更暖和的话"(但一般都是默认的)。所以要是听者不想更暖和,那么这个命令式一般就会被撤回。这是假言命令。与此相反,"不要杀害无辜之人"这个道德判断就不取决于听者的任何目标。一个人不能以通过诉诸一些稀奇古怪的欲望或目标来逃避一个道德命令。设想一下，面对禁止杀人的要求，某人回应道："但是我确实享受杀害无辜之人的乐趣啊——其实这正是我人生的主要计划。"对于这种回应，我们不会撤回道德命令，说"啊……好吧……既然这样，我想你杀害无辜也没有什么不应该"。道德命令基本上不依赖于听者的目标。即使有某种目标是我们的本性（就像康德所认为的）。他声称自然母亲赋予我们每一个人追求各自幸福的欲望 [（1783）2002：217）]，建议我们该如何满足那个目标的假言命令，还是没有在我们看来道德命令必需的那种实践力量，因为道德命令并不仅仅是人们**不会**通过诉诸特殊目标来逃避的命令，更是人们诉诸特殊目 60标也**不能**逃避的命令。

    我的意思并不是说所有道德判断都包含了命令式，或者所有道德命令都是定言命令。我只是认为定言命令在任何道德体系中似乎都至关重要，乃至要是某个陌生的价值体系缺乏这种评价行为的方式，我们就会怀疑这个体系能否算得上是真正的**道德**体系。康德的定言命令概念有很强的理论背景，也是对犹太—基督教的文化传统里本来就被阐述很多的一个概念的哲学诠释。也许有人会抗议说，我赋予定言命令这么高的地位，其实是把某个现代的和西方的道德传统强加于道德本身。为了打消这种想法，我在此要强调一下，我说定言命令存在于几乎所有的道德体系中，并不是要把康德的整套体系照搬过来。我对定言命令的理解是极其简单的：定言命令不是建议该怎样实现目标的命令。我想大概没有人会怀疑道德命令通常确实是这样，而且我还要颇有信心地提出一个人类学的主张，即在所有的文化里都是如此：所有的文化都认同某些伤害他人的行为是错的，但是没有任何一个文化会认为，这些行为的错误是源于妨碍作恶者实现的目标而造成的伤害。（我在此要郑重提醒不要认为道德哲学家的观点代表了他们所属文化的现实道德信条。）

菲利帕·福特（Philippa Foot）1972年的一篇论文让人们注意到另一种命令（或者说另一类的"应当"句[1]），这种命令似乎恰好介于康德区分的两种命令之间。礼仪规则（例如，"满嘴食物时不要与他人说话"）不会被撤回，即使说话人发现听者毫不在乎礼仪。不管一个人对礼仪的感觉如何，他或她都不应该在满嘴食物的情况下说话。在这一点上，避免误读福特的意思是非常重要的。她不是要支持一种过分保守的观点，认为我们在任何情况下都必须遵守礼仪。要是你注意到你的晚餐伴侣眼看就要吞下一只黄蜂，而你一时来不及把口里食物咽下去，这时最正确的事情就是马上提醒她，即便这意味着你要在嘴里塞满食物时跟她说话。福特的意思是说，礼仪的规则在这种时候并没有"停止存在"；在某种意义上，"你不应该在满嘴食物时与他人说话"这个规则仍然是正确的。这一点可以从以下事实看出：事情过后，你可以很自然地说："为了阻止我朋友被黄蜂叮咬，我必须违反礼仪。"你意识到你**破坏了这些规则**，这正表明"这些规则"依然存在，因为倘若它们在那种情况下不成立，你根本就不会违反这些规则。

福特小心翼翼地把这些规则称为"非假言命令"，但是根据我对定言命令的极简定义，它们就是定言命令。福特不打算把这些规则看作是完整的定言命令，因为它们缺乏定言命令通常充斥着的实践力量。这里刚好可以借用大卫·伯林克（David Brink 1997）的几个术语来澄清区别。定言命令（包括制度性规则，如礼仪规则）具有道德的**不可逃避性**。不管一个人的目标是什么，定言命令都能合法地施加于她身上。

1　严格来说，一个命令式必须是祈使句："关上窗户"，"不要杀人"，等等。但是，我们按照习惯用法弱化这个要求也没有关系，比如把"你不应该关上窗户"与"你不应该杀人"这些句子（分别）当作假言命令与定言命令，尽管它们都属于陈述句。

但是有许多哲学家(以康德为首)想要道德命令有更多的内涵,即更强的实践力量,以此在逻辑上区分道德命令和礼仪。他们想要增加的是道德的**权威性**。我们可以这样说(此为初步的大体刻画):对一个人来说,如果忽视某道德规则是非理性的,或者如果他真有理由去遵守该规则,那么可以说该道德规则具有权威性。我们可以认为道德规范性既包括不可逃避性,也包括权威性。由于缺乏一个合适的词语描述这两者的结合,就让我从此规定,兼具这两个特征的规范体系拥有**实践影响力**。[1](从这里开始,我把这些词语当成专门术语来用;我大概还应该补充一下,"力量"这个词在后文依然扮演模糊而通俗的角色。道德具有实践力量是个简单的观察事实;而这种力量是否应该解释成**影响力**则是个哲学问题。)

道德权威性在哲学上是个争议很大的题目(但是反对道德权威性的人常常把他们的反对错误地表达成是对道德绝对性的敌意),但我不得不坦承,我很同情康德式的直觉:除了不可逃避性,道德还有**某种**额外的权威性,而我们的道德言论常常富含这种权威性的意味(而这种权威性能否经得起推敲则完全是另一个问题了)。我们只要想一下定言命令(不可逃避的规范性)可以有多么的软弱无力,就能引起这种直觉。假设爱达荷州有一些奇怪的异教,相信所有人都应该把自己的头发染成紫色。我假定这并不只是个建议;它的意思并不是说,我们应该这样做才能避免惹怒全能的紫蜥蜴神之类的。相反,就像礼仪那样,它是一

---

1 除了不可逃避性和权威性,伯林克还加上第三种特征:实践**至上性**。一条规定具有至上性,当且仅当它总能凌驾于其他类型的规定之上。乍看起来(不陷入康德文本的繁复细节),这三个规范性特征都不能相互推导出来。我这里的论证都没有涉及至上性。顺便也可以提一下,在发表的其他论文里我并没有使用伯林克的术语,而是在更宽泛直观的意义上使用"道德权威性"和"道德不可逃避性"这些词。

套适用于人们的规则，无论他们在乎与否。如果你对这些异教的某个成员说："我不会把我的头发染成紫色，因为我根本不在乎你们愚蠢的异教。"他有可能回应道："这些规则的成立根本不依赖于你在乎与否；你必须要把头发染成紫色，就这么简单。"显然，你还是会（并且也应该）不为所动。你无须**否认**这个异教确实要求你把头发染成紫色；只不过这个宗教规定在你实践慎思中的分量跟你自己对遵守这个规定的兴趣成正比：都是零。

在我看来，我们都认为道德要求跟这种规定是不一样的。没有任何一个人类文化允许它的成员能这样轻易地摆脱道德规则的权威性。当然，即便如此，也许道德命令确实只是福特所说的非假言命令（即不可逃避的但没有权威的命令）的一种，只不过是我们所有人都在"道德异教"里陷得太深，无法意识到这一点（同样，那个爱达荷州的宗教团体大概也不同意你能够自主决定摆脱他们的规范体系）。但是要接受这个观点，代价就是要承认道德的权威性不过是幻觉，承认那些对道德毫不关心的人们其实可以正当地忽略道德，就好像我们可以正当地忽略那些要我们把头发染紫的异教徒那样，还要承认如果我们能够看清事情的本来面目，我们就会意识到人们完全可以合理地嘲弄道，"道德，虚伪的道德！"如果我们确实想要避免这些后果（哪怕这不过是因为我们在一个特定规范框架的浸淫太深），那我们就有理由去试图解释道德的影响力是怎么回事。

不论道德规定具有何种实践力量，这种力量的根源都不在于内在或外在的制裁，不在于某个体制不可违背的规则，也不在于受到道德约定者的欲望或目标。与此相关，在人们日常的观念里，道德要求跟习俗要求、慎思要求是不同的。（有大量经验证据表明，即使很小的孩子都会做出这个区分。第四章将讨论这些证据。）我倒不是说这个区别简单明了；我确信这个区分肯定是模糊的，还是多层面的，但它仍然非常重要。让问题更加复杂的是，很多行为**既**被道德**也**被人们的习俗所要求（或禁止）——有的人还可能会认为道德要求自己应该尊重某些习俗框架，例如认为遵守法律是道德上正确的，从而可能进一步认为靠右侧开车属于道德要求。因此，在很多情况下，这两者很难被分开。

　　上文承认，道德其实可能只是人类的习俗；问题是（当我们"置身"道德之中时）我们不是这样看待道德的；我们觉得道德具有某种超越习俗的实践力量。这种力量该如何解释，这是一个可以追溯至柏拉图的哲学问题，当然还可以更早。目前我们并不是试图为这种实践力量辩护，或为它提供理论说明。我们只是简单承认道德判断体现了这种力量，以期能够理解这些判断的基本性质。在本书较后的部分，我们会再回到道德权威性的问题，探讨它能否被纳入自然主义的框架中。

2.5　道德判断的主题

　　道德判断的"主题"，我指的是道德谓词能够被合理地加于其上的那些事物。这有什么限制吗？一个可能的限制是：一个价值体系要称得上是**道德体系**，某些特定的谓词必须要被应用到某些特定的主体上。比如也许会有人认为，任何不认同"杀婴是错误的"的价值体系不能被称为一个道德体系。一种可能更弱的约束是：一个价值体系要称得上是道德体系，其中的谓词必须用于某些特定**类型**的对象。例如，一个价值系统如果只认可有关如何穿鞋的要求，就不能算作道德框架。菲利帕·福特曾经主张，只是因为某人以一定的方向绕着树跑步，或者在月光下观看刺猬，就把他视作坏人，这样的评价就不是出自**道德**的角度；

63

这种事情就不属于道德败坏的事情的类型（Foot 1958：512）。反对这一观点的是，人类学家发现有些很奇怪的事情似乎在道德上遭到谴责：马来西亚的舍蔓人（Semang）认为，在暴风雨的时候梳头或是在早晨扔长矛，都是罪恶的行为（Murdock 1980：89）。

　　我对第一种限制的存在没有什么信心，因为涉及道德的事情大都乃至全部存有争议。如果说禁止杀婴是所有道德体系的必要特征，这就排除了对是否允许杀婴进行道德争论的可能性。我们的论证不能太狭隘；在整个历史进程中，许多群体都认为，至少在特定环境下，杀婴行为是可以接受的（有时甚至是必须的）。我不是说这样的文化观念跟我们的文化一样是"正当的"；也许任何允许杀婴的观念都是错误且有害的，这跟我说的也不矛盾。我的意思只是说，"允许杀婴"至少可以算作错误和有害的**道德**观念。如果只是为了强调自身的道德观点（即杀婴行为是不可容忍的）而坚持认为杀婴行为的价值体系甚至都算不上是"道德体系"，这样做只不过是妨碍我们对这个问题的理解（尽管如此，我并不完全排除存在这类具体限制的可能，但是我可不知道它们到底是什么）。

　　对于第二种限制，我想更大胆一些。我们注意到，道德谓词通常应用于某一类事物上。首先，道德谓词最自然地被用于**行为**和**人**。我们既在道德上评价特定的行为（"你上周二对你母亲的撒谎行为是卑劣的"），也评价一般的行为类型（"为了自己的利益而撒谎，这种行为是错误的"）。此外，我们似乎也评价一个人和一类人，尽管当我们评价一类人的时候（"所有说谎者都是邪恶的"），这个评价针对的大概还是性格特征或行为类型。相对而言可能更有争议的是我们有时似乎也对**事态**进行评价："没有奴隶制的世界比有奴隶制的世界更有道德。"我并不认为这三种范畴穷尽了所有道德评价的对象。我们有时会把一个信念描述为有害的，或把一件艺术作品看作是道德堕落的。我们也会把制度、法令或整个社会看作是道德败坏的。另外，在某些文化里有类似"道德污染"的概念：这指的是普通**物体**或**地方**所具有的一种性质，任何接触过这些的人都会感染上这种性质。

　　尽管道德谓词能形容的东西有很多，但我们还是做出一定的概括。一系列详尽的跨文化研究在许多道德体系中都发现了大致的共同点：（1）负面评价某些伤害他人的行为；（2）看重互惠和公正；（3）要求人们的行为与其在社会等级中的地位相符；以及（4）在事关身体的规定中（例如女性的月事、饮食、沐浴、性事以及对尸体的处理等），纯洁或污秽的概念通常处于主导地位（相关的讨论和参考文献，参见 Haidt and Joseph 2004）。前三类范畴都涉及人际关系，我们从中可以得出以下结论：所有道德体系的大部分内容都是用来保护和维持社会秩序、解决人际关系冲突和遏制过度追求个人利益的规范和价值。道德领域尤其有很多东西跟可能对别人造成彼此伤害有关。（这个观点的经验证据，可参见 Nichols 2004 第七章。）看起来道德的目标是服务社会。第四个共同特征似乎是关于自我导向的行为，但这可能只是表面现象而已，因为我们应该记住，西方文化里属于自我导向的行为，可能从其他文化的观点来看则不然。（换句话说，就像把狭隘的道德领域观念投射到其他文化是错误的一样，把狭隘的**伤害**或**自我导向**观念投射到其他文化也是错误的[1]。）这并不是否认人们确实会做出纯粹的自我导向的道德判断（比如，用国旗清洗卫生间是错误的[2]），但是说任何道德体系的大部分内容是关于人与人的关系，应该也没什么问题。

65

　　1　例如，人们可能认为禁止吃牛肉的规定对印度教徒来说是自我导向的道德规则。但这个假设是站不住脚的，因为我们可以观察到，印度教徒认为牛是神圣的动物，其福利必须得到尊重。

　　2　支持这个观点的例子和实验来自 Haidt et al. 1993。

我这样说并不是对任何道德体系的必要特征进行概念分析，只是做出一项观察而已。也许鲁滨孙可以创造一整套命令体系，全都是自我导向的（例如，"去岛的南边是被禁止的"等），并且凭借这些命令特有的权威性，它们仍然是道德命令。但或许有人会认为，鲁滨孙创造的道德体系都不能算是"道德"，正是因为它们缺乏他人导向的内容。坦白讲，在这个问题上，两者我都可以接受；我很怀疑英语的"道德"一词的意义是否足够明确从而能给出唯一的答案。但是，只需要注意到鲁滨孙创造的这个自我导向的"道德"体系是多么怪异，我们还是可以得出一个有用的结论。支配人际关系的道德似乎是自然且必需的，而与人际关系无关的"道德"（如果这种情况是可能的）则是古怪和亟须进一步解释的。我们感兴趣的是"**人类道德是自然选择的产物**"这个假设，而不是"**任何道德都必定**是自然选择的产物"这个极度不合理的假设。因此，人际关系是人类道德的核心对象这一观察依然是有价值的证据，并没有受到如下事实的影响（如果这是一个事实的话）：**道德**的概念边界过于模糊，乃至某些假想的"道德"可以有完全不同的主题。

2.6 应 得

如果维护社会秩序是道德的重要目标之一，那么我们可以预料到，一个人倘若违背了道德要求，就会招致其他社会成员对他的负面回应，他们以此巩固道德规范。我们还可以估计，道德判断这个概念本身，同违背道德的行为和该行为导致的负面回应之间的特定关系（以及遵循道德的行为与该行为导致的赞扬之间的特定关系）密不可分。我认为，在我们眼中这种关系确实是道德的关键：我们认为，某些行为**应得**某些回应。我们对应得这一概念太过熟悉，以至很难拉开距离，认识到这个概念有多么奇特；它看上去是如此简单明了，以至于我们被蒙蔽了也不自知。

　　假设有一个由社会生物组成的群落，他们采用的命令大部分是用来支配人际关系的（"不能为了个人利益而盗窃"，"遵守你的承诺"，等等），此外，他们还似乎把这些命令看作是定言命令：不管道德规定所施加的人是否关心，也不管对方的愿望是什么，他们都坚持这些命令，还要求成员们必须要将其纳入实践考虑。到这一步为止，这些生物都跟我们一样。但这个社会跟我们有一点不同。在这个社会里，即便有人未能遵循规定（比如有人为了出于自私而违背承诺），也不会遭到同胞的批评。这不是因为他们不理解批评的含义：他们会批评彼此实践生活中的愚蠢行为，例如把钥匙锁在车里或睡前喝太多咖啡等。但是，他们不认为批评是那些情况所**要求**的。我们可以说这个想象中的社群根本不具有**应得**的概念。当然，要是有人以极端的方式打破了某条社会规则（比如说杀害许多同胞），那么，为了社会秩序，大家也许会决定把他关起来，或者也许会在杀人与被囚禁的痛苦之间建立一定的比例关系，以此来阻止潜在的违法者。出于这些理由而执行的处罚，可能是个"好办法"，可能很有效果，但并不是错误行为所**要求**的。被惩罚的人做了令其他成员讨厌的事情，他们也许还因此讨厌这个人，所以把他监禁起来在一定程度上令他们感到满足——但是他们心里想的一直都不是：这正是**他应得的**。

　　显而易见，我们和他们的差别可不止一点半点。我们假定他们没有**应得**的概念，但这似乎意味着他们缺乏的其实远不止此，虽然究竟还缺乏什么不是很容易准确估计。其中一个主要的方面是，这个社会中的成员肯定缺乏**正义**观念的核心要素：正义体现为人们得到应得的赏罚。如果告诉这些生物，那个被普遍认为有罪而当众受惩罚的人其实是无辜的，他们也不会感到有什么困扰。倘若我们抗议道，"但是这样做是**不正义**的；他不**应得**到这样的对待！"他们大概压根不知道我们在说什么。此外，由于缺乏对**应得**的认识，他们也就没有对**负罪感**的认识——负罪感不就是一种包含"自己的行为应得惩罚"的判断的情感吗？（下一章会对此展开论述。）没有负罪感，这些生物也就不可能有我们说的"道德良心"。我们甚至还可以猜想，他们也不会真正欣赏典型的好莱坞电影和简·奥斯汀的小说，因为这些电影和小说的结局都是正义的赏罚得以实现。他们是无法从中得到任何满足的。

　　既然这个想象社群的成员不能理解这些概念，那么我相信这会给之前的提议，即他们做出的是**道德**判断，打上一个大问号。没有了应得、正义、负罪感和良心等概念，他们的定言命令对我们而言一下子就显得非常陌生（就算这些道德命令表面上具有权威性，而且对成员间的关系很重要）。在一个缺乏这些概念的思维框架里，人们发出的"不许杀生"的命令，到底有多少力量呢？或许这有点像我们命令动物"不许杀人"。假设你听说有鳄鱼杀了人，逃走后再没有出现过。也许有证据证实它此后再没有伤害过人类。再想象一下，如果故事中杀人的不是鳄鱼，而是一个**人**，他随后也逃离现场，再没有出现过。比较一下你听完这两个故事后的感觉。我们设想的那些生物缺乏应得概念，因而不会感到这两者有什么区别；他们也不能理解到**逃脱惩罚**的人和仅仅是逃走的鳄鱼之间的区别。

　　仔细审视我们日常的应得和正义的概念就可以发现，我们眼里的世界似乎具有某种"道德平衡"。恶行打破了这种平衡，而适当的惩罚则是恢复平衡的手段。修复平衡令我们满意，但要是恶人逍遥法外，我们也相应地心存不安（参见 Lerner 1980；Vidmar and Miller 1980）。小说里的恶人最终受到应得的痛苦惩罚，这带来的满足很少有其他的小说主题可以相比。我们的满足感并不是因为"除掉祸害"，也不是因为恶棍的悲惨结局给其他潜在的恶棍留下了教训。挑明了说：我们高兴就是因为这混蛋活该落得如此下场！我们现在所关心的并不是"平衡"这个概念能否说得通。我承认，要是仔细推敲这个观念（尤其还不想引入超自然的力量），它听起来确实非常神秘。但是，我们现在并不是要攻击这个观念，或为之辩护；我们现在只不过是试图理解乃至"感受" 68人类道德的特殊之处。

这里的观点可以用一种更强的方式表达：对某人应该做某事所下的道德判断，包含了她不做的话就应得某种形式的惩罚的意思。应得的惩罚并不一定是正式的刑罚，像坐牢或罚款之类的，因为道德错误可以源自比较细微的行为（例如踩到别人的脚而不道歉），但是也许我们觉得，轻微的道德冒犯也应得到他人的批评，或者哪怕只是冷眼相待。对于需要什么样的负面回应，我们可能没有明晰的想法，但我们还是隐约觉得冒犯者"应该遭报应"。此外，我们可能认定总的来说不惩罚更好，但同时仍然判断某些负面后果是应得的。甚至有时候，我们觉得应该"把另一边脸伸过去，隐忍不发"，但与此同时我们又相信超自然的神明会在审判日给对方相应的惩罚。

但是这种观点也许太强了。或许我们能找到一些道德判断的例子，其中某件事被判断是错误的，但没有人认为犯错者应受到任何负面的影响。也许足够轻微的小错就是如此。可是，我们仍然可以说，这些道德判断只有在某种特定的概念框架里才有意义，而这种框架需要能够辨别相对严重的错误行为，即需要惩罚的错误。有没有这样的"道德"体系，其中**所有**的错误行为都只不过是小错，没有什么应得明确回应,而且根本没有**应得的**概念? 对此我深表怀疑。

在讨论应得概念的过程中,**负罪感**的话题出现了几次。第三章对负罪感有更详细的讨论,但由于负罪感与应得概念之间的重要联系,我想在这里作一点简述。这种联系在于,应得和负罪感都是补偿或修复的概念核心。一个人做了错事,如果接受了应得的惩罚,那么平衡就能够得以恢复。如果她经历了适度的悔恨,可以想见负罪感在其中起到了主要作用,这样一来平衡也能得以恢复。事实上,犯错的人被惩罚却没有悔恨,这会令人感到不安。要是罪犯服完刑回到社会,却完全对先前的恶行毫无忏悔之意,哪怕他没有任何再犯罪的意图,我们对此也会有忧虑。我们接受他已经为自己对社会的损害付出了代价,但尽管如此,我们还是会担心惩罚没有真正"起到作用"。这种倾向的发展可以追溯到童年时代。让小孩子评价违背道德者的脸有多坏,大多数6岁和所有8岁的孩子都认为笑脸比悲伤的脸更坏,而4岁的孩子则不会做出这个区别(Nunner-Winkler and Sodian 1988)。适当的负罪感(悲伤的脸)是我们道德发展的重要一步。对于犯下了普通道德错误的人,我们认为只要他们有负罪感,这就足以补偿他们的过错。在我们看来,一个不会产生负罪感的人可能是危险的,并肯定是有缺陷的,就算他的实际行为似乎并没有什么道德污点。一个人要是不能产生负罪感,那么也就缺乏一个"内在的自我惩罚系统"——我们认为这种系统是可靠地引导道德行为的重要机制。

2.7　总结与预告

本章开篇就揭示了,要在生物意义上理解人类如何被设计成具有诸如爱、利他主义、同情等亲社会性情感是比较简单的:用亲缘选择就足够解释了(这并不是否认这些情感也可以通过其他方式演化而来)。那些论述使我们注意到,这样的解释框架其实远远不足以解释做出道德判断的能力。这使得我们直接面对这个问题:"到底什么**是**道德判断?"这一章接下来的部分则强调人类道德判断的几个重要特征。下面是对这些特征的总结:

——道德判断(作为公共言论)通常表达了意动态度,例如赞同、意图等,或更一般地说,是表达了对标准的认同;但道德判断同时也是信念的表达,即它们是断言(assertion)。

——无论行为者的利益/目标是什么,有关行为的道德判断据说都要构成实践慎思的考虑因素;因此,它们不属于建议。

——道德判断据称是不可逃避的;没有"退出"道德约束的途径。

——道德判断据称是超越于人类习俗之上的。

——道德判断的核心是调控人与人之间的关系;道德判断的目标似乎尤其是抵抗蔓延的个人主义。

——道德判断蕴含着应得和正义(一个"赏罚"系统)的概念。

——对于我们这样的生物来说,负罪感(或"道德良心")是规范道德行为的一个重要机制。

需要注意,这份清单包含了看待道德的两种方式:一种是从道德判断的独特对象(人际关系)来看待道德;另一种则是从道德的"规范性形式" 70 (一种极有权威性的评价方式)来看待。这两种特征各有应得的地位。任何一种有关人类道德能力演化的假设,要是不能解释自然选择为何青睐兼具**这两种**特征的判断,就肯定是不完整的。

也许有人会觉得,清单里面的有些特征只是从对人类道德的特征观察得来的，但另一些则很可能是有关道德判断本质的概念真理。但大体上，本书不需要处理这个微妙的哲学区分，我也打算放下这个问题。因此，我并不是宣称这个清单成功囊括了道德判断必要而充分的条件。我们对**道德判断**的概念还不大可能清晰明确到能让我们列出这种条件的程度。更明智而谨慎的说法是，只要一个价值体系满足**足够**的上述条件，就能够称得上是个道德体系。一个更大胆的说法则是，清单中有些条件（至少有一个，但并非全部）是道德判断的必要特征，要成为道德判断，至少还要符合足够的其他条件。但无论哪种说法正确，多少才算是"足够的"？强制规定是毫无意义的。事情取决于我们这个拥有语言能力的群体，在遇到另一个不熟悉的社群时，对于他们是否有道德体系这一问题会做出怎样的实际决定：如果他们具有跟我们不同的价值体系，该体系满足以上清单的四个条件，在他们的语言中，有一个词语（比如"woogle价值"）专指这个体系，那么，我们可以把"woogle"翻译成"道德"吗？我完全不知道这种反事实的决定会是怎样。我的意思只是说，在这个决定中，上述各条件都是重要的考虑因素（在6.4节我们将会再次遇到这个议题）。

这个清单有可能缺少了一些重要特征。有的可能是我疏忽了；其他的则是我故意省去了。例如，有人论证说道德判断独有的特点在于它是**普适**的规定（参见Hare 1952, 1963）。我一向认为这个断言是有问题的，无论它是概念分析还是经验观察。让我们的道德规定能够普适化，这或许是个值得追求的目标，但是这和说道德规定必须要能普适化，否则就不能算作"道德"规定，完全是两码事。很多社群的价值体系，我们会毫不迟疑地称其为"道德的"体系，但是这些体系容许**个别的**判断。例如，很多（如果不是大多数的话）道德体系都允许截然区分本社群成员和外人。这个区分**可以**有普适判断的支持（"任何人对他或她的社群具有特殊的责任"),但是在现实世界里,个别判断似乎不太可能是从这种普适的基础推论出来的。雅诺玛人(Yanomamö)[1]曾经认为杀戮遇到的外国人没什么关系,他们因此而恶名昭著。谁能说他们就是把"外国人"这个词看作是普适的范畴?或许对他们而言,外国人就是**雅诺玛族以外的所有人**,或是任何**没有皮日波利瓦[2]血统的人**。我不知道他们把"外国人"理解为共相(一般概念),还是无法消除的殊相,但这不意味着在他们的规则"杀害外国人是可以的"是否算是道德自由的问题上,我就相应地也要持中立态度。(对于所谓的爱国美德和普适的道德准则是否有矛盾,我也有些顾虑。)

现在我们对什么是道德判断有了些许认识——或者至少对本书如何理解这个术语有了一定的了解(我希望两者是同一回事),于是就可以转向我们真正的任务:人类做出这种判断的倾向是生物自然选择的产物吗?有人可能想回答"不是",因为我们已经认识到道德判断是深有权威的**亲社会**规定,而他可能觉得生物自然选择青睐只是自私自利的行为。但是第一章已经充分证明了这种观点是错误的;自然选择在一些环境下完全可以偏向亲社会性状。我们现在感兴趣的假说是:进行道德判断的倾向就是人类的亲社会机制之一。

还有一个问题没有解决:道德感是**何时**演化出来的?在第三章中,我将论证语言的出现是道德概念与某些道德情感出现的先验条件。道德感**为什么**得以演化?第四章将论证,在个体与人际这两个层面上,道德判断作为承诺,能够促进做出道德判断的人的繁殖利益。道德感是**如何演化的**?第四章将探讨一些经验证据,这些证据支持以下假说:自

72

---

1 雅诺玛人是一支生活在南美洲亚马逊丛林的部落。——译注

2 皮日波利瓦(Periboriwa)是南美洲神话里的月亮神,传说月亮神与大地之神结合从而产生了人类。——译注

然选择通过修正情感来形成人类的道德感。此外,第四章还将进一步推测,人类进行道德判断的能力的核心在于人类能够"投射情感"到外部世界。该章的结尾将回顾一些经验证据(多数来自发展心理学),表明本书到目前为止的主要假说,即人类的道德感**确实是**生物自然选择的产物,是值得认真对待的,而不是一个"不过如此"的故事。第五章和第六章可以作为本书的第二部分。它们处理的问题是:我们从本书第一部分提出的假说中可以推导出什么元伦理学的结论?

73

第三章

道德语言与道德情感

3.1 动物的规范性(但非道德性)心智生活

我小的时候,家里的狗大部分时间都关在后院里。那只狗总想着要挣脱束缚,跑进附近社区的热闹世界,虽然它知道这是不被允许的。它会慢慢地踱向栅栏,像是在研究一种有趣的气味,同时密切留意着窗户那边,以确保没有人留意它。一旦觉得没人监视,它就会跑到栅栏跟前,用尽全力地挖土和推栅栏。如果逃跑还没成功就被发现了,它会继续先前的伪装,仿佛在研究什么有趣气味,虽然表面若无其事的样子,但还是忐忑不安。但要是在离自由还差几英寸的时候被发现,它会先焦虑地往后瞟一眼,迅速计算来人还要多久才能穿过后院,然后加快推动栅栏(最后经常成功脱逃)。

在某种意义上,这完全是我童年的真实故事;我的狗过去就是这么干的。但在另一种意义上(在任何非哲学的语境下坚持这种意义都是乏味的),这并不是真的。严格来说,我并不相信我的狗"知道它不准出去"或者真的感到"负罪感"。它确实知道它会受到惩罚,也不想被惩罚。它把家里的规定内化了,但它没有把规定**作为**规定来理解。虽然它的心智在许多方面表现出令人惊讶的狡黠,并且聪明到可以对"走"和"坐"这样的命令有所回应,但它还没有能力去形成"离开后院,或者别的事情,是**被禁止**的"想法。

本章的目的就是支持这个论断。我将首先探讨动物可能具有什么类型的规范性思想,然后再论证它们没有道德思想。该论证的基础是如下观点:**语言**是拥有道德概念的先决条件。随后我会对道德情感展开论述,主要的意图是表明某些情感具有丰富的概念意涵。最后的结论是:语言是拥有某些道德情感(其中最显要的就是负罪感)的先决条件。这可以告诉我们道德意义是**何时**演化出来的——这不是指年代意义上的时间,而是指道德感与其他性状出现的先后关系。

我开头举的是狗的例子,但集中讨论猩猩这个更复杂的例子可能更富有成效,因为我们可以合理地认为,猩猩在很多方面类似于人类发展的某个阶段。因此,讨论猩猩在道德领域具有或缺乏什么,就有希望帮助阐明在人科动物演化的道路上,道德判断能力是什么时候形成的。[1]有些学者宣称,猩猩无可置疑的社会复杂程度,以及貌似遵守规则的行为,就足以证明猩猩具有道德感(Sapontzis 1987; Harnden-Warwick 1997; Waller 1997;同时参见 Gruen 2002)。我将论证这种观点是错误的。我不认为我捍卫的只是少数人的看法。我估计大多数人都愿意同意猩猩没有进行道德判断的能力,但是至于它们为什么没有这种能力,却很少有人能给出一个不那么模糊的答案。

---

1 对于坚持精确的人我有些抱歉,本书的"猩猩"这一术语既指一般的黑猩猩(Pan troglodytes),也指倭黑猩猩(Pan paniscus)。据我所知而言,我的主张非常宽泛,不需要做出这个区分。

为了行文清晰，我们首先来区分关于动物与道德之间关系的三个可能的问题：第一个问题是，动物是不是道德**主体**——它们是否具有一定的本性，从而能够对我们提出道德要求。虽然这是个非常重要的实践问题，但并不是我们这里所感兴趣的；我提出这个问题仅仅是为了把他同别的问题区别开来。第二个问题是，动物是不是道德**行动者**——即它们的本质是否使得其行为可以在道德上受到责备或称赞。虽然在日常用语中，我们经常使用道德评价来描述动物（"恶狗！"），但极少有人是在字面上理解这种评价。需要注意，我这里说的是**道德**评价。根据某些能具体表述的标准来评价动物（比如，一匹"好赛马"或一只在行为意义上守规矩的"好狗"）并不成问题。第三个问题（这才是我们感兴趣的问题）是，动物本身是否能做出道德判断。这同第二个问题并非不相关（我在"导论"中也提到过），因为很可能有人会论证说，只有当一种生物能够区别是与非时，他的行为才能被评价为在道德上值得赞许或责备，而区别是非的前提就是道德判断能力。我怀疑两者 76 之间的联系虽然在直观上像是那么回事，但实际上并不是成立的（参见2.2节），但我随后构建的论证跟这种联系无关。我更倾向于直接面向第三个问题。

灵长类动物学家弗兰斯·德瓦尔（Frans de Waal）对**描述性**社会规则与**规定性**社会规则所做出的区分（1992；以下的页码均出自这篇文章），对于我们的讨论是个有用的起点。描述性的社会规则只是生物体对同类的反应规律，这种意义上的规则甚至也可以适用于鱼类和昆虫。相对而言，规定性的社会规则不仅仅是被单纯**遵循**的规律，而是个体"因为他人积极的强化作用而遵守"的规则（244）。谈到"避开母亲因为保护孩子而产生的敌意"这个规则，德瓦尔说，"当群体的成员开始意识到它们自己的行为和这个母亲的行为之间的联系时，于是以尽可能降低相应的负面后果为目的时"，这个规则就变成规定性的（同上）。德瓦尔认为，这些规定性的规则是道德系统存在的必要但非充分条件。它们（看起来）确实足以产生德瓦尔所说的"**社会规律意识**"。他对这种意识的定义是"有关自己（或其他成员）应该受到怎样的对待，和有关资源应该如何分配的一组预期。如果有个体违背这些预期，进而造成了对自己（或其他成员）的不利影响，就会招来负面的回应：通常而言，处于从属地位的个体会反抗，处于统治地位的个体则会惩罚违反者"。（德瓦尔认为，在这个定义中附加的"其他成员"大多数指亲缘成员。）德瓦尔确信猩猩具有这种"意识"，但是他随即补充道，猩猩区分"被接受与不被接受的行为"的能力，在什么程度上能够被视为它们"意识到'善'与'恶'，'公正'与'不公正'"的证据，"还是不清楚的"（254）。他写道，类人猿没有口头语言，所以缺乏这种"形成和交流抽象规则的认知"能力（241）。因此德瓦尔承认类人猿具有道德性的"前身"或"基本组成单元"，但不承认它们有真正的道德（同时参见 Waal 1996；Flack and de Waal 2001）。

　　在我看来，上述"**社会规律意识**"的定义有些含糊其辞。它的模糊之处在于"**期待**这样或那样的事情**应该**发生"的可能含义。我们都知道，"应该"在不同的语境下有非常不同的用法。这里有三个截然不同的用法：

　　　　（i）明天应该要下雨。[1]

77　　　　（ii）如果你想明天早点起床，你就应该早点睡觉。

　　1　这里把"should"翻译成"应该要"，因为汉语里"明天应该下雨"意思不明确，至少没有明显的预言含义。更自然的说法是"明天应该**要**下雨""明天应该**会**下雨"。在英语里可以直接只用"should"表达这种含义。——译注

（iii）一个人应该避免杀害无辜的人。

这三个例子都可以很容易地用"应当"取代"应该"。第一句话的用法属于"预言性的'应该'（应当）"，是指证据显示某件事情发生的可能性。电视天气预报员每晚都使用这种意义的"应当"。因为任何具有最基本的关联学习能力的动物都能预期将要发生的事情，所以任何这样的动物都可以对应该发生什么持有某种期待。这里的"应该"没有添加什么实质内容，因为说"X期待这样或那样的事件应该要发生"（预言性的"应该"）和说"X期待这样或那样的事件**将要**发生"并没有什么不同。另一方面，如果我们把"应该"一词解读为更明显地具有评价意义的词语（比如道德意义上的"应该"），那么自然的说法则是"X**判定**这样那样的事件应该发生"。换句话说，一个人要么**预期**某事将要发生，要么**判定**某事应该发生；但是仔细推敲一番，就会发现所谓一个人**预期**某事**应该**发生，确实是非常古怪的观念。

这些学究式的考察不是要批评德瓦尔的观点，而是为了预先提醒读者，动物具有某些包含"应当"或"应该"等内容的心灵状态也许是可能的，但这种想法完全无助于证明我们可以合理地认为动物具有**道德判断**。有的人可能会论证说，动物不可能形成包含道德"应该"的信念，因为它们根本毫无信念可言。但这不是我的策略。在下文中，我将会十分谨慎地**避免**提出关于动物认知的任何特定理论，因为动物认知是个很有争议的题目，本书在这个题目上采取特定立场只会损害我的论据。面对潜在的反对者，我愿意接受一种开放的观点，承认猩猩和其他动物都可以算作具有各种信念，不过我将会论证，它们仍然不具有与道德问题相关的信念。

假设预期是某种信念状态，我们之前已经看到，动物可以有某些包含预言性"应当"（"ought" of prediction）的信念。那它们也有包含假言性"应当"（hypothetical "ought"）的信念吗？答案要是肯定的，那就很有意思了，因为这样的信念更能配得上"规范的"这个标签，而那些包含预言性"应当"的信念则肯定不能算是规范性的信念。正如我们在第二章提到的，假言命令——例如前文的例句（ii）——这种规定的正当性依赖于主体的某个目的［Kant（1783）2002：216］。如果该主体其实并没有那个目的，那么"应当"的主张就得撤销。因此对于（ii）而言，如果对方打算一直睡到明天中午，那么"你应该早点睡觉"这个命令就必须被撤销。假设吉姆相信（1）莫莉想要早点起床，还相信（2）早点睡觉对莫莉来说是实现其愿望的最好方法。那么，现在的问题就是：吉姆是否相信（3）莫莉应该早点睡觉。答案取决于我们如何在一个重要的区分中抉择。一方面，可能（3）无非就是（1）和（2）的**逻辑结果**，这样一来，虽然吉姆**应该**相信（3），但他可能实际上不相信（因为人们经常不相信他们信念的逻辑后果[1]）。另一方面，或许相信（1）和（2）**构成**相信（3），所以既然吉姆相信（1）和（2），他就**已经相信**（3）了。我们之前见过类似的例子：如果有人相信明天可能会下雨，我们可以合理地说他相信明天应该下雨（这里是指预言性的"应该"）。后者不是随附前者的信念，也不是由前者推论出的结果；相反，它们只不过是描述同一个信念的两种方式。我不得不承认，对于（1）+（2）与（3）的关系，我并不清楚哪种正确。

如果猩猩不能对别的个体有什么欲望形成信念，那么上面这些讨论都没有什么意义。然而，有一些证据（虽然确实有争议）显示它们可

1　古希腊人非常热衷讨论"沙堆"难题：先让别人同意"一粒沙子不是一堆沙"和"如果你有一些还不能成堆的沙子，那么你不能通过添加一粒沙令这些沙变成一堆沙"，然后再向她指出，从这两点可以推出她自己并不相信的结论：十亿粒沙不能构成一堆沙子。

以对其他猩猩的心灵状态形成高阶信念（Premack and Woodruff 1978；Premack 1984；O'Connell 1995）。此外，它们看起来有也能力对如何最好地实现欲望形成信念。因此，猩猩可能具有上文（1）和（2）这种类型的信念。例如，一只名为佛洛德的猩猩看着一只年轻的母猩猩正吃力地去够枝上的食物，也许他知道这只母猩猩想得到食物，还知道它得到食物的唯一方式是用长棍子把食物捅下来。那么，如果（1）+（2）与（3）之间的关系是构成性的，我们可以把"那只年轻的猩猩应该使用棍子"这个信念灌输给佛洛德。但如果这种关系不是构成性的，那么我们就得不出这个结论。我们并不真的需要通过长篇大论来试图证明其中任何一个结果；为了论证的需要（哪怕这只是对那些想自由地把信念赋予动物的人们做出的让步），我们允许猩猩可以被赋予包含假言"应当"的信念，而这种信念，我们也可以承认，的确可以被当成某种规范性判断。我真正想要证明的观点是，即使我们做出这么大的让步，把具有规范性的心理内容灌输给猩猩（而我并不是在论证我们应该这样做），但是这仍然离赋予猩猩任何类似**道德**判断的信念相差 79甚远。

3.2　猩猩没有道德判断

在描述猩猩对规定性社会规则的运用时，德瓦尔的措辞非常谨慎。他写道，猩猩能够意识到"被接受与不被接受的"行为。这与意识到**可接受的**与**不可被接受的**行为是非常不同的：前者仅仅意味着知道这些行为**将要**遭到敌意，而后者则意味着判断这些行为**应得**敌意。（后缀"able"常常不能从字面上理解。"可欲求的"并不意味着"有能力去欲求"，而是"值得去欲求"。有的人渴望发生种族屠杀这个事实证明了种族屠杀**可以**被欲求；但是承认这一点很难令我们同意屠杀是值得欲求的。）上文论证了，**值得**和**应得**是道德判断的核心。没有这些东西，也就没有什么正义感、负罪感和道德良心；没有它们，"道德主义攻势"只能是一个比喻。事实上，一个严谨固执的人可以合理地坚持，要是没有**应得**的概念，我们就应该避免使用"惩罚"，而改用更为中性的语汇，例如"负面回应"。

我们能合理地认为猩猩有"某些行为**值得**特定的回应"这种信念吗？让我们来看看猩猩是如何用"道德主义攻势"（我们要知道在这个出自 Trivers 1971 的短语里，"道德主义"纯粹是用作比喻）来抵触错误的行为。公猩猩和母猩猩打斗的时候，前者一般会避免用到能造成相当伤害的巨大犬齿。人们观察到，在极少数的情况下，公猩猩用它危险的犬齿来对付母猩猩，受害者抗议的声音就会发生变化——这种变化使得整个群落都对这只雄猩猩发出谴责的咆哮声，有时整群母猩猩还会联合起来赶跑攻击者（de Waal 1992：247）。这不正是表明群落成员判断雄猩猩这样使用犬齿**应得**的特定惩罚吗？因此这不就包含有道德判断吗？我认为不然，因为我相信只要把厌恶、抑制和欲望赋予猩猩，我们就完全能够以此解释它们的所有行为——没有必要把**违规**、**禁律**或**应得的惩罚**或别的什么道德概念赋予猩猩。此外，我认为，我们还有理由不该把这些道德概念赋予猩猩。我将先提出两个不准确的解答，再简单地提出更好的解答；随后我将给出自己在这个问题上多少有些异类的看法。

首先，人们可能觉得道德概念过于抽象，因此认为动物不能有这些概念；有人可能认为语言是抽象概念的必要条件。但是，一旦我们同意动物有信念，看来就无法避免承认动物的信念具有抽象的内容。即使某些刺激是全新的（Premack 1983），猩猩也能够学会区分相同与不同的刺激，而且猪也有这种能力（Keddy-Hector et al., forthcoming）。因此，有人论证道，这就使我们能够把包含了非感觉性的关系，即**同一**与**差别**这对抽象概念的信念灌输给动物。猴子似乎可以认识到一般的母子关系，而这很显然地允许我们把包含了**某某的母亲**这种关系性质的信念赋予它们（Dasser 1988；Cheney and Seyfarth 1990）。达尔文注意到，狗能够运用**狗**的大体概念，因为"当一只狗见到另一只狗在远处，显然它看到的是抽象意义上的狗；因为当它走近对方时，要是发现原来是它的朋友，它整个身体姿态就会突然发生变化"［（1879）2004：105］。[1]还有很多其他的例子表明语言并不是拥有抽象信念的必要条件。

　　人们不愿意把道德判断赋予动物（或者一般而言的非语言使用者），另一个可能的原因是人们隐隐约约地感到道德概念过于复杂。我觉得我对于"复杂性"的理解差不多也就只是直观感受而已。**禁止**的概念真的比**香蕉**的概念更复杂吗？在什么方面是复杂的？无论如何，到底语言的什么性质引发了概念的复杂性，这一点还不清楚。我（直观上）感到**与……一样**这个关系概念非常复杂，然而一些非语言使用者似乎具有这个概念。

　　如果既不是因为复杂性，也不是因为道德的抽象本质，我们才不该把道德赋予猩猩等动物，那么到底是因为什么？这常被忽视的问题有几个可能（它们之间可能是互补的）的答案。马克·豪瑟（Marc Hauser 2000，第9章）论证道，动物缺乏道德概念与道德情感，原因在于它们缺

---

[1]　他在同一页还写道："当我用非常急切的语气对我的猎犬说（我做过很多次这个实验）：'嗨，它在哪里呢？'它马上就当作一种打猎的信号，并且通常很快速地看周遭一眼，然后冲向最近的灌木丛，嗅嗅有没有猎物的味道。一无所获之后，它会抬头看看附近的树，寻找上面的松鼠。这些行为不正是显示了它头脑中有种一般性的观念或概念，即要去发现或猎取某些动物？"

乏自我意识（这不同于自我识别。用镜子做的实验证明动物有一定的自我识别能力）。杰弗里·塞尔—麦柯德（Geoffrey Sayre-McCord, 即将展开的私下讨论）论证道，要把事物看作是**更好的**或**更坏的**，动物必须使用一些概念，这些概念"必须不仅仅能反映事物是否满足一定的
81 标准，而且也能反映这个标准本身是否得到了证成（大意是说这个标准本身满足相关的价值标准，并且把它作为标准的来使用也是因为它通过了这项考查）"。要运用一个规范性概念，仅仅是根据一定的标准来证成个人行为是不够的；使用者还必须能对该标准本身是否得到证成足够敏感。一旦发现了符合这个概念的事情其实并没有为进行或避免行为提供理由，那么使用者就要愿意修正这个概念的使用标准。既然动物缺乏这样灵活的复杂认知（虽然塞尔—麦柯德并没有明确断言，但这样假设似乎比较妥当），因此我们必须得出结论，它们并没有对它们的世界或对彼此做出真正的评价。两个论证都很有道理。但是我自己的简单理论非常不同，而且过去的经验告诉我，它在哲学家中并不受欢迎。然而，写本**通篇**都明显正确的书是非常枯燥的，因此，我想请读者容忍我用一些篇幅来简述对于为什么没有语言的动物不做道德判断的一种另类分析。（这些内容可以同本书的主要论证思路分割开来，所以如果读者愿意承认"语言是进行道德判断的前提"这种广为接受的观点，那么省略这部分内容，直接跳到3.4节也没有关系。）

　　首先可以注意到，有许多词汇我们都不会用来描述动物的信念，哪怕我们倾向于慷慨地给别的生物赋予信念。无论羚羊多么不喜欢狮子，我们都不会真的认为羚羊觉得狮子是"冷血的混蛋"；狮子也不会相信羚羊是"可怜的草包"。狮子想吃生肉，但当它们抓到猎物时，它们不会觉得"这太美味了"。这些词汇——"混蛋"，"弱者"，"美味"——被哲学家称作"厚重的价值词汇"（Williams 1985），我们在第

二章已经讨论过诸如"德国佬"与"荡妇"等轻蔑性词语。[1]

"为什么我们不(认真地)使用'荡妇'、'草包'、'混蛋'这些词语来描述动物的信念呢?"这是一个极好的问题,却很少有人提及。为什么动物看起来没有这些概念?

我对这个问题的思考,因为听到电影《幽灵世界》的台词而变得清晰起来:

> 丽贝卡(对西摩说):"伊尼德觉得你是一个呆瓜。"
>
> 西摩:"**她是这么说我的**?!"

西摩没有问伊尼德是否喜欢或尊重他;看起来为了弄明白伊尼德是否觉得他是呆瓜,他需要搞清楚她是否用那个**词语**来指他(或至少她是否有些愿意使用那个词语)。如果丽贝卡对西摩的质询这样回应:"唔,伊尼德当然是不喜欢也不尊重你的。"那么,无论这令西摩多么沮丧,他大概至少能得到些许宽慰,因为伊尼德是否真的觉得他是个呆瓜还不一定。[2] 让我们设想一个更直接的例子。比较一下教别人"德国人"与"德国佬"这两个词的过程。前者根本不需要**提到**语言。我们可以说:"某人是德国人,当且仅当他或她在德国出生或居住。"(要教其他纯粹的

---

[1] 一般认为,厚重词汇的特征是它们同时包含描述和评价的成分,因此,在这点上,它们被认为与"单薄的"("thin")术语相对立,比如"善的"("good"),"错误的"("wrong")。我自己对这种厚重/单薄的区分非常怀疑——我认为,"善的""错误的"(等等)同样有描述成分(虽然我承认,它们可以有更广泛的应用范畴)。无论如何,我提到这些术语只是为了方便那些对其比较熟悉的读者。我的论证完全不取决于厚重/单薄这个区分是否明确或重要。

[2] 事实上让事情更加复杂的是,伊尼德之前说西蒙"他这呆瓜笨到都可以算是酷的地步了"。我必须承认,看了这部电影后的几周内,我在自己的笔记本上涂满了"呆瓜是一个概念吗?**呆瓜性**是一种性质吗?"这样的问题。

描述性名词,可以指向其涉及的典型对象,虽然光靠指向一个德国人不是很容易明确想要表达的特征。)与此不同的是,为了教会别人"德国佬"这个词,可以用到教"德国人"用的全部说法,但是此外还必须加上一句,"'德国佬'是一个冒犯性的词"。——换句话说,必须要说起这个词本身。实际上,在字典的明显贬义词条目里,这种分别体现得很明显。《牛津英语字典》告诉我们"德国佬"有"贬义"——这并不是在描述这个词所指的对象,而是在描述要通过"语义上溯"才能表达的词语使用习惯。["语义上溯"是一个W.V.奎因创造的短语,指的是从用词语谈论到谈论这些词语本身……例如从对英里数目的谈论转到对"英里"这词本身的谈论(1960:271)。]如果我们一一列举出所有关于**德国佬**与**德国人**这两个概念的常见描述,那么两者的差别在于前者必然包括一些由语义上溯得出的描述;前者要谈及"德国佬"**这个词语**的使用习惯,例如"它是一个贬义词;它是用来侮辱人的。"(关于"列举常见描述"的讨论,参见Smith 1994的第二章。)这个区分的重要意义在于,没有语言的动物可能形成**德国人**的概念,但没法形成**德国佬**的概念。当然,我认为动物其实这两个概念都没有,但它们没有前者和后者的原因是不同的。动物不具有**德国人**这个概念,是因为要有这个概念,动物必须具有区分德国人与非德国人的能力(这可能包括确定他们在哪里出生,检查他们的护照等——这些辨别能力动物根本没有)。但是**在原则上**(在这个词的某种宽泛意义上来说),没有语言的动物可能具有这些能力。相反,为了形成**德国佬**这个概念,它们需要知道有关"德国佬"**这个词语**的事情(比如它是用来表达轻蔑),因此,没有语言的动物必然不能形成这个概念。对德国佬这个词语的知识也许是隐含的、倾向性的、程序性的,或者是属于怎样做的知识而不属于有关事实为何的知识;但对我们来说,最重要的是这是有关语言的知识。

83

另一个是来自弗雷格[(1897)1997：240—241]关于"狗"和"恶狗"（"cur"）区别的例子。达尔文可能是对的，狗确实具有**狗**的概念，但是没有人会认为狗需要对"dog"这个词（或德语的"chien"）有所了解才能有这个概念。科林·艾伦（Colin Allen 1999；同时参见 Allen and Hauser 1991）论证道，一只动物要有概念X，它必须（1）能够系统地区分X和非X；（2）能够认识到自己对X与非X的分辨出了错；（3）因为有（2）的能力，它还能学会更好区分X与非X的方法。也许狗确实有这些认识和区别狗的能力。然而我论证的是，要有能力形成**恶狗**这个贬义概念，任何个体（无论是人类还是狗）都必须对语言有所认识。如果我们假设（为了阐述更清楚，我们姑且把事情稍作简化），"这是只恶狗"这个句子既表达"这是一只狗"的信念，**同时**也表达对这只狗的鄙视，那么我们就不能再说：要形成**恶狗**的概念，一个人必须能够可靠和灵活地区分恶狗和非恶狗。我们没法在全世界像挑出狗性一样挑出恶狗性；因此，艾伦的标准可能在别的地方还算合适，但对于这种评价性的概念并不恰当。要获得**恶狗**的概念，光是相信某个动物是狗而且对它表示轻蔑，这还不够。毕竟，有一些狗似乎就可以满足这个标准（我家的狗就很蔑视邻居家的狗），但是我们仍然并不会严肃地认为它们具有**恶狗**的概念。要表达出围绕着**恶狗**这个概念的陈规，就需要用到语义上溯。按照定义，知道这些陈规（虽然可能是怎样做的知识）是掌握概念的必要条件，所以相关的语言知识对于拥有概念是必需的。

也许以上对于傻瓜、德国佬和恶狗的讨论有些偏离主题，但这里的重点是，正如我在2.3节所论证的，有关这些贬义词的情况同样适用于大部分的道德词汇。一个人要是不知道"德国佬"是个贬义词，他就不能算是掌握了这个词语，同样地，一个人要是不知道他（认真地）使用的道德词语表达了对某些实践标准的认同，他就不能算是掌握了道德词语。因此，一本完善的字典的道德术语条目，也应该能认可围绕这些术语的、牢固的语言习惯。因此，围绕道德词语的陈规（知道这些陈规是掌握概念所必须）需要语义上溯才能得以表达。因此，道德判断不能合

84 理和严肃地被赋予非语言使用者。[1] 所以，猩猩不会做道德判断。

我们之前暂且承认了，猩猩的某些心理状态可以合理地用其他类型的"应当"来描述。这同现在的结论没有冲突。设想一下这些陈述句：

> 明天应当要下雨。但我并没有接受任何认同明天要下雨的规范性标准。
>
> 你想要暖和点，而打开窗户会令你变冷，因此，你应该关上窗户。但我并没有接受任何认同你关上窗户的规范性标准。

这两个陈述看上去都有点古怪，因为很难想象有谁会真这么说，但是这和第二章用数字标记的那几个类似例子的古怪之处很不一样。我们不会把"但是我并没有接受"这部分视作抵消或撤回了前面的言语行为；这些例子的古怪之处与摩尔悖论没有任何关系。因此，这些"应当"明显不是表达谴责或赞扬的。我认为很多其他规范性词语的情况也是类似，例如"这是最好的香蕉"或"这棵树很好爬"里的比较性词语。人们可以承认"托尼是附近最好的杀手"但同时不接受杀手行会

---

1 也有人会抱怨我把两个问题混在一起：一是怎样才算具有概念 X，二是要满足什么条件才能赋予别人一个内容可以合理地用"X"描述的意向性状态（比如信念）。但是在这个语境中，我愿意把这两个问题混在一起，也许是因为当前有关具有概念的哲学文献纷繁混乱，我才这么大胆。无论如何，很难想象一个人为什么会既承认动物缺乏**道德错误**的概念，但同时又同意动物具有形如"X 是道德上错误"的信念，或者更宽泛来说，同意动物能够对道德错误做出道德判断。

的任何标准，同样地，人们可以断言"这是最好的香蕉"但同时并不表达任何意动性态度。因此，我论证的并不是我们永远都不能使用规范性术语（比如"应当""一定不能""好"）来刻画非语言使用者的信念，而只是在我们刻画的信念里这些术语不能在**道德**意义上被特殊地使用。

3.3　道德信念的实在主义与工具主义

这个论证还需要进一步的简要澄清。在日常用语中，"道德判断"有时指一种心灵活动，有时则指语言的表达。这和我的论述没有冲突，但是我已经论证过，正如我们之所以能认为别人持有"荡妇"的信念，依赖于别人对"荡妇"这个词的理解能力，同样，作为心智活动的道德判断在某种意义上是从属性的（这并不是说它因此就**不太重要**），也就是说，这种道德判断的归属也取决于对方具有的相关语言能力。（可以说虽然我们倾向于把言谈看作是出声的思考，但是对于某些对象来说，情况刚好相反：思想是平静的言说。）这里就引出了一个问题：我们是否能够对于有这些内容的信念做**实在主义的**理解。

信念的实在主义者认为，当我们说乔相信*p*，我们的意思是说乔确实处于某种状态（可以说是乔的大脑状态），这种状态的因果效力体现在他的行为中，并且（在原则上）我们能够对其进行经验研究。与此相反，工具主义者则认为，说乔相信*p*，只不过是表明赋予乔这个信念可以最恰当地解释和预测他的行为（参见 Dennett 1987[1]）。如果赋予某只类

85

1　我把丹尼尔·丹尼特归为工具主义者主要是因为他经常被这样看待，并且在很多场合，他听起来也很像工具主义者。然而我也注意到，丹尼尔·丹尼特拒绝这个标签，还站在了一个更微妙的立场。因此，我这里对"工具主义者"的说法不能全都明确归于丹尼特本人。

人猿心灵状态可以最恰当地解释和预测它的行为，那么对于工具主义者而言，这就已经等于说这只类人猿具有心智活动，但实在主义者顶多把这点看作是类人猿具有心灵状态的良好证据。

我希望本书的读者能理解为什么我想避免卷入这场复杂的、不必要的争论。无论如何，我都认为这两种观点大致都是可以接受的。有些时候，我们把心灵状态赋予一个个体，是站在实在主义的立场：我们说该个体确实跟某个可以称为"信念"的东西处在一定的关系之中，而且这个信念同其他的心灵状态，同自主的神经系统，乃至最终同世界都具有因果联系。然而，我们没有理由要坚持关于心灵状态的言论总是深浸着实在主义的态度。如果在有些情况下我们想放松标准（说一个国际象棋电脑想要早点出它的王后，或一台电脑相信它的打印机端口是空闲的），这也没有什么不对。考虑和谈论某些复杂系统的时候，把它们当作是具有心灵状态可以给我们带来便利，我们不必担心它们是否真的具有这些状态（关于实在主义与工具主义兼容性的一个详细而有力的论述，参见 Godfrey-Smith 2004）。

关于信念的一种常见和流行的实在主义观点［杰瑞·福多（Jerry Fodor 1975，1994）与史蒂文·平克（Steven Pinker 1994）是其忠实拥趸］认为，信念乃是作为"头脑中的句子"［即"心灵语言"（Mentalese）中的句子］而存在的。但是，心灵语言的词汇怎么表达**傻瓜**、**荡妇**或**罪恶**这些概念（能有这些概念的人需要熟知"傻瓜"、"荡妇"或"罪恶"这些词语在**公共语言**里怎么使用的）？说心灵语言的字典里有的条目是"贬义词"，这到底是什么意思呢？我相信，答案是：心理语言并没有这些英语词汇的简单对应词。这不是说福多的理论无法解释了，只是意味着，对于这些评价性的信念，他的理论需要能给出一套特殊的处理方式。但是，对于"露丝相信这只猫是棕色的"（实在主义者历来关注的

都是这种简单例子)和"伊尼德相信西摩是一个十足的呆瓜"这两句 86
话,说它们的真值条件的性质完全不同,这应该也没有什么出奇的。要
形成"西摩是一个呆瓜"这个信念的条件(粗略地说)是有能力(或许
还有意愿)把"呆瓜"这个词肯定地用到西摩身上,如果我这样想是正
确的,那么以上的问题对实在主义就不构成障碍了。这是因为,我们可
以合理地假设这种能力(以及这种意愿)是具有真正因果效力的状态,
而且对其可以进行经验研究。

需要澄清的第二点则涉及工具主义的信念观。如果把包含评价性
词汇的信念赋予非语言使用者,既有预测性也有解释性的价值,那么我
们这样做有什么不可以的呢? 比方说,赋予蜜蜂"黄蜂是十足的混蛋"
这个信念,如果有助于我们的解释工作,那么也许工具主义就会容许我
们这样做。为了回答这个问题,我需要对信念工具主义和信念实在主
义之间的关系多说几句。

尽管有时我们以工具主义的方式说话,比如说"这台电脑认为打印
机端口是免费的,但实际不是免费的",但要说我们所有的心灵状态归
属都是这样子的,或是说我们的言论从来不包含对实在主义的信奉,我
认为都是极其不合理的(参见 Lycan 1987 对普遍化的工具主义的批评;
同时参见 Yu and Fuller 1986)。如果某人说,"这台电脑认为打印机端口
是空闲的,但其实不然",而别人对此提出一个合适的严肃质疑:"那好
吧,但是这台电脑**真的**具有关于它打印机端口的信念吗?"说话人总是
可以收回或限定先前的说法。(这里的说话人当然不包括某些对具有信
念或欲望要满足的条件标准极其宽松的实在主义哲学家。)但是,涉及
有关某个人的信念的断言,就没有这样的收回倾向(当然,除非这个人
是否真的那样相信还是有寻常的疑点)。如果我宣称恺撒相信卢比孔
河里流的是水,有人对此提出质疑:"那好吧,不过他**真的**是这样相信的

吗?"质疑者的问题只会把我弄糊涂;我不会明白提问者的用意何在。由此来看,工具主义看来不过是一种"方便的虚构",我们有时候会容许自己参与这种虚构。比较一下更为人常见的虚构话语。假如我讲一个童话故事,"公主住在一座由红宝石做成的城堡里",而有人要求我要以恰当的严肃方式对待自己说的话,那么我会非常乐意收回之前的说法。如果有人质询道:"但是你不是**真的**认为有城堡是红宝石做的,对吧?"我会回答:"当然不是了,但是你没理解我的意思。"但是,如果我认真地说:"波希米亚公主伊丽莎白曾经与笛卡尔通信。"倘若这句话也遭到质疑,我就会坚持己见。我们清楚地知道,说"这台电脑认为它的打印机端口是空闲的,但其实不然"跟说"萨利相信这台打印机端口是空闲的,但其实不然",两者是不同的;如果第一句话受到质询,我们一般都不会再坚持,承认那只不过是"修辞手法"。这些都表明,当我们在工具主义的基础上赋予信念时,我们不过在进行无伤大雅且方便有用的虚构。

　　但是,如果以上对于工具主义在我们的信念赋予中的作用的理解是正确的,那么,担心蜜蜂可以相信"黄蜂是十足的混蛋"就不是什么大问题了。如果我们赋予某只雄猩猩(他小心留意自己的配偶,因为后者对其他的雄猩猩来者不拒)"她是个**荡妇**"这个信念(同时赋予这只雌性猩猩这样一个信念,即其他雄性猩猩是**猛男**),这是没问题的。同样地,如果我们想要赋予猩猩以下这些信念:某些行为是**被要求的**,有些行为是**应得**惩罚回应的,有些性格特质是**值得赞扬**的;这也是可以的。从工具主义的角度这样赋予信念不会带来什么损害,只要我们清醒地意识到,这样做只是一种伪装,是一种为了交流方便而采用的捷径。但是(正如我们假装圣诞老人是从烟囱下来)我们不应该把这样的说法太当真。至于蜜蜂是否**真的**相信黄蜂是混蛋,或者某只猩猩是否**真的**相信另一只猩猩是荡妇或猛男,或者非语言使用者是否**真的**判断某种行为是道德所要求的,等等,对于这些问题,答案统统都是"否"。

3.4　互惠的语言

在3.2节,我提出了一个先验论证,结论是语言是进行道德判断的必要条件。能不能论证相反的结论,即语言需要具备做道德判断的能力吗?我是看不出有什么希望可以用逻辑上的推理来这样论证,但也许我们可以合理地提出理据,来证明事实上人类语言的发展可能正是为了让我们进行评价。要了解这一点,我们必须转向人类语言的演化。

对于我们的祖先开始用语言交流的准确时间,我们目前只能作理论推测。[1]需要记住,不能指望这个时间是非常准确具体的。究竟怎样才算是"语言",而不只是一套信号系统,不只是有意引起关注的声音乃至恰好引起关注的声音,这里的边界是极其模糊的。即便我们神奇地获得了有关人类祖先的全部观察资料,包括所有神经科学的数据,能 88 够追溯百万年来所有的发展过程,我们仍然会对语言何时演化出来这一问题有巨大分歧,因为这里的问题并非只是我们的知识有限(这当然是个问题),还是"语言"这个词语的含义具有不可避免的模糊性。我们不应该被这种模糊性困扰,止步不前(我们的语言本来就充满了有效

1　为了简明起见,我预设了人类最开始的语言是口头的,但是事实上,有很多其他的合理假说认为最开始的语言包括了肢体动作,话语从肢体动作独立出来(如果确实从中独立出来的话)肯定是更晚的事情(Corballis 1999)。即使基于这种假说,3.2节的论证仍然成立。我们需要记住,由于习惯的关系,熟知的肢体动作可以像口头语那样清楚地"表达态度"。

而友好的模糊性），但是我们应该意识到它的存在。我们所能争取的最好结果，是一套指出"在 n 年前，我们的祖先没有形成语言，并且在 $n-m$ 年前，他们形成了语言"的理论（如果有人问起一个中间的时段："他们**那时**形成语言了吗？"正确的答案是"多多少少吧"）。

比**何时**的问题，更有趣的是**为何**的问题。没有任何理由认为答案必须是单一的；我们的祖先可能面对许多问题，而语言交流对这些问题提供了有用的解决方法。但这里我要强调的是关于语言最初"目的"的一个合理假说，这个假说主要来自人类学家罗宾·邓巴与莱斯利·艾洛的研究（Aiello and Dunbar 1993；Dunbar 1993, 1996）。[1]这个假说基于两个经验观察。第一，我们可以注意到，人类以外的灵长类动物的社会凝聚力，依靠于受到严格调控的成员交互关系（常见的调控方式是相互清理毛发的行为），而个体只有固定时间分配给社会活动，否则它对其他重要目标的追求（例如觅食）就会遭受损失。事实上，这些灵长类动物个体最多只有20%的"社会预算"时间。第二，从观察得知，在现存的社会性灵长类动物中，大脑新皮质的比例（即新皮质相对于大脑的其他部分的体积比）与群体规模之间有显著关联（群体规模越大，大脑新皮质占的比例就越高），这充分显示大脑新皮质的主要作用之一就是处理社会信息。动物需要更大的新皮质不但是为了记住谁是谁，谁是谁的朋友或敌人，还是为了进行更准确和"高阶"（"higher-order"）的心灵状态赋予（例如，"她相信我知道他想要什么"），从而能够更好地预测其他成员的反应（Mithen 1996：108）。

根据这第二项观察，我们可以从对于人类不同祖先的头盖骨化石

1　动物行为学的先驱德斯蒙德·莫里斯在他的畅销书 *The Naked Ape*（1967）中，推测性地陈述了这个一般假说。这本书引起了很大争议，甚至在美国最高法院还有过一场关于是否允许小学生接触这本书的辩论。

的研究,推断出(临时性的)他们的生活群体规模。通过这种方式,邓巴与艾洛猜测,南方古猿(australopithecines)的群落成员数目大概有67人,能人(Homo habilis)有82人,直立人(Homo erectus)则有111人,以此类推。[至于群落规模增长的原因,则有不同的假说。例如理查 89 德·亚历山大推测,群落间的冲突对大群落更有利(1987: 79—81)。]这些数据使得我们可以估计在每种人科动物需要花费多少时间为其他成员整理毛发,才能与聚落中群落里的每个成员维持交往:南方古猿所花的时间比重大概有18%,能人有23%,直立人有31%,尼安德特人(Homo Neanderthelensis)则有41%。结论是:在人类演化的过程中,相互往来的人们之间,有一股不断增大的压力,促进发展更新的和更有效的手段来交换有关彼此行为和关系的信息。这种压力首先落在能人身上,随后逐渐变得非常沉重,因此我们可以推测,人类的祖先最后肯定找到了某种解决方案。有人论证过,语言就是这种解决方案。要看一个人是否可靠,一个方法就是观察她与别人的交往;但是,如果你想同时试探数十个潜在交往对象的可靠程度,那你就有麻烦了。但是,如果你同曾经跟他们交往过的人**交谈**,你就可以很容易获得所需的信息。花上20%的时间同其他人闲聊八卦,足以了解许多人的社会细节。同样地,一个人也可以通过交谈向更多的听众散布自我吹嘘的信息(社交网络早就存在了)。我们今天仍然耗费交流精力的一大部分进行“声望管理”,这可以支持有关早期语言的“闲聊假说”。心理学家尼古拉斯·埃姆勒(Nicholas Emler 1990, 1992)认为,这个比例高达60%—70%。杜鲁门·卡波特为他的中篇小说《应验的祈祷》(*Answered Prayers*,一部有嘲讽色彩的名人众生相)辩护时,曾说过“我的书不是八卦,除非说文学作品全都是八卦”。我认为这句话包含了重要的真理。

此外，有了闲聊，一个人可以轻易地在远处损害他人的名誉，这使得实施惩罚变得几乎没有风险，同时还极大地扩大了个人实施惩罚的影响范围。(这意味着要解释惩罚策略的演化，无须诉诸群体选择的机制；参见1.7节。)这个关于语言演化的著名"闲聊假说"的内容等于是说，人类的语言能力之所以被选择出来，是为了在人类群体规模增大的情况下方便互惠的交流。闲聊的语言就是互惠的语言。

在一个规模不断扩大的大型群体中，互惠的重要性对语言的发展制造了日益增长的压力，这不仅是因为闲聊的益处，也是因为语言使得更为复杂精细的交换活动成为可能，并且还促进了交换。勒达·克斯密德与约翰·托比(John Tooby 1989：64)对这一点做过精彩的论述：

> 如果我想用一个斧子交换别的东西，我如何表明自己想要什么呢？假设我指着你手中的梨子，以此示意我的目标。但我这样指示意味着什么呢？我想要这只特定的梨子吗？或任意一个梨子？五个蒲式耳的梨子？我想要某种水果，但不一定得是梨子。我想被带到你可以发现这些好梨子的地方吗？还是我想让你扶住一架梯子，我好爬上梨树？或者其他的果树？还是说我想用自己的斧子切开你的梨，跟你交换半个梨子？

随着物质文明的进步，交换具体的物品就变得越来越重要。这也可能间接地与群体规模相关，因为较大的群体容许和鼓励劳动分工，而劳动分工可以促进技术的进步。那么，让我们暂且采纳以下的假设：最开始的言语交流同交换相关，这里的交换既包括安排复杂或明确的交易活动，也包括讨论他人在交往中的表现(参见Paine 1967；Barkow 1992；

Enquist and Leimar 1993）。

　　任何有关原初语言**目的**的假设都蕴涵了有关语言**内容**的结论。在闲聊和交易活动中使用的语言有什么基本构成要素？这种语言的成分应该能够指称具体的人，交易的物品和商品，乃至个体之间的关系。但我们也应该会预计到，评价性的语词在一开始的时候就已经出现。我们的祖先不仅仅想要**描述**某人没有报答他人的事实；他们聊天的目的是要谴责这样的人。对于他人声望的敏感性，从演化的角度看，其目的就在于避开、排斥、积极惩罚声望极差的人。有效的（有料的）八卦闲聊不仅仅是为了**描述**谁对谁做了什么；它还包含了赞扬和谴责的语言——类似于"奥格一直没有把斧子还给葛克：这个**无赖**！"（用个很老土的翻译）或"克鲁克总是以恩报恩：他真是个好人！"。从事广告业的人们都会告诉你，评价性语言能更有效地自我推销。

　　提起人类最初的语言，我们会自然地觉得，它应该主要由名词和动词组成（就像"我，泰山；你，简"这样的词汇），而评价性的语言是后来才出现的。但是我的提议刚好相反：我们可以从邓巴的研究推知，在人类语言刚出现的时候，评价性的语言已经是其中的核心部分了，原始人类语言的字典里就包括类似于"**贬义**"这样的说法。这看上去或许像是过于空玄的思辨，但它直接来源于一个有充分经验支持的原始语言功能理论。没有人会认为，灵长类动物清理毛发的活动仅仅是为了除掉寄生虫；这种活动是社会交往的媒介，是评估同伴以及评价自己和同伴之间关系的途径。如果语言是群体规模扩大时用来替代清理毛发的工具，那么语言的功能应该也同清理毛发一样。而且，既然我们能够可靠地假定语言主要是通过其内容（而不是通过韵律或喉部的发声）来实现这种功能，那么就可以由此推断，语言在演化上的重要功能之一就是传播某些类型的社会评价内容。

91

3.5 小 结

断定语言包含社会评价内容不等于说它包含**道德**语汇，因为我们在第二章已经看到了，道德判断只是评价活动的一种特殊类型。这么想也许比较合适：道德词语**会**作为讨论名誉，安排交易，吹嘘自己，谴责违规者等的工具而出现，这是因为，如果语言的目的是为了讨论公正、欺骗、惩罚、应得、贪婪、所有权等，那要是缺乏"公正""欺骗""惩罚""应得""贪婪""所有权"等词汇（更准确地说，是可以被翻译成这些词汇的语词），就很难有什么进展。然而，除非我们可以肯定他们给这些判断加上了我们在2.4节谈过的实践力量（然而，现有的相关讨论都无法保证这一点），否则我们还不能够把人类祖先的咕哝发音翻译成这些词汇（从这些词语的道德意义上来说）。我认为，事实上道德语言确实**可以**比非道德评价更有助于互惠交换（如果葛克说奥格违反了超越习俗的、无论喜欢与否都必须遵循的规范，说奥格**应得**惩罚，这比起仅仅是对奥格行为表示愤怒，能更有效地促使他的同伴们惩罚奥格的非互惠行为）。不过，对这个观点还需要进一步的论证，我们留到下一章再开展。

让我们在此稍作停留，总结一下我前面论述的几个主要观点。我们想知道人类使用道德判断的倾向是如何以及为什么演化出来的。要处理这些问题，一个合理的做法是先观察我们的灵长类近亲（它们有些生活于复杂的社会系统中），看看它们具备和缺乏哪些道德的组成要素。我已经论证过，我们无需赋予猩猩任何道德判断的能力，就可以解释它们表现出来的遵循规则的行为。它们具有一定的抑制、嫌恶与行为倾向（无论是天生的还是习得的），对于某些行为（或某些不作为），它

92

们会有负面的反应,而且如果不能在违规发生时就做出反应,它们会以后补上。它们还足够聪明,可以预料到会遭受这种负面的反应,也会把心灵状态赋予彼此。我也愿意承认,它们还很有可能"内化"了许多这样的联系,以致很多行为方式(可以算是亲社会的行为方式)是出于习惯。德瓦尔给这种行为现象贴上"社会规则感"的标签,看起来是合适的。为了论证的需要,我暂且承认了我们可以赋予猩猩含有假言"应当"的判断,这样一来,我就不觉得有任何理由要反对它们的社会生活在很大程度上的确是由"规范性"的规则考虑所掌控的。

但是道德在哪里呢? 以上我们赋予猩猩的各种心灵活动,就算加起来,都不等于说猩猩认为负面的反应是**应得的**,或者把某个行为看作是**违规的**,或者判断一个行为是**恰当的**,或者把某种性格看作是**有德性的**,把一次食物分配评价为**公平的**,或者相信一个物品是**有所属的**,等等(即某些的个体对该物品享有特殊**权利**)。在本书的3.2节,我提出了一个论证来分析原因,来说明为什么事实上猩猩不能考虑这些东西。我的论证前提是: 语言是形成这些想法的必要条件。我知道,有的读者可能觉得我的分析没有说服力,但即便如此,最主要的一般观点仍然成立: 猩猩可能具有形成道德的某些构成要素,但它们还缺乏其他的核心要素。我们应当关注这种演化的过程。人们是如何从抑制某些行为演化到对被禁止的行为做出判断? 是如何从不喜欢演化到不允许,从欲求某物演化到把某物当成是值得欲求的? 当然,演化的过程是逐步的,但意识到这一点并没有解决问题。一只红色的动物可能是从黄色的祖先演化而来,然而,解释了产生黄色的动力,再指出在黄色和红色之间存在渐进的过程,我们仍然不知道从黄色到红色的演变过程是如何发生的,以及为什么会发生。猩猩具有的道德构成要素(倘若完全从偏好、厌恶、欲望与抑制的角度理解)还无法拼凑或重组成道德判断。(无论你怎样组合黄砖块都无法建成红房子。)宣称这种转变发生在语言出现以后,说法虽然很有意思,但是并没有回答问题。

直到目前为止,我都没怎么提到情感的作用。我说猩猩的社会生活被抑制与偏好所控制,可能有人自然会觉得,这就等于是说猩猩的社会行为是被情感控制的。这种想法还伴随着另一种常见的想法:猩猩之所以没有道德判断能力,只是因为道德判断需要复杂的认知和概念能力,而情感无法满足这些条件。我认为,这些为人熟知的想法总的来说是错大于对,但我确实认为,情感是我们想要关注的演变过程的重要部分,因此我们现在就来讨论情感。

许多情感都与我们的道德生活相关:愤怒、感激、义愤、反感、同情、鄙视、羞耻、负罪感、骄傲和幸灾乐祸等——这个单子可以很长,但是我不打算一一讨论,甚至也不打算阐述一套有关情感是什么的精确理论(参见Haidt 2003a; Fessler and Haley 2003)。我将要辩护的有关情感的看法,只需要细致到足以让我表达我想表达的东西:以上列出的情感里至少有某些具有丰富的认知内容,而且评价性的概念对于形成某些情感而言是必需的。正因为如此,对语言是道德判断的必要条件的论证之后,紧随着的是,我们对情感的讨论。从这两个讨论中可以得出一个有趣的结论:语言是某些情感的必要条件,而语言的演化使得某些道德情感成为可能。本章的余下部分将集中讨论负罪感,但在此过程中也会提及其他情感。

3.6 情　感

人们提出了许许多多的情感理论(彼此之间差别还不小,我们甚至会怀疑理论家们谈论的是不是同一个东西)。罗伯特·普拉特切克

（Robert Plutchik 1980）找到了多达27种情感的不同定义！值得庆幸的是，近些年来这个领域还是形成了一定的共识。情感（至少"基本"情感）被普遍认为是种适应机制，每一种情感都是由生物自然演化设计出来以完成相应的任务，调动生物体的生理、心理与行为等因素，从而促使它对生活环境里重复出现的、影响到繁殖适应性的威胁和机会做出适当的回应。按照这种观点，大脑没有所谓的"情感官"；每种基本的情感都"各行其道"，大体上不受其他情感的影响，它们（需要的话）会使用不同的神经结构，寻求自己特定的刺激，并且在特定范围内产生行为反应。支持该观点的证据来自有关情感的一些不言而喻的真理：众 94 所周知，情感的来去不受主体的自主控制；情感经常不管我们跟它讲道理的努力；情感似乎自动地只对某些特定类型的刺激产生反应；情感影响我们的动机，继而影响我们的行为。此外，在我们已知的历史中，所有的人类文明社会所认识到的基本情感都是一致的——例如，古印度戏剧学家列出的"八种根本感觉"，就算是出自21世纪的心理学家之手也一点不出奇（Ghosh 1967：121—125）。[1] 还有一些证据表明，有的情感反应可能因神经损伤而削弱，但同时伤者的其他情感还保持完好（Damasio 1994；Calder et al. 2000；Adolphs et al. 2003）。[2] 除此之外，对于每种情感的功能，我们都可以建立可靠的演化假说，虽然理论家们还是就细节问题争论不休。有的理论家从生理应激的角度来理解它们的优点（而我们能够"体验"情感只是因为我们恰好具有意识而产生的副作用）；有的理论家侧重情感在记忆、动机、注意力、规划和学习中的作用；有些则强调情感的交流作用。既然自然选择机制偏爱一石二鸟

---

1 我在这里参考唐纳德·布朗的观点（2000）。

2 目前有更好的证据证明，觉察他人各种情感表达的能力可以受到选择性伤害。参见 Gray et al. 1997；Sprengelmeyer et al. 1999。

的效果，我们完全可以设想，所有这些益处（以及其他的益处）都在情感的演化中占有一席之地，而不同的情感带来的益处可能也有程度上的差别。

虽然对情感的达尔文式解释极有优势，但我们了解的每种情感不大可能都是产生于先天的、彼此独立的机制（这种机制是为了解决人类祖先的某类问题而形成的）。更有可能的是，在演化形成的一套情感基础上，文化的因素又参与进来，从而使人类的情感具有更新颖更精细的分类。这意味着在不同的文化和历史时期里，人们会认识到出现不同类型的情感。例如，有一系列中文词汇，能够分别细微的情感差异，尽管它们被翻译成同一个英文单词"shame"（Wang and Fischer 1994）。但是，还没有人类学家（虽然他们中有很多人都乐于接受这种挑战）能提供例子来表明，其他文化认识到的某种情感对于我们来说是太过异类而无法理解的。我们能够顺利无碍地把中文里的相关情感词汇归为一类，称之为"各种形式的shame"，这本身就很能说明问题。我们从来没听过有外文词语是用来指某种"狂怒的同情"，这种同情里还略带一丝嫉妒，是由下雪引起的，又能令人发笑。情感之所以具有跨文化的多样性，是因为在不同文化里，不同情感的重要性有所不同（例如羞愧这种情感有时是核心组织原则），文化使得情感的诱因有差异，也使得情感导致的行为有差异，不同文化对情感领域的分类方式不一样，从而使得其中的情感多少有些比较细致的区别。但这些观察事实都不能推翻以下假说：在这些差异背后，存在着一组先天的普遍情感。有不少论证都是关于到底哪些情感先天的或"基本的"，关于人类的情感生活有多大部分是在先天限定的基础上由文化因素增添的（当然还是有些人抱着落伍的观点不放，认为情感生活全都是文化性的）。对于这个经验问题，答案依然悬而未决，但本书表述的论证并不要求我们在这场宽泛的论辩中有所偏向。另一个需要注意的重要之处是，所有这些演化论上的思考并没有解决情感到底**是**什么的问题（可以称之为情感的本体论问题）。情感是感觉，是神经事件，是行动倾向，是信念，是跟以上这些完全不同的什么东西，还是它们的某种综合？对于这个问题，我们也没有必要选择任何立场。

我希望着重强调的是，某些情感具有一定程度的认知复杂度。考虑一下厌恶感。心理学家保罗·罗津（Paul Rozin）和他的同事曾经论证道，"核心的厌恶"与拒绝进食有关，这也是达尔文的观点〔（1872）1999：255—260〕。脸部特定的厌恶表情像是要把食物从口里吐出来，在极端情况下，厌恶可以引起作呕，哪怕并没有吞食厌恶的东西。然而，罗津等人（2000）论证说，厌恶并不仅是反感：厌恶包含有被冒犯与被玷污的感觉。后者被不少实验证实：被实验者不乐意穿陌生人穿过的毛衣，即便那件毛衣已经被细心洗过了。如果他们相信衣服之前的主人有一条腿被截肢了，或者是杀人犯，他们穿这件衣服的意愿会进一步急速下降（Rozin et al. 1994）。罗津（1999：33）写道：

> 厌恶和交感式迷信思维（sympathetic magical thinking）的联系非常紧密。令人厌恶的物品会**污染**它们接触过的东西，这体现了交感迷信的法则："一旦有接触，永不能祛除。"〔Frazer（1890）1925：11〕……人们对所厌恶之物的反应如此强烈，以至于厌恶常常波及到本身并非令人厌恶，只是形似被厌恶之物的东西。因此，人们对于做成粪便状的塑料或巧克力……或人工合成的鼻涕状黏液，也会有厌恶感，即使他们知道它们并不真是看上去那样。

在此基础上，罗津等人（2000：646—647）得出结论：动物与婴儿没有厌恶感，因为"能够形成看不见的物体和表象不同于真实这些观念，是相当抽象的认知成就……认知能力上的限制是阻碍儿童完全具备厌恶感的主要原因"（同时参见 Rozin and Fallon 1987）。有观察证据支持这个假说：虽然动物和婴儿显然会反感某些食物，但他们不会表现出那种与厌恶相联系的、由被冒犯而产生的极度排斥和憎恶感。

负罪感（guilt）是另一种儿童较晚才具有的情感。这完全不会推翻负罪感是一种先天情感的假说，因为并不是所有"设计好的特征"都得是生下来就有的（比如青春期的发育）。快乐、悲伤、愤怒和恐惧似乎是最早出现的情感（Emde 1980），当儿童开始使用语言时，相比其他情感，这些情感的名称也是他们更早理解和使用的。一项研究发现，超过90%的儿童在他们30—35个月大的时候就理解了"害怕"这个词，但要迟至54—59个月的时候，只有23%的儿童理解 "guilt" 这个词（Ridgeway et al. 1985）。当然，在儿童具有会使用 "guilt" 这个词语之前，他们可能已经有过负罪感的经历，而且年幼的婴儿可能具备了这种情感的一些基本要素（参见 Zahn-Waxler and Kochanska 1989；Barrett 1995）。但是，我们还是可以合理地认为，负罪感出现在其他的情感之后，而这很可能是因为负罪感就像厌恶一样，包含一定的概念能力，这些能力需要经过一段时间才能形成（参见 Kagan 1984；Damon 1988；Lewis 1992）。尽管负罪感同很多其他的复杂性状一样是逐渐发展起来的，这个结论还是可以成立的。在不太严格的对话中，我们当然可以指着一个拥有部分负罪感要素的两岁孩子，说她有"负罪感"，正如我们可以指着一个能说 "mama" "dada" 的一岁孩子，说她是在"说话"。但是，在后一种情况下，说一岁的儿童满足了语言能力的充分和必要条件，说所有她今后发展起来的，组合复杂词语的能力严格来讲都不是语言的必要成分，那是非常疯狂的。同样，假定认知要素对于负罪感和厌恶而言是不必要的，也是错误的。我们的情感词汇主要还是用来形容正常的成年人，虽然我们偶尔会为了谈话的方便，把这些词汇应用到其他达到这些情感的**部分**标准的主体上，但这不等于说它们还没有达到的标准根本就算不上标准。

我指出某些情感需要概念上的复杂性，并不是要支持那种认为这些情感需要信念为条件的观点。许多人认为，信念是情感的核心部分。 97 事实上，古代斯多葛学派认为，情感就是信念。我认为这个观点是错误的，如果你不同意的话，那就去看一部不错的恐怖片。（对古代斯多葛学派也是类似的建议：去看一出不错的悲剧。）假如这是部吸血鬼电影，还让你觉得害怕。有些哲学家甚至会干脆否认这种可能性。他们牢牢认定情感必须包含信念，如果被要求考虑观看虚构作品（没人把看到的内容当真）的情况，他们就彻底否认我们在观看时具有真正的情感：恐怖电影并不令我们恐惧，悲惨的小说并不令我们悲伤，恶俗喜剧并不令我们感到恶心。接下来他们就会告诉我们，虚构人物不可能是性感或有趣的！常识当然可能出错，但倘若用来证明常识为错误的只是一个不牢固的哲学论点（它完全不解释为什么常识被严重误导），那么最有可能的是哲学家自己搞错了（关于对这一点的详细论述，参见 Joyce 2000a）。

但是我们对虚构作品的情感反应仍然令人感到困惑。在恐怖片的例子里，令我们感到恐惧的对象到底是什么？你可能会说，吸血鬼的形象让你联想到真实的威胁，例如连环杀手，而后者才是你害怕的真正对象。但这个观点似乎是错的。你当然不曾意识到你是在联想连环杀手（你害怕的只是嗜血凶残的吸血鬼），因此为支持这种"记忆联想理论"的人必须认为，你害怕的真正对象存在于你的潜意识。这种观点并没有不一致，但是很不合理。不，你害怕的就是**吸血鬼**，虽然你并不相信他们存在；你片刻也不相信有任何东西（或任何真实的人）在威胁你。你要是真相信吸血鬼存在，你就会给自己找来一串大蒜和一个木钉。然而，即便你并不**相信**吸血鬼要吸你的血，你仍然**有这个想法**。你在床上辗转反侧，紧张地听着树枝拍打窗户的声音，你是在**想着**但并没有**肯定**"吸血鬼追我来了"这个命题。我们可以说：你是**因**这个想法而感到害怕，但是你所害怕的并不**是**这个想法本身（Lamarque 1981, 1991; Joyce 2000a）。作为具有内容的心灵状态（即作为意向性状态），这个想法提供了你害怕的内容：吸血鬼。作为大脑事件，这个想法导致了你的恐惧。需要注意的要点是，鉴于以上论证，想着 p 和相信 p 都使用了同样的概念。因此，虚构作品能引起情感上的反应，这并没有给"有的情感要以复杂认知为前提"这个主张造成困难。

人们能够对虚构作品产生**任何一种**情感吗？这似乎是一个我们不必关切的问题，但事实上，这个问题的答案对于本书末尾将要讨论的问题非常重要，现在正是处理它的好时机。表面看起来，有一些情感确实是虚构作品无法引发的。嫉妒常被认为是其中之一（Radford 1995; Neill 1995）。但事实上，我看不出一个人为什么不会对虚构作品有嫉妒的反应，虽然我承认这不常见。假设有一个单身汉**想象**他有个女朋友，然后继续（有点沮丧地）想象她的爱被另一个更年轻有活力的追求者夺走。这样的想法难道不会令他感到生气吗？他感受到的为什么不能就是嫉妒呢？在我看来，对这两个问题做肯定答复是最自然的。这个沉湎于想象的人仍是在嫉妒**某个人**，但他嫉妒的不是真实世界中的人；他并不**相信**确实有个人正在夺走自己的心上人，但是他可以有这个想法。嫉妒虚构人物是不太寻常的现象，因为嫉妒是不能间接体验的，这种情感要求设想自己和别人之间有关系（一种特定的关系），但书或电影通常都不需要激发这种设想。阅读《安娜·卡列尼娜》可能需要读者假装安娜存在，但是通常都不需要读者假装自己和安娜有互动。我不会花时间考虑跟安娜聊些什么，或者她会怎么看待我的衣着，或者我能否在19世纪圣彼得堡喝上一杯上好的意式浓咖啡。这并不是否认有人**可能**会这样设想。有人也许太喜欢这个角色，开始幻想自己与她展开一段关系，于是当渥伦斯基出场时就心怀醋意。我的意思只是说，虚构作品一般都不会引导读者往这方面想象，所以这样的反应是很不寻常的。

　　因为观看虚构作品而感到负罪感，同样也是罕有的事情。因为负罪感的产生通常是由于相信自己对别人做了错事，然而虚构作品一般不会让人进行这样的假想。但是正如前文所述，负罪感似乎并不必然包含信念。如果我坐下来设想我背叛（不论是想象的还是真实的）朋友的可耻行为（不一定是我完全不想做的行为）的种种生动细节，那么我似乎可以产生些许的负罪感之情。这种负罪感不同于在真实生活里犯错的负罪感，就像对好莱坞吸血鬼的恐惧不同于对死于车祸的恐惧，但是说前者"不同于"后者并不等于说"前者是完全不同类型情感"或"前者根本算不上真正的情感"。日常语言使用同样的词汇描述这两种情形，我们对情感的神经机制所掌握的经验证据都告诉我们，常识在这个问题上是正确的。如果情感是生物自然选择的产物，目的是应对现实生活里的问题，那么我们可能会疑惑为什么光凭想象就可以引发情感反应。一种简单的解释，用两个杰出的心理学家的话来说，是"促发情感的认知评价活动相当粗略，不做任何真实性的确认"（Johnson-Laird and Oatley 2000：465）——我觉得，这就好比人类引发性欲的系统不需要确认引发兴奋的是真人还是杂志里的彩图。除此之外，另一种解释则认为在祖先环境里，享受虚构活动的倾向对人类的适

99

应性有所裨益。[1]

　　关于情感，我想再做最后一个一般性的评论。我想要再次强调，上文的内容在情感**是**什么这个问题上并没有采取任何立场。唯一被排除的理论类型是那些主张信念是情感的必要条件的立场——因此，情感**不可能**是信念。(斯多葛学派的心理学就到此为止。)我的主张只不过是说，对于**某些**情感，使用概念——有时在信念里，有时是在思想里——是必须的。至于"怎么个必须法"，我不会给出任何答案，因为本书持何种观点并不依赖于如何回答这个问题。但是有一点值得指出：某类情感必然包含特定的信念或想法，从这个前提并不能得出结论说我们在(用"怜悯"、"厌恶"与"负罪感"这些词)指称情感时，一定程度上也是在指称那些信念或想法。为了说明我的意思，可以考虑一下**伤疤**的概念。在我右手掌心上，碰巧有三个看起来很像伤疤的印记。但它们不是真的伤疤，因为是我生下来就有的；它们不是由外界导致的损伤。能算成伤疤，需要有一定的成因。这是先验必然的；这是"伤疤"这个词的**意思**。尽管如此，造成伤疤的事件并不属于"伤疤"这个词指称的对象(事实上，很难理解这个事件怎么可能是"伤疤"指称的对象，因为它是造成伤疤的原因)。当我指称"我脚踝上的伤疤"(那里确实有个伤疤，是我抬脚穿过窗户时留下的)，我指的**我脚踝上**的东西(可见可触摸的东西)，而不是某种由一个物体和多年以前打碎玻璃的事件组成的奇怪混合物(参见 Thalberg 1978; Shaffer

---

　　1　如果我们考虑到人们在虚构与其他人的相遇时，会享受和寻求他们通常在现实生活里会避免的情感(恐惧、悲伤等)，那么第二个假说比第一个假说会得到更大的支持。这种演化假说认为，虚构和假装的能力是处理现实生活里的风险和机遇的一种"安全训练"。自然选择为了引发这种活动，就让相应的情感愉快惬意(出于同样的理由，自然选择让吃东西与性行为变得愉快惬意)。参见 Steen and Owen 2001。

1983；Green 1992）。

信念/思想与情感之间的关系或许就类似于使身体受伤的事件与伤疤之间的关系；信念/思想是情感词汇指称对象的必要伴随物（和原因）。如果这是正确的，那么我们几乎就没怎么涉及情感实际上**是什么** 100 的问题。情感可能是一种感觉，也可能是某种神经或生理事件。另一方面，也许信念或想法是情感的构成部分（即情感是种混合物）。也许信念或想法就是情感本身，而相关的感觉或生理事件不过是情感不必要的伴随物。无论这个问题有多么引人入胜，在这里寻求答案只会让我们偏离主题。

3.7　负罪感

说到负罪感，有意思的一点是它和羞耻、尴尬一样，都属于自我导向的情感，都是"从内部"引导人的道德行为。我们前面大部分的讨论都是集中在他人导向的道德判断（例如葛克谴责奥格偷他的长矛），但自我约束显然是我们道德生活的重要特征，因此也需要解释。事实上我们甚至会觉得，要是一种生物没有把规定"内化"，说它具有道德感就是不合理的；而且，除非它有把这些规定用于自身的倾向，否则我们不能说把规定内化了；也就是说，除非它具有良心。达尔文认为，把"道德感"等同于良心是合理的：

> ……任何具有明确社会本能（包括父母子女以及家庭成员间的亲情）的动物，一旦其智能发展得像人类一样完备（或接近人类），就不可避免具有一种道德感或良心。"[（1879）2004：120—121]

这段话的上下文的语境表明，"道德感或良心"这个析取显然不是用来指两个不同的东西，而是在表达大致的同义词或指称相同的术语；就好像说"纽约或大苹果"[1]，而不是"纽约或费城"。在此之前，达尔文还曾大胆地断言，"在人和低级动物的所有差异中，道德感或良心是最为重要的"（120）。

达尔文的第一个说法给我们出了个难题。亲社会情感加上"智能"，怎么就产生了道德判断？为什么"智能化"相当于"道德化"？达尔文有一点是非常正确的（我在2.1和2.2节也强调过这一点）：亲社会的倾向还要加上**某种东西**，才能真正谈得上是"道德感"，因为产生良心需要有相当的认知复杂度。虽然我们也说良心的"刺痛"或"伤痛"，但这只是比喻而已；负罪感并不是真的像是被针扎的感觉。具有良心不仅仅是不想做或不喜欢做某些事情，有良心的人不想那样做是**出于一定的理由**：是因为判断那些事情是违规的。"负罪感"既指一种情感，也指人和违背规范之间的关系（比如"他对罪行负有责任"）。因为当一个人有负罪感时，他也判断自己对错误负有责任。没有这样的判断，欲望或抑制无论有多么坚固牢靠，都还无法构成负罪感这种情感。

我们至少已经可以处理达尔文难题的一些要素。他说智能化相当于道德化，这看起来有些奇怪，因为我们会很自然地觉得，良心大多数时候是通过负罪感体现的，但负罪感是情感，不是"智能"。然而，如果我前文的论述是正确的，这种自然的想法其实来自一个不恰当的二分法。负罪感当然是一种情感（这我没有否认），但是这种情感包含"智能"因素，"智能"在这里指运用概念的能力。

1　大苹果（The Big Apple）是纽约市的昵称。——译注

负罪感所负载的概念内容是什么？先比较一下负罪感与羞耻，或许会有点用处。很自然地同负罪感联系在一起的，是判断自己犯了错（这种错误可以得到弥补）；同羞耻联系在一起的，则是判断"自己有问题"，而且也许对此不能改变什么。一个人因为说谎而有负罪感，因为自己是个骗子而感到羞耻。负罪感涉及的是违规行为；羞耻感则来自缺陷。负罪感会让人弥补过错；羞耻感则会让人想要退出社会活动。人们可能会因自己出身卑贱、鼻子太大、偶尔输给不如自己的对手而感到羞耻，但不会因这些事情而有负罪感（有帮助的讨论以及进一步的参考资料，参见 Tangney and Fischer 1995；同时参见 Niedenthal et al.，1994）。虽然从直观上来说，这些例子对区分负罪感和羞耻是很有用的方法，但要截然分开这两者却是没有什么意义的，况且在很多情况下，我们可以恰当地说某个人同时具有这两种情感。有些语言似乎没有对这两种情感做什么区分（Levy 1973：42），在有些文化里负罪感不如羞耻感复杂。但这两个观察事实都不意味着这些文化没有负罪感。人类学家觉得区分"耻感文化"（"shame cultures"）与"罪感文化"（"guilt cultures"）有时候很有用，而且这样做偶尔还预设了前一种文化（其中羞耻感极为重要且详尽繁复）根本不承认负罪感。但是，当我们回头看看这个区分的理论起源，即人类学家鲁思·本尼迪克特的著作，就会发现她是把羞耻感同"内化了的对自己有**罪**（sin）的确信"对立起来的（Benedict 1946：223）。跟罪与救赎的框架联系在一起，这只是负罪感在文化上得到详尽表达的一种方式（这也是基督教传统的重要部分），但要是假设负罪感就只能具有这种形式，并由此断定在不具备那种框架的文化都没有**负罪感**概念，就太过狭隘了。

心理学家刻画的负罪感要更为复杂（参见 Zahn-Waxler and Kochanska 1988；Baumeister et al.，1994）。他们揭示了导致负罪感的最重要诱因是对他人的伤害（Hoffman 1982；Tangney 1992），一个人负罪感的强烈程度，同在他看来自己与受害者的社会关系有多重要成正比（Fiske 1991；Baumeister et al. 1994）。因此，负罪感通常与违反道德规范的行为联系在一起，就一点也不出奇（Tangney 1992）。我们都知道，人们也会对非道德的和自我导向的违规行为怀有负罪感，但是这类负罪感需要有很深的社会化程度才能逐渐形成，而且最容易解除，这些事实都表明它是"核心负罪感"最末端的衍生物。

　　弗洛伊德（1929：123）宣称，负罪感"表达为对惩罚的需要"，这是个敏锐的观察，虽然他也对负罪感的发展过程说过许多蠢话。需要注意的是，这不同于对惩罚的**恐惧**。人们可能对惩罚感到恐惧，但不会带有负罪感；也可能有负罪感，但不害怕惩罚。一个人也许知道她违反了某些规则，害怕将会遭受惩罚，但是除非她在某种意义上认同这些规则（即便她从整体而言并不接受这些规则），否则她不会产生丝毫的负罪感。要有负罪感，她得要判断自己**应得**惩罚，而不仅仅是将会遭受惩罚。我认为，这比弗洛伊德说的"负罪感是对惩罚的**需要**"更为恰当，因为人们有时会感到惩罚是必需的，但不是应得的；或者判断惩罚是应得的，但不觉得需要实施惩罚。

　　上一段括号里的内容值得注意：一个人可能接受某些规则，但同时并不是从整体而言接受这些规则。一个前罗马天主教徒可能对避孕怀有负罪感，尽管她已经不再支持天主教的信条。但很明显的是，这些价值观念还是对她很有影响；"避孕是一种违规行为"这个想法仍旧活跃在她的心里；她心灵的某些角落依然接受这条规定，即便它并不代表她全面考虑的整体判断。把负罪感看作不过是某种不含概念的焦虑，或是环境造成的纯粹厌恶，这种看法是经不住仔细推敲的。当然，有的前天主教徒**可能**只剩下对某些活动的非认知性厌恶，但如果她没有**违反**

规范,或应得惩罚,或应得责备的念头(哪怕只是从她心灵深处某个角落里传出的恼人低语,违背她更好的判断),她的感受就不能算是负罪感。类似地,对于负罪感包含"违反规范"的想法,或许有大量资料记录的"幸存者负罪感"可以作为反例,但是我同样会强调,虽然这些人站在理性角度,非常清楚他们对别人遭受的伤害没有责任,他们还是不能完全摆脱他们"做了错事"的感觉。正是因为他们的感受具有这种现象特征,我们才倾向于把他们的痛苦称为"负罪感"。

　　从前文的讨论,我们可以得出两个结论。首先,如果负罪感必然包含自我导向的道德判断,那么只要我们认定负罪感是一种先天机制,我们就得推断说,进行道德判断的能力也是先天的。但是这个结论也许太强了,因为我们要意识到,违规行为还包括对非道德规范的违反。更为保险和谨慎的结论是:只要我们认定负罪感是一种先天的机制,那么我们就由此推断说,人类具有先天的能力,来判断某些行为违反了得到认同的规范框架,因而应该受到修正或惩罚。其次,我们现在可以把本章前后两部分的成果综合起来,得出结论:非语言使用者不可能有负罪感。语言是赋予某些评价性概念的前提,而这些概念对于某些道德情感而言是必需的。我小时候养的狗(纵然它有服从的行为,也知道潜在负面后果)没有也不可能有负罪感。也许在它那犬科动物的大脑里,有一些与人类负罪感相似的"某种东西",这"某种东西"可以影响它的行为,甚至可以算得上是情感。但是它不是**负罪感**。对我们而言,更好的做法是把它称作"前负罪感"(proto-guilt),或把它当成一种新的情感类型:"狗负罪感"或"动物负罪感"。这样做可能太过学究气,以至于显得有点傻气,但我并非是在论证日常对话也要这么精确。我论证的是,当我们以仔细审慎的方式谈论动物的认知能力时(这正是我们在本书中做的事情),需要限定乃至放弃这些词汇。

按照一个常见的简单假说，人类祖先的社会生活是由一些亲社会性的情感调控的，比如爱、愤怒、鄙视、厌恶和负罪感，然后不知怎的，运用复杂抽象概念的能力就降临了，这使得道德判断成为可能。现在可以看到，这个假说很成问题。事实上，某些亲社会情感的出现，某些概念的"降临"，以及语言的进展，这些因素是结合在一起的，因此导致人类道德感的演化也颇为错综复杂。这并不是否认某些亲社会的情感（例如爱与同情）先于语言与道德判断出现（我基本上在2.1节论证过这一点），因为我没有论证一个很强的观点，即**所有**情感都要以概念为条件，因此我也没有论证所有情感都要以评价性概念为前提条件。我很怀疑能否对我们归入情感的所有事物给出一套整齐统一的分析（尽管我承认过去曾试图这样做，参见Joyce 2000a）。我有把握指出的只不过是：作为道德良心的核心情感，**负罪感**伴随着评价性概念。如果要被追问还有什么其他的情感也是如此，我首先想列出的会是羞耻、义愤以及"道德厌恶"。

但是，正如前文所提到的，这些情感的出现同语言和道德感的演化密不可分，这个事实仍然没有解决一些重要问题。我们不能就简单地设定，在语言降临的时候，"应得修正或惩罚的违规行为"这种想法也出现了，好像背后有魔力控制一样。我们仍然需要了解产生**那种**想法的倾向为什么会形成，以及是如何形成的。这样，也只有这样，我们才算有了一套关于道德判断的能力是怎样通过生物自然选择发展出来的假说。我们现在就转向这些问题。

105

第四章

道德感

4.1 预览

　　道德思维有什么用途？无论我们对道德感的演化看法如何，这个问题都值得研究。明确这个问题的时态很重要；我们想了解的不是道德现在如何有适应性，而是它如何成为了适应性状——换言之，我们想知道它**过去**如何有适应性。要想心安理得地宣布某个性状是自然选择的产物，就必须就该性状为何对我们的祖先有用（即提高其繁殖适应度）这一问题提出一个合理的工作假说。（当然，光有工作假说还不够；就算把自然选择塑造某一性状的过程说得合情合理，这也不能证明该性状就是那样产生的。）至于道德是否依然有用，则是另一回事。某些极端的思想家持否定态度。（尼采或可作此理解；另见 Hinckfuss 1987 and Garner 1994。）也许进行道德判断的倾向就类似于对甜食的喜好：在古代，甜食少见并且通常富含营养，因此对甜食的喜爱是适应性状；但是在甜食泛滥且易得的时候，这种喜爱对很多人就成了致命的威胁。

这种可能性不是没有，但我认为微乎其微。理解了道德思维如何提高我们祖先的繁殖适应度，我们就很可能会认识到它是如何仍然对我们有用的，反之亦然。（这不等于说我们就会认识到道德依然是有适应性的；上句中的"有用"是个日常用语，与基因的复制能力无关。）

为明晰起见，我将这个问题分解成几个子问题（不过后面会阐述合并其中两个子问题的理由）。首先，道德感是通过群体选择还是通过个体选择演化的，这是个问题。如果群体选择是主要过程，我们必须问为什么个体的道德思维可以有益于群体；如果个体选择是主要过程，我们则要问为什么道德判断可以提高个体的适应度。其次，我们要区别对**他人**做出道德判断所带来的益处和用道德慎思调控**自身**行为所带来的益处，因为这两者完全有可能是为了不同演化目的而产生的适应性状。因此一共有四个问题值得研究：

> 对他人做出道德判断如何有益于判断者所属的群体？
> 对他人做出道德判断如何有益于判断者自己？
> 对自己做出道德判断如何有益于判断者所属的群体？
> 对自己做出道德判断如何有益于判断者自己？

需要注意的是，道德先天论者（moral nativist）没有必要对四个问题**全部**做肯定回答；一个肯定的回答就足以捍卫他的观点。但其实我认为四个问题的答案都是肯定的。第四个问题直观上最有挑战性，所以接下来（4.2节和4.3节）我将主要概述对这个问题的解答。我们在此感兴趣的问题是"**为何**"：为何自然选择会演化出道德感？（为何道德感可能是适应性的？）本章的第二个任务是把话题引向与"为何"自然相关的"**如何**"：道德感是**如何演化的**？——自然选择让人脑发生了什么变化，使它具备了道德判断的能力？ 4.4节将提出如下假说：道德感的核心是人类将情绪投射到世界上的倾向。至于更进一步的问题，"自然选择让人脑发生了什么变化，使它具有投射情绪的能力"，这个问题虽然合理，但我还无法解答。随着我们接近关于大脑的现有知识的极限，解释工作最终也就只能到此为止了。

完成以上两个任务以后，我们将得到一个关于道德演化的"原来如此"的故事。但我不满于就此结束，因此，本章的第三个也是最后一个任务，就是综述一些支持这个故事的经验证据，从而让这故事成为在科学上可以有一席之地的假说。

4.2 作为个人承诺的良心

对自己做道德判断，也就是所谓有良心，为什么能提高判断者（相对于不具备这个性状的竞争者而言）的繁殖适应度？我对这个问题的看法主要来自以下自然的假设：如果某人对于一个可行的行为作出了正面道德评价，那么他做出该行为的概率就会提高（反之则降低）。如果某行为（或不作为）能提高繁殖适应度，那么任何确保该行为（或不作为）得以实施，或提高该行为实施概率的心理机制，也（相较于更难以达到这些结果的机制）更能提高繁殖适应度。因此，自我导向的道德判断只要与恰当的行为形成关联，就可能提高繁殖适应度。如前所述，在许多场合"恰当的行为"（即提高适应度的行为）包括助人与合作行为。所以针对亲社会行为——针对判断者**自己的**亲社会行为——的道德判断，有可能提高判断者自身的适应度。

我们的关注点应该放在"道德判断影响动机从而提高行为的概率"这个前提上。当代许多哲学家持所谓"动机内在论"（与动机外在论相

108

对)的观点：道德判断**先验必然地**包含行为动机。人们通常把内在论和非认知主义联系在一起，不过我在别处（2002；forthcoming a）论证了这种联系其实是错误的。我在第二章曾经指出，非认知主义者主张道德判断表达某种意动的、涉及动机的状态，但此处的表达关系不是因果关系，而是约定俗成的关系。因此，正如道歉表达悔意并不意味着所有道歉都伴随着真诚的悔意，非认知主义并不会导致"道德判断必然伴随动机"的结论。不过，我在2.3节还是对非认知主义表示了有保留的支持，而我支持的东西确实蕴涵"道德判断和动机之间存在某种先验关系"这个结论："标准的道德判断"（"canonical moral judgement"，不妨如此称呼）的确伴随着动机状态。在一个标准的言语行为中，行为者在说话时要处在该言语行为表达的所有状态。因此，如果公开的道德判断"盗窃有错"，既表达盗窃有错这一信念，也表达对谴责偷窃行为的某种标准的意动接受，那么该判断的标准个例就需要判断者兼具这两种心灵状态。因为"意动接受"是一种涉及动机的状态，所以标准的道德判断都包含动机。[1]

但是即便你不接受以上元伦理学观点，你也可以同意道德判断影响动机——只要你承认道德判断和动机间存在完全偶然的心理关联。至于这种关联的存在，从意志薄弱现象可见一斑。虽然人类擅于计算长远利益，但众所周知，我们在使自己的动机与慎思的结论相符这方面做得极为糟糕。就算明知一时快活的代价是长远损失，我们还是抵挡不了诱惑。我们吃各种垃圾食品，熬夜，不到最后一分钟不改学生的论文，买了健身器材却闲置不用，凡事能拖则拖。虽然各人糟糕程度不

---

[1] 读者也许奇怪我为什么不直接说"真诚的言语行为"。但真诚是个更复杂的概念，我在别处有过讨论（Joyce, forthcoming a）。

同,并且无疑也有少数神人可以理直气壮地宣称自己对此类恶习免疫,但不能否认,不能让动机与审慎的判断相符,放任一时的诱惑淹没内心实践理性的声音,是人类心理的一大特点。

同时我也得承认,为了强调一种现象,上面只说了事情的一个方面;另一方面,人与其他动物比起来当然审慎得多。但在我们审慎思考的结论与动机和行动的形成之间无疑存在一个重要缺口。支持某一行动的审慎考虑("为了健康,我应该点沙拉")就是无法可靠地转化为实际行动。我们多数人对此有亲身体验,相关的经验科学证据也是汗牛充栋(Schelling 1980; Elster 1984; Ainslie 1992)。这需要解释;如此频繁地妨碍我们追求自身最佳利益的设计缺陷,为什么没有被自然选择纠正? 大概是因为不同心理官能各有各的计划,从而在行动上相互掣肘。但尽管"官能竞争"的观点很可能是正确的(连柏拉图都这么认为),自然选择为什么没有纠正这个严重的缺陷,这仍然是个问题。比较可能的答案是,意志的薄弱是为了实现其他有价值的目的而必须付出的代价。那个目的或许就是灵活计算主观偏好的能力。能够随情况变化重新评估香蕉价值的生物通常比与永远视香蕉为最高价值的生物更有优势。饱的时候一根香蕉对你没有什么价值,但饿的时候它也许是你能得到的最有价值的东西。但犯错是任何这类灵活的全面评价系 110
统[即实践智力(practical intelligence)]不可避免的代价。正如自然选择造不出既拥有灵活的信念生成系统**又永远只产生正确信念**的生物,它也造不出既有灵活评估事物主观价值的能力**又永远只作出正确评估**的生物。按照这个观点,意志薄弱是这类实践错误的个例:眼前利益的诱惑(这诱惑本身就是某个先天机制的产物)导致个体错误地把一个坏选择给"合理化"了。

让我们设想有一类行为总是至关重要的,以至于自然不想把这类行为的成败托付给普通人脆弱的实践智力。这类行为也许是（比如说）同类合作。合作可能带来的收益（比如好名声）通常是长远利益；但意识到有长远利益可图并意欲图之，并不能保证激发追求目标的有效行动，就好比很想长寿的人未必做得到不沾油腻。因而我的假说是，自然选择为这类行为挑选了一个特殊的动机机制：道德良心。如果你认为某个结果只是你意欲（desire）的东西，你总能对自己说"也许这个欲望得不到满足也没有**那么**糟"。但如果你认为那个结果是值得意欲的东西（认为它具有**要求**意欲的性质），那么一时冲动贬低其价值的行为就不那么容易合理化了。如果一个人相信某合作行为**在道德上**是必要的（不论喜不喜欢，他都**必须**那么做），那么他再跟自己讨价还价的余地就小了。如果一个人相信某一行为是某个无法避开的权威所要求的；如果他相信不那样做不仅会让自己失望，而且还应该受到批评和谴责，那么，他更有可能做出这一行为。具有实践影响力的命令的独特价值就在于它们能阻止进一步计算；在审慎计算可以被各种干扰因素与合理化倾向轻易劫持的情况下，这种阻止是很有价值的。所以我的提议是：从道德角度考虑自己的行为，以一种"我只是不喜欢X"还无法做到的方式，把某些实践可能从慎思的空间中排除出去，因而自我导向的道德判断可以充当一种**个人承诺**。

在此我部分赞同丹尼尔·丹尼特（Daniel Dennett 1995）。丹尼特认为，道德原则的功能是扮演"谈话终结者"：在（无论是个人或群体的）决策过程中，道德原则可以用来阻止决策者或决策机制无休止地处理、考虑和要求进一步的理据。"任何一种方针都**可能**遭到质疑，所以除非我们在设计决策过程时安排一个不用讲道理就可以终结讨论的方法，我们设计的决策过程将永远地空转下去。"（Dennett 1995：506）如果问题是如何处置罪犯，"得到公正审判是他的道德权利！"大概就可以终结讨论。如果问题是要不要从商店顺手牵羊,"顺手牵羊是错的;我不能那样做"也可以终结讨论。"在我们的世界里这类困境并不陌生",丹尼特说,"在这样的世界里,我们不难理解……某种不问缘由的教条主义,保护行动者不陷入过度理性,还是很有吸引力的"(同上:508)。(第五章将进一步讨论丹尼特的观点。)

想象一个没有道德思维能力的人。假设与某人保持互惠关系对他有利,而他本人,或是因为有意识地想从关系中获益,或是因为本来就对合作伙伴抱有同情(但也不是无条件的同情),也确实保持着互惠关系。但试想在一次交易中,他因为某个心血来潮的理由(也许他稍一放松就成了眼前利益的俘虏)违背了约定。(这有什么不应该的呢?毕竟,根据假设,他不愿作弊并不是出于原则上的考虑。)现在他会有什么感觉?也许会惊讶于自己一反常态。也许会因为伤害了某个不想伤害的人而失望、痛苦。但重要的是他不会觉得自己**有罪**,因为只有认为自己违反规范的人才会有负罪感。他没有道德概念,因此不可能觉得应该为自己的行为受到惩罚。他会后悔,但不会忏悔。出于同情,他或许会想减轻受害者的痛苦(甚至可能想赔偿受害者);但他不觉得自己**必须**作出补偿,因此一旦其他事情分散了他的注意,使他对受害者的同情渐渐淡漠,就没有什么能让他再拾起"必须做点什么"的念头。到头来,他无非做了件与自己一贯性格不符的、希望自己没有做的事,仅此而已。"同情",詹姆斯.C.威尔森(James Q. Wilson)曾说过,"这个脆弱易逝的情绪,来得容易,忘得也快;即便没有忘记,为袖手旁观找个借口也很容易。一条流浪狗,一只受伤的雏鸟,都能让我们心痛,尽管我们知道森林里到处是受伤迷途的动物"(1993:50)。

作为对比,设想有另一个人,不只有同情心还能判断欺骗是不道德的。纵使她偶然屈从于诱惑,她也会另有一番感受。她能告诉自己说,

我**犯错**了，我的行为是**不正当或不正义**的，我**必须**作出补偿，我不仅冒
112 了受罚的风险而且**应当**受到惩罚。负罪感的情绪对她是可能的。不
仅如此，她还能够做出其他犯人也应受惩罚的判断（这对我们之前那
个未道德化的行动者也是不可能的）。既然这个确实欺骗了别人的道
德化的行动者可以对自己做出更严厉的指控，那么在她没有作弊的时
候，她不作弊的动机也很可能比非道德化的行动者的更为坚定，也更可
靠。尽管以上我对"自我导向的道德判断能影响行为"这个假说做出
了对我有利的解释（你可以说是书斋空想），但这个假说本身已被大量
经验证据证实。(Keltner et al. 1995；Bandura et al. 1996；Bandura 1999；
Ferguson et al. 1999；Tangney 2001；Beer et al. 2003；Keltner 2003；
Covert et al. 2003；Ketelaar and Au 2003.)

　　需要注意的是，我的论证并不是把未道德化的、受同情心驱动的
人，同毫无同情心但有强烈的理性道德责任感的人进行比较（康德的
读者对那种思想实验很熟悉）。首先，我承认道德化的人可以同未道
德化的人拥有一样的同情心；我论证的只不过是说，道德判断在原有
动机的基础上**有所增益**，使得道德化的人更胜一筹。我也不主张道德
思维总是优于务实思维；很多时候务实思维是完全坚决的（知道横穿
高速公路是会死人的，恐怕比"乱穿马路是不道德的"这个判断更有
驱动力）；我论证的只是，务实思维不管用的时候（尤其当实际收益是
有变数的远期利益时），道德判断可以顶上。另外，读者必须记住这里
说的道德判断不是康德幻想的那种冷冰冰的、知性化的东西；道德判
断也给一个人的精神生活贡献如负罪感这样的情感。我所谓的道德
判断能促发行为的动机，也包括某些道德情感产生动机的效力。"道
德情感"一词在这里可能会造成一点混乱，因为有时它指人们认为道
德上值得称赞的，或总体上亲社会的情感（比如仁慈和爱），我们的讨

论并不涉及这些情感；有时它又指**包含**道德判断的情感（比如负罪感）。我所主张的部分内容是，有了后一种道德情感，前一种道德情感更能够引发行为动机。

初步地说，我的假说是：诸如"那么做不对；我那么做是应受谴责的"的判断，在慎思、情感以及欲望的形成中扮演着活跃的角色。它能够促发和强化某些欲望、阻止某些考虑进入实践慎思，由此提高某些适应性的亲社会行为的实施概率。[1]支持某一行为的道德判断当然不能**保证**该行为的实施，但只要它增加了实施概率，这就有可能是它的演化功能。当然，最终决定一个人行为的是促进某行为的欲望和阻止该行为的欲望的相对强弱。然而最后这点让我们对前面整个论证产生了疑问。也许道德判断确实能强化动机，也许在这方面它通常确实优于单纯的实践慎思；但正如生物学家、哲学家大卫·拉提（David Lahti 2003）指出的，还有一个问题有待解决：为什么自然选择没有直接加强我们在某些情景中的合作欲望。毕竟，就某些适应行为而言，演化确实赋予了我们很强的相应欲望。比如保护后代的行为似乎就是被单纯但强有力的情绪调控的，主要并不是依靠道德责任感。这些情绪基本上不受意志薄弱的影响：几乎没有人会为了短期利益去合理化伤害自己心肝宝贝的行为。不仅如此，如果我们的人科祖先已经有了产生如此强大欲望的神经机制，为什么自然选择这一本性保守的力量没有利用现成机制来调节新的适应行为，却产生了一种"截然不同的"且"生物学上史无前例的机制，来实现一个在自然界中经常被更直接的手段实现的目的"（Lahti 2003：644）？这多少有些令人迷惑。拉提的挑战必须被回应。

1　Williams 1981 对"必须"（must）和"应该"（ought）如何影响实践慎思做了细致的哲学讨论。

　　每当演化心理学家设想某一适应行为是由一个专门机制管理的，我们总可以问："自然选择为什么要费劲去搞那种机制？它为什么不直接创造一种实施该行为的超强欲望？"但考虑一些与道德无关的例子，我们就会看到这个问题其实不太对劲。可以考虑一下人类演化得来的和性与进食有关的心理奖励系统。我们可以问，自然选择为什么要费心给我们配备那么多那么复杂的达到性高潮必需的生理机制——为什么不把我们设计成单纯地就是**想要**性生活呢？这个问题是误入歧途了。自然选择**确实**让我们想要性生活，它用于保证这个欲望的手段之一就是性高潮。类似地，自然选择让我们想吃东西，它实现这一点的手段之一就是让我们觉得食物美味。也许自然选择也让我们想要合作，而我们从道德角度去看待合作的倾向（包括产生负罪感的能力）就是它保证这个欲望能得到满足的一种手段。自然选择会用特别的**手段**来创造和加强一类提高适应度的欲望，无论跟道德有没有关系，这都没有什么特别神秘费解的。诚然，自然选择用于加强道德欲望的机制是个"生物学上史无前例的机制"（一种只在人科演化支出现的东西），但如果人类的社会关系确实与其他动物的社会关系截然不同，一个截然不同的解决方法也许是必要的。另须注意，尽管自然选择是保守的，不同的适应行为常常需要不同的动机机制，仍有一个明显的理由：如果通过进食和信守承诺能获得性高潮，我们也许就懒得做爱了。

114

　　我们仍可以合理地发问，道德判断有什么特征，使它得以胜任我们推测它所承担的演化任务。我认为答案的一个重要部分跟道德判断的公共性有关。虽然眼下我们关注的是对己的道德判断，但我们不能因此误以为我们是在谈论私人的心灵现象。正如有公开表达的对己判断（"我希望你们知道，我对自己的所作所为深感惭愧"），同样也可以有私下的对人判断（心中默念"约翰真是个人渣"）。道德判断，即使是对己的,本质上也是交流性的;事实上,如果我在第三章论证的是正确的(作为语言现象的道德判断是作为心灵现象的道德判断的基础),那么"完全私人的道德判断"这个想法本身就很有问题。道德判断可以在集体协商中得到主张,可以用来提出一个要求,证成一个决定,为惩罚提供依据,批评或褒扬他人的行为或性格,或者用来为判断者自己的人格作证。正面道德评价引起行为动机的方式,与这种公共空间是密不可分的。即便不行骗是因为我个人的良心告诉我"行骗不对",我也清楚一旦被要求为自己的行为辩护,这种道德考量是可以在公共协商中使用的理据;我也同意,要是我行骗了,他人的惩罚将是有依据的。相比之下,"我就是不喜欢作弊"这一命题可以用来**解释**一个人的行为,但缺少道德因素的规范性证成效力(normative justificatory force)。[1]

为了表达清楚起见,接下来我想在另一个稍微不同的辩论背景下阐明自己的立场。按照一种可以说是常识的观点,日常生活中人们做道德决定的过程是个推理的过程,情绪或动机只是对结论作出合适的回应:据玛丽的推理,弗雷德的行为在道德上是错误的,这个判断让她愤怒,然后这个情绪促使她扇了弗雷德一耳光。另一种观点——其最令人信服的支持者是心理学家乔纳森·海特(Jonathan Haidt 2001)——却认为,常识把事情的顺序搞反了。事实真相是弗雷德的行为让玛丽感到(比如说)愤怒,这个情绪导致她扇了他一耳光,而她关于他的行为触犯道德的推理则是一种事后重构。我论证的观点乍看上去或许和

115

---

[1]　"我实在不喜欢X"可以是辩护的一部分:"我实在不喜欢X,而且在这种情况中,我用自己的强烈偏好来指导行为的做法是可以接受的。"但显然,这种辩护的后半部分引入了一个规范性原则。这后半部分通常不会明说:单是"我喜欢咖啡",看上去就像已经为喝咖啡提供了充分的辩护,但只要与"我喜欢虐待儿童"比较一下,前者的隐含前提(大意即在相关情形中用个人偏好指导行为是正当的)是不言而喻的。

海特相反，但其实不然（这是好事，因为海特提供了大量令人信服的证据，其中一些本章将会讨论）。我并没有说，道德推理促发道德判断或道德行为。我的假说是道德判断（不论它是如何达到的——是通过比如推理，还是情绪，还是直觉）对激发行为起了作用。前面说过，道德判断完全可以被"嵌入"情绪中，所以当我指出道德判断促发行动时，这也包括负罪、厌恶、赞同等情绪的动机效果。即便许多道德判断是事后重构的产物，这也不等于说它们在动机方面无所作为。也许弗雷德的行动先促发了玛丽的愤怒，愤怒的情绪让她扇对方一耳光，而后她才推理得出"弗雷德是一只性别歧视的猪"这个新的道德判断。这个新的道德判断虽然是事后"合理化"的结果，但未必没有实用价值。也许它比单纯的愤怒更能坚定玛丽跟弗雷德一刀两断的决心。更重要的是，它让玛丽在公共领域中有一定的说辞来辩护她扇弗雷德耳光的行为，并给其他人提供了反对弗雷德的考虑因素。海特本人也很重视这种联系，强调说道德判断"不是在单个人的头脑中发生的单个行为。它是一个通常十分漫长并涉及多人的持续过程。理由和论证可以传播并影响人，即便单个人，也很少自己进行道德推理"（2001：828—829）。不仅玛丽对弗雷德的判断如此，人们对自身的判断也是如此。一个人觉得别人会怎样看待她的决定，她有信心向哪些人证成自己的行为，她是否认为支撑自己行动的理由也能得到同伴的认同（一言以蔽之，她对自己作为社会存在的体验），将严重影响她行动（或不行动）的决心。道德判断影响动机的方式不是在行为者的脑袋里给某个行为增添一点动力，而是提供一个（看起来是）不能被正当忽视的考虑因素，从而使道德判断（甚至是对自己的道德判断）得以在社会舞台上扮演一个直接的欲望无法证成的角色。当我们认识到这一点时，拉提的问题就解决了。

鉴于以上论证，我要对一开始提出的简单假说（即道德判断的演化功能是为某些有适应性的社会行为提供额外动机）作些补充。在道德上否定（而不是单纯地反感）自己的行为（或潜在行为），为我们把相应的道德判断施加于别人身上提供了基础。不论我有多讨厌X，这一倾向本身与我如何判断他人对X的追求无关。"我不会追求X，因为我不喜欢X"说得通，但"你不会追求X，因为我不喜欢X"就毫无道理。相比之下，"追求X在道德上是不对的"这个主张不但要求**我**，也要求**你**避开X。本章开头我区分了对己道德判断能带来什么好处和对人道德判断能带来什么好处两个问题，但我现在要说这两个问题并不相互独立（这也不应在意料之外）。当然，我们现在应该看到道德判断的适应优势之一正在于它能联合这两个方面。道德判断为评估自我和他人的行为提供了一个共同框架，从而能充当集体协商决策的"通货"。道德判断因此可以作为一种社会胶水，将个体的人联结在一个共同的证成框架中，并为很多群体协作问题提供解决工具。尤其重要的是，尽管未道德化的、强大的负面情绪（比如愤怒）能促发惩罚反应，只有道德判断才能**批准**惩罚，因此后者能比前者更有效地管理大群体中的公共决策，尤其是当人们（在一天狩猎采集的劳累后）疲惫不堪，心不在焉，或者不能达成一致的时候。而负罪感（其中包含着认为自己理应受到惩罚的判断）也能对人有好处，它能抑制人们平时的防御机制，促使他们接受惩罚，或至少做出道歉，从而尽快恢复与同伴的关系（见Trivers 1985：389）。

　　尽管上文（为了简洁起见）说道德判断有加强合作动机的作用，我无意暗示说自然选择将我们设计成了**无条件**的合作者。道德感并不是在任何情况下都视合作为善举的偏好（有这种偏好的人难逃惨遭剥削的厄运）。同样，虽然我们体内有种先天机制专职促使我们产生进食的欲望，并用愉悦的体验奖励我们的进食行为，这并不意味着我们会无条

117

件地吃,不加区别地吃。也许自然选择为我们设计了非常灵活的合作策略。一个人可以多大方,或必须多吝啬,将取决于他的环境里有多少资源。谁是有前途的合作者,谁是无赖,这是我们要学的东西。我们可以道德化一个有条件的策略,比如"信赖他人,但不要做冤大头"。我们也可以把不合作的行为道德化,认为合作在某些情况下是被禁止的。我的主张其实是:将整个灵活的社会结构道德化有助于提高适应性。如此可以避免人们在该合作的时候不合作,但这不应混同于鼓励人们在不该合作的时候合作。确实,在一个具体场合中,任何对合作动机的增强在某种意义上都意味着人们可能会犯实践错误,比如人们即便在作弊对自己的适应度更有利时仍然去维持原有的交换关系。(想想托马斯·摩尔的道德信念让他落得何种下场[1]。)但在这种意义上,任何自然的奖励系统都有可能把我们带向偶然但可能是灾难性的错误:人们可能为了果腹而误食毒草,或者为了床笫之欢而招来强敌。

118

4.3　作为人际承诺的良心

上一节论证了将行为视为道德的要求通常会对一个人的动机有积极影响。当事人由此能得到多少好处则取决于被道德化的行为是什么:如果被道德化的是审慎务实的行为(以上讨论的主要是这种行为),将对她很有好处;如果她把对自己有害的行为视为道德的要求,结果则可能是灾难性的。然而,还有另一个论证指出,强化一个人**不审慎务实**的行动决心在某些情况下也可能是对她有益的。既然(我已论证

1　托马斯·莫尔(1478—1535),英格兰政治家,《乌托邦》作者,因反对英王亨利八世担任英国国教会领袖而被以叛国罪处死。——译注

过）道德化的思维是使人坚定决心的思维，这个论证将进一步支持"拥有道德良心有助于个体利益最大化"的观点。这个论证来自经济学家罗伯特·弗兰克（Robert Frank 1988）。

有些顾客买到次品后，会为了讨回区区10元退款不惜大费周折。如果你指出与其费这许多周折不如另买新货，他们对此的回答常常是"你说的是没错，但这是原则问题"。如何理解这种看上去非理性的态度呢？有一种说法认为，这种行为可以建立某人不好欺负的名声，从而减少将来被人欺骗的机会。但这个解答的适用性有限，因为即便在明知眼下的行为不会为将来打交道的人所知时，我们还是经常坚持"原则"。弗兰克的回答是：这种行为是由情绪控制的（我们可以称其为"义愤"），而这类情绪的功能是保证某些行为会被付诸实施，甚至不惜压倒务实的计算，损害自身利益。站在卖家的角度想，如果他面对的是一个总是务实计算的顾客，而他又知道后者退回商品的成本（所费的周折）大于10元，那么他就可以毫无顾忌地向后者出售10元的次品。但换成第二个顾客，他追究起商品问题来不惜成本，会为了讨公道做出**不理性**的牺牲，商家就会确保他卖的10元商品是合格的。现在请你自问是希望成为哪种顾客：不断被坑的那种，还是获得良好服务的那种。具有反讽意味的是，后一种顾客（为了讨回公道不惜自损的那种）通常不必自损，只要她能把她的"非理性"传达给卖主，因此就结果而言反而好过前一种顾客。

弗兰克认为道德良心是情绪官能，其作用与决意退还10元次品的心情类似：确保好的行为得到实施，即便这样做是非理性的。想想在一项有风险的合作事业中你希望与哪种人为伴：一个基于务实的考虑不断调整自己行为的人，还是一个能够**承诺**合作并会坚持合作，即便当合作从务实的角度看并不理性的时候？卡通人物霍默·辛普森的回答最为精辟:"我们不需要思想家,我们需要实干家——做事不计后果的人!"如果生存下来的前提是你必须被选为合作事业的伙伴(包括被选为配偶),那么成为第二种人是理性的选择。换言之,如果在你所处的环境中,合作非常重要,那么选取一种能促使你做出有些原本非理性的事情的官能,常常是理性的。那种官能就是良心:它包括了那些,即便是在外部制裁缺失的时候,也能激发符合公认标准的行为的判断和情绪(其中最值得一提的是负罪感)。(当然良心并不是人们早先自己**选择**去拥有的;生物自然选择已经做了选择。我的意思是,要是可以选择,审慎务实的人**会去**选择拥有良心。)

弗兰克的理论促使我们要区分两种价值:能够向他人传达自己的坚定意愿而得到的价值,以及通过执行该意愿得到的价值。前者是价值的主要来源。在10元次品的例子里,价值来自于能够向卖家传达自己不惜周折追究到底的意愿。这导致卖家在坑你之前不得不三思,于是你不费周折就能换货。但如果卖家认为你只是虚张声势呢?那么(显然)你追究这件事的承诺将导致你真的去追究这件事;或许卖家最终同意换货,但你经历的麻烦不是10元可以弥补的。但这种情况下,你的承诺不就反过来伤害了你,使得你采取不理性的行动了吗?未必。弗兰克认识到,价值还有一个次要的来源:通过执行你说的行动,你保持和强化了,而非削弱了你的承诺,这将有助于你将来的交易。换句话说,某种承诺机制的存在可以让某个原本不理性的行为变得理性。大费周折去替换一件10元的商品对于一个没做承诺的人来说也许是不理性的,但对一个已在情绪上承诺了要不惜周折的人来说则未必。这种次要价值不是每次都有的,因为承诺的事也许不仅不便执行,还意味着自毁。(比如挥舞着手榴弹,威胁敌人如果不满足你的要求就和他们同归于尽。)在那种情况下,做出承诺确实意味着要进行非理性行为,能够从中得到的只有主要价值。但在许多其他场合，承诺的存在引入了**强化承诺**的潜在收益，从而改变了成本—收益结构。为了涵盖两种情况，弗兰克的理论最好不要被描述为"表达一种坚定的执行非理性行为的意愿也许有助于个人利益最大化"，而应该是"表达一种坚定的执行**原本**非理性行为的意愿也许有助于个人利益最大化"。它给我们的建议不是"鲁莽行事"，而是"限制务实计算在你的决策过程中起到的作用"。 120

　　弗兰克对他自己理论的表述有个不足之处，我们现在可以加以改进。弗兰克认为自己是在解释良心如何能给其所有者带来好处，但他只把良心当成一组支持或反对某些行为的、可以传达的、对动机有影响的感受。["比如，试想一个能产生强烈负罪感的人。这个人即便在作弊能换来物质利益的情况下也不会作弊。并不是因为她害怕被抓，而是因为她就是不想作弊。"（Frank 1988：53）]但我们已经看到，单纯的反感，若不辅以相关的道德认知（例如"如果我这么做了我就是该受惩罚的"），还不足以构成罪恶感，因此也不足以构成良心。尽管弗兰克成功解释了为什么自然选择可能偏爱一个能承诺去做原本不审慎务实的行为，并且还能表达这一承诺的生物，他没有解释为什么与单纯抑制某行为的强烈情绪相比，把该行为视为"道德禁区"是更有效的承诺工具。

　　但是我们已经有了给出解释所需的资源。前一节的论证提出，通过保障相应行为动机的产生，道德判断可以充当比单纯的抑制更有效的个人承诺。由此可以推论，如果某人能向他人传达他的个人承诺，那么他的道德判断就可以充当有效的**人际**承诺。顺着这条思路，我们将稍稍偏离弗兰克的模型。弗兰克对良心的理解过于简单（他只把它看作一组反感情绪），于是他的任务是解释那些反感如何能令人信服地传达给他人。他的回答是人类生活中充满了很难伪装的、交流性的情感表现（语调、面部肌肉、瞳孔扩张、流汗、脸红、发抖、笑、哭、眼动、哈欠、姿势、呼吸频率等等）。[1]我绝不是要无视这些道德中核心的情绪要素，但我认为强调道德的认知要素也很重要。因此我的任务是解释道德判断（甚至于那些没有情感参与的道德判断）如何能令人信服地传达给他人。

121
好在这个任务并不艰难。为了明晰起见，假定我们暂不考虑道德的情感层面。情感绝不是人际承诺的唯一方式。人们也可以通过改变外部限制来做公开承诺——比如（字面意义上的）破釜沉舟，或参与艰苦的成年礼，或签署有约束力的合同。当丘吉尔向世界声明"与其让伦敦卑躬屈膝，我宁愿它化为焦土"，他就是在做这样一个承诺。承诺的重要之处在于，它排除了未来的某些可能，通过改变他人的选择（这里"他人"也包括承诺者本人未来的状态[2]）来达到值得欲求的目的。它可以是有意的，也可以是非自愿的（甚至是本性里固有的），可以是绝对的，也可以是或然的。

即便不依靠情感，道德判断也可以有效地充当这种人际承诺。遵守道德总的来说是件高成本的事，而且其成本显而易见；遵守道德因此显然具有充当公共承诺的潜力。（由于这些成本的作用，伪装道德承诺付出的代价到了一定地步将超过果真愿意履行承诺的代价。）声明"如果我去追求X，那将是错误的行为"就像一个合同，意味着声明者同意，如果他真追求了X，惩罚他将是适当的。表明道德承诺的方式远不止

1　此处弗兰克发展了达尔文在《人类与动物的感情表达》(*The Expression of the Emotions in Man and Animals*)(*1872*)中的论证。

2　括号里这句话的目的是将4.2节讨论的个人承诺（与本节讨论的人际承诺）统一起来。心理学家强调个人承诺，而博弈论学者强调承诺如何影响他人的选择。（见Nesse 2001: 14—15。）就我们的目的而言，这些概念可以有效地统一起来。

口头声明这一种。按承诺行事（即永远不追求 X），通常意味着付出代价；如果你确实屈服于诱惑，坦白并接受处罚对你是有害的；大费周折去惩罚其他破坏规范的人可能是有风险的；向子女灌输这个价值也是个负担。通过所有这些方式，一个人可以付出一定的成本，向他人发送信号：我承诺用这个道德判断来指导自己的行为，不去追求 X。别人要是接受了此信号，就可能因此调整针对做出道德承诺的人的行为，接受他为合作伙伴：认定他是个值得考虑的配偶人选，是信得过的贸易伙伴，或者干脆就是社会中有价值的一分子。

　　以上意见应被视为对弗兰克的理论的补充，而不是对其理论核心的挑战。毫无疑问，情感在我们的道德生活中**确实**处于核心地位，情感的展示也很可能是发出个人承诺信号的重要方式。但道德远不只是情感而已，良心不只是反感而已，人际承诺也不只是意志无法控制的情感流露而已。我认为强调这点尤其重要，因为与恐惧、愤怒、厌恶、快乐相比，自然选择在设计（无疑是道德良心之核心的）罪恶感时似乎并没有对怎么以生理表现来传达这种情感给予太多考虑：研究没有发现与罪恶感相关联的独特表情（Keltner and Buswell 1996）。

　　4.2 节论证了道德判断可以充当个人承诺，这意味着它们可以完全不必用信号传达出来。作为补充，这一节论证了道德判断也可以充当人际承诺，这意味着某种诚实的或有成本的信号是必要的，但我有意淡化了**情感**信号的重要性。两种承诺都有点悖论的色彩：要得到承诺的益处，承诺者必须不能以得到该益处为直接目的。就个人承诺而言，笼统而不加质疑的道德思维很多时候比一清二楚的务实计算更有利于个人的现实利益。就人际承诺而言，如果某人承诺去做表面上是（实际上可能也是）彻头彻尾的不务实的行为，这往往反而对他的现实利益最为有利。（要点在于，发出信号申明承诺的行为可能仍是审慎的，尤其因为

122

如果一切顺利，那么发信的结果将是你永远不必真的做出你威胁要做的不审慎行为。）尽管为了清晰，我把个人和人际承诺分开讨论，但4.2节对拉提的回应意味着这两类承诺在心理上是不可分割的；要理解私下的道德判断如何让判断者下定决心，不能不考虑公开声明该判断会如何影响他人的决心。用道德的眼光看待自己，也就是用社会的眼光看待自己，在一个集体的证成框架内评估行为的价值。

至此我们有了一个关于良心的适应价值的合理的假说。这个假说是复杂的，但现象本身就是复杂的，所以这应该是它的优点。

4.4　情感的投射

我们之前的问题是"为什么"：为什么自然选择会产生道德思维这个性状？但即便一个完整的答案（我确信以上提出的理据还不足够）仍不能回答下面这个问题：道德思考是**怎样**通过自然选择产生的？最理想的情况下，这个问题应该由神经学和遗传学来回答。我不能给出这样的答案，但既然别人也不能，我也问心无愧；连我们最好的科学也还123 不足以应付这个挑战。尽管如此，最近的经验科学研究确实指出了一个明确的方向；这些研究显示，情感在道德判断中扮演着中心角色；由此可以推论，如果自然选择确实直接影响了人类的道德感，它的主要手段是改变大脑的情感架构。（也有证据表明道德思维和长期规划能力间有联系，因此大概也为4.2节提出的适应假说提供了一些支持。）以这些经验材料为起点，本节的主要任务是提出一个哲学上的比喻；这个比喻也许能帮助我们理解史前人类的心灵发生了什么变化，从而获得了道德判断的能力。我不打算对"神经层面上发生了什么使得这一切成为可能"这个问题的解答有所贡献（更不要说基因层面的问题）。

哲学家就情感和理性在道德思想中各自的作用已经辩论了几千年，最近的科学进展终于取得了实际成果。其中菲尼亚斯·盖奇的案例堪称一个里程碑。在1848年的一次可怕事故中，一根直径为1.25英寸（3.2厘米）的长铁棒被炸飞，贯穿了盖奇的头颅，从左眼下方穿进，从头顶穿出，这对他的神经系统造成了严重损伤（对该案例最好的综述见Damasio 1994）。让所有人惊奇的是，盖奇最终活了下来，除了一眼失明外其他的伤似乎也痊愈了。但人们很快发现他的人格发生了巨大变化：那个曾近有节制、一丝不苟、颇有人缘的人，事后变得粗野鲁莽，不负责任，无视道德。在盖奇之后，与他类似的伤者接受了更精确的测试（Saver and Damasio 1991；Damasio 1994；Anderson et al. 1999）。这些受试者患有腹内侧前额皮层（ventromedial prefrontal cortex）损伤引起的所谓"获得性反社会人格"（"acquired sociopathy"），他们的行为（尤其在处理社会事务方面）鲁莽不负责任到了不可救药的地步。他们有自残行为，无理由地说谎，无法与人建立亲密关系，保不住工作，不能为未来制定合理规划，而且对自己的不端行为和令人发指的无能都没有表现出丝毫的遗憾或悔意。实验室条件下一系列模拟现实生活场景的测试显示，这些人不能为了更大的长远利益放弃眼前的满足。情感反应的严重衰退也值得一提。（盖奇本人有没有衰退症状并不清楚。[1]）面对会让一般被试者产生肤电反应的图片（展示裸体或伤亡的图片），获得性反社会人格患者无动于衷。

这些病变研究显示，道德慎思（以及体现道德慎思的道德行为）与情感能力有很强的联系。对精神病态者的研究也证实了这个模式；粗

1　达马西奥指出，"他爱说脏话，向人展示自己的不幸，我们据此可以推测他缺乏尴尬意识"（1994：51）。展示不幸指的是Gage自愿在当时某个"怪胎秀"巡演上现身一事。

略地说,精神病态者的道德障碍与情感缺陷有关联,但是同理性缺陷没有关联(Blair 1995; Blair et al. 1997)。这里需要注意,精神病态者的"道德障碍"不局限于反社会的举止,还包括不能以正常方式(甚至完全不能)做道德判断。一个正常的三岁儿童能轻易区分违背道德和违背习俗的行为(见下文4.5节),反社会人格者却不能。更令人印象深刻的证据来自fMRI研究;这些研究显示,当接受测试的人们被要求在棘手的情景中做道德判断时,他们大脑的情感区域有显著活动,尤其是当问题比较"切身"时(比如涉及直接伤害他人的想法)(Greene et al. 2001; Greene and Haidt 2002; see also Moll 2002, 2003)。对玩"最后通牒游戏"("ultimatum game")的被试者的神经成像研究也显示,当被试决定惩罚背叛的对手时,他们脑部的情感中心变得更为活跃(Sanfey et al. 2003; see also Pillutla and Murnighan 1996)。[1]

这些证据对"自然选择如何改变人类大脑使道德判断成为可能"这一问题给出了一个非常粗略的解答:自然选择改变了情感中心。这并不是说每个道德判断都是情感过程的产物,或不存在冷静的道德推理,或道德判断不能被理性的方法证成(所以这个解答并没有削弱道德理性主义),也不是说公共道德判断的功能是表达这些情感(所以它也不支持非认知主义/情感主义)。[2]但我认为这些证据确实在某种程度上支持了一个由来已久的哲学观点:**道德投射主义**(moral projectivism)。

1　"最后通牒"游戏有两个人参与(叫他们A和B)。A会领到一笔数额固定的钱,然后必须向B就两人如何分配这笔钱提出一个方案。如果B接受,钱就按该方案分配,游戏结束;如果B拒绝,两人都拿不到钱。你可能预期B会接受任何非零数额,而同样想到这一点A会提议给B最小的非零数额。但有趣的是,这不是真人游戏的结果(Güth and Tietz 1990; Roth 1995)。如果A分给B的份低于某个B视为"公平"的底线,B倾向于拒绝。而A玩家似乎知道这一点——他们分给B玩家的份通常相当可观。不同的社会似乎有不同的"公平"标准,但A玩家之**不**只留给B最小非零数额,以及B玩家之**不**接受最小非零数额,是相当稳定的跨文化性状(Henrich et al. 2001)。

2　更多关于这个观点不意味着什么的讨论,见Joyce forthcoming b。

［这一点上我同意Joshua Greene（2002）。］

对投射主义最雄辩的表述莫过于休谟；休谟指出，心灵具有"把自己扩展到对象上的强烈倾向"［（1740）1978：167］，并主张"趣味"（taste）（与理性相对）"具有创造的能力，它借用内在的情感来给所有自然的物体涂抹或装点颜色，在某种程度上产生了新造物。"［（1751）1983：88］举个例子，你见到一只受伤的动物，心生怜悯（pity）。然后，如果你把怜悯这一情感"投射"到这个场景上，那么也许在你看来那只动物就具有一种"要求怜悯"的性质，换言之是可怜的（pitiful）。**可怜**这个性质，用休谟的话说，是你的心灵"产生"的"新造物"；它看上去好像是这个情景本身的性质，以致你的怜悯似乎只是对这个性质的反应（即没有参与它的创造），而一个人要是对此无动于衷，毫不怜悯，他就是忽视了一些东西，因而要受到批评。情感的投射并不意味着道德经验是类知觉的，我们不能像看到红色一样**看到**恶；它意味着我们感知到的世界，似乎都是些不论我们的兴趣和态度如何，都束缚着我们的因素，比如杀害婴儿在道德上不对这件事，在我们看来就是一个基本事实。然而，尽管经验的表象或许如此（即事件本身的可怜性在先，怜悯之情是其产物），但根据投射主义，可怜性其实是情感的**孩子**（Blackburn 1981：164—165）。当然，投射主义不是说真的有东西（在字面意义上）被投射了；我们应当将它理解为一个比喻；它想表达的其实是：某些性质表面上似乎是世界自身的性质，但这种表象却是知觉者头脑的产物。

人们常假设道德的投射主义和非认知主义互为表里（这两个词有时简直被当成同义词），但这是错误的。假设那些把**要求怜悯**这个性质投射到世界上的人，要给这个表面性质取个名字，比如称其为"可怜的"，而后他们到处指着这样那样的东西说"这个很可怜"，"那个不可怜"，"那个有点可怜"，等等。至于某一情景为什么在他们看来具有可

125

怜性，即便正确答案是该情景在他们心中激起了怜悯之情，但由此不能得出结论说，当他们说"这样子真可怜"时，他们的话语的**功能是表达**怜悯的情感。我在前文明确地论证了，这种**表达**关系是约定俗成的关系，而不是因果关系，这已足以证明这种推论的无效（2.3节）。事实上，投射主义和非认知主义连和睦共存都很困难。这里需要注意的关键之处在于，投射主义蕴涵着一个关于世界在投射者们**看起来**是什么样子的理论：在投射者看来，世界包含某些性质。既然我们能假设他们用以谈论事物的语言反映了他们的经验，那么当他们说"那个受伤的动物很可怜"时我们可以假设他们是在断言那个情景里的事物具有可怜性。但如果他们确实如此**断言**（也就是说，他们在表达对此事的信念），那么他们不可能只是在表达情感。

在休谟看来，投射主义的适用范围远不止道德。投射主义也是他最青睐的关于声音、颜色、冷热以及因果性的（著名）理论。他知道这是违反直觉的——"在常人看来，哲学中迄今为止提出的最大悖论莫过于雪不白不冷，火不红不热"〔（1762）1986：416〕——然而，鉴于前一段所说的内容，投射主义**必然**是违反直觉的。举例而言，关于冷热的投射主义，揭示了这些特质在我们看来是什么样的：它们好像是客观世界的一部分，是火和雪的真实性质。因此任何揭露冷热的投射本质的哲学观点从日常的观点看都必然是离谱的；因此根据假设，投射主义就是违反直觉的。

"恶习和美德"，休谟说，"就犹如声音、颜色和冷热；按照现代哲学的观点，它们都不是物体的性质，而是心灵的知觉"〔（1740）1978：469〕。休谟援引的正统观点，是受伽利略、牛顿和洛克（这些人都被理解为颜色投射主义的支持者）启发的18世纪投射主义理论。投射现象是否像休谟认为的那么普遍存在，这一点可以商榷。（对颜色投射主义的现代辩护，见Boghossian and Velleman 1989）。但我确实认为演化科学至少增加了投射主义的可信度，因为它给我们解答了一个把实践成就（而不是准确性）视为最高价值的过程是如何设计了我们。在生活的很多方面，显然准确是获得成功的最佳途径：对于树上有没有果实、有多少、在哪个方向，最有用的信念就是正确的信念。但在其他领域（特别是关于颜色、声音等感觉形式）牺牲一点真实也许能换来更大的利益。要更好地从视觉上区分成熟和未熟的果实，也许感觉经验可以夸大两者的差异。事实似乎正是这样。红和绿在我们感觉意识中的差异比现实中对应的光频率的差异显著许多。这几乎反映了我们的祖先曾经常吃果实，那个时候识别果实的成熟度可是头等大事（Johnston 1999：14—15）。

自然选择为什么要用这些投射倾向来拖累我们呢？最吸引人的答案是：这完全不是"拖累"。正相反，这似乎是设计有知觉的生物的最高效方式。首先，考虑一种**没有**被投射到外部世界的知觉性质：疼痛。你用叉子戳自己的腿，随之而来的疼痛是作为某种属于心灵的东西出现的；你一秒都不会认为疼痛是叉子的性质，只在突然接触的瞬间传到腿里。疼痛没有被投射这一事实想必要用疼痛的意义来解释：疼痛的全部意义就在于告诉生物，他们的身体出了问题。最重要的是**我**在痛， 127 而不是叉子具有制造疼痛的性质。但试想一下，如果我们所有的感官知觉都是被如此呈现的，结果会多么奇怪。在这种情况下，你对一团通红灼热噼啪作响的火的经验，将不再是对于具有这些性质的、真正的火的经验，而是对于你自己的（由外界性质导致的）热的感觉、（由外界性质导致的）红色的感觉和（由外界性质导致的）哔剥声的感觉的经验。我认为这种可能性毫无自相矛盾之处（不难想象也许某个生物对世界的知觉经验就是那样的），但显然这不是事物向**我们**呈现的方式。原因是明摆着的：这种体验世界的方式在繁殖适应度上没有任何优势。更简单且完全适当的方案是将我们的经验呈现为对世界的经验：对火的通红、灼热、噼啪作响的经验。在同等条件下，最简单的设定是让生物的知觉经验成为对世界的某些方面的亲知（direct acquaintance），仿佛感官不过是开向现实的窗户，仿佛事物恒常的表象就是它们的本来面目。就寻找成熟的果实、躲避豹子、找到并打动未来的性伴侣、抚养孩子、制造工具等目的而言，感觉经验如果总是标明自身的心灵现象本质，就是毫无意义的浪费，分散精力的障碍。从这个观点看，投射的倾向远不是浪费，可以想见，它正是严格高效的自然选择的产物。

当然，以上远不是完整的论证；相关哲学辩论之复杂令人生畏。我无意就休谟的雪不白、火不热等观点下任何定论，我只想指出我们对自然选择的理解给投射主义提供了一些初步（prima facie）的支持。但就**道德**的投射主义而言，我认为可以更进一步。我在此要澄清，我并不是说现有的证据足以**证明**道德投射主义（即我并不是在论证现有的证据足以排除所有其他理论），我只是想论证说，现有的证据与投射主义的解释十分契合，因此把投射主义采纳为工作假说，也许可以帮助我们理解我们祖先的大脑发生了什么变化，使其获得了道德判断的能力。

什么样的经验证据能支持投射主义？首先它必须能支持一个道德现象学的论断：道德属性看起来是"存在于外部世界之中"的。其次它必须能支持一个发生学的论断：这样的道德表象实际上主要是由情感活动导致的。由此衍生的一个推论是，这种表象在某种程度上具有欺骗性；实际上是情感活动促发了我们的道德判断，但我们却觉得情感是对世界本身具有的属性的反应。此外，或许还要加上一个反面要求：没有证据表明，道德感的功能是发现真正的道德事实。要是经验证据满足了以上这些要求，是否就足以**证明**投射主义，我（如前所述）表示怀疑；但这绝对能使投射主义成为一个有竞争力的理论。有些证据我们已经看到了；另一些我先简单地提及一下，以后再详细讨论。

　　首先，投射主义所需的道德现象学论断似乎不乏支持。研究显示，"常识道德"确实包含一些关于道德客观性的主张。有研究者（Nichols and Folds-Bennett 2003；Nichols 2004）调查了幼儿对"太甜""好吃""无聊"等性质的反应并与他们对道德和审美性质的态度做了比较。下面举两个那些4到6岁的被试者被问到的问题：

> 　　想想很久以前，还没有人的时候。那时候还是有葡萄的，跟现在的葡萄一样。在那个时候，在人类出现之前，葡萄好吃吗？
>
> 　　我觉得猴子之间互相帮助是好事。有的人不喜欢猴子在受伤的时候互相帮助。他们觉得猴子那样做不好。如果一只猴子受伤了，另一只猴子来帮它，你觉得这只是**对于某些人**来说是好事，还是它**本来**就是好事？

被试儿童将所有性质的例子都视为独立于人类的存在（即他们认为还没有人的时候葡萄也是好吃的，玫瑰也是美的，等等），但他们会明确区分基于和不基于偏好的性质：好吃的东西只是**对某些人来说**好吃，过甜的东西只是**对某些人来说**过甜，但好事"本来"就是好的。综览此类证据，肖恩·尼克尔斯（Shaun Nichols 2004：176）得出结论说："鉴于来自幼儿的证据，我们应当把'道德客观主义是常识元伦理学的默认设定'理解为一种有效的假说。"[1]这些结果与发展心理学中另

---

[1]　我不能漏了尼克尔斯接下来的话："当然，现有证据不足以让我们对这个假说充满信心。"（Nichols 2004：176）

一大类研究文献相辅相成。后者显示，人们不论文化背景，都倾向于把独立于权威的违规行为和对某人旨意的违反区别对待。(4.5节将讨论这类文献。)拉里·努奇(Larry Nucci 1986, 2001)甚至发现在门诺会和阿米什[1]的儿童和青少年看来，连**上帝**的权威也不能决定道德上的对错。被问及如果上帝说礼拜天可以工作，那么礼拜天是不是可以工作，所有人都说"是"；但被问及如果上帝说偷东西是可以的，偷东西是不是就是可以的，超过80％的人说"不是"。这些结果，和其他令人信服的经验证据一起，表明在人们的经验里，道德命令和价值是"客观"的，即在人们看来，道德命令和价值既独立于我们，也独立于任何权威。

其次，投射主义所需的道德发生学论断似乎也不乏支持。我已经提过来自反社会人格、病变研究以及神经影像的证据，这些证据都表明道德和情感官能之间有联系。不仅如此，经验研究还表明了这种联系的走向：是从情感到道德判断。乔纳森·海特搜集了大量证据来支持这一假说(尤其参见Haidt 2001)。在其中一项研究中(Wheatley and Haidt 2005)，被试者被深度催眠，然后每当他们读到某个任意的单词("often"或"take")，都被暗示产生厌恶感。随后，实验人员要求被试者阅读各种虚构的小故事(有的故事涉及违反道德的行为，有的不涉及任何违规行为，有的使用目标单词，有的不用。)结果，被促发厌恶感的被试者的道德谴责也加强了。甚至在毫无违规行为的故事中，感到厌恶的被试者也常常倾向于追加负面的道德评价。这结果相当惊人，因为故事本身完全不能支持这种判断：

1　两者都是基督教新教群体，且相当有历史渊源。犹以生活方式传统朴素闻名。——译注

丹是校学生会的成员。这个学期他负责为关于学业问题的讨论制定议程。为了激发讨论,他试着挑选(tries to take)或通常选择(often picks)教授和学生都感兴趣的话题。[1]

感到厌恶的被试报告说"他好像图谋不轨","他是个迎合别人的势利小人","看上去就很奇怪,很恶心",或者"我也不知道(原因),但反正就是不对。"这些证据表明,很多时候是情感在驱动我们的道德判断,尽管我们**主观上**意识不到。海特的研究多次表明,通常人们不知道促发他们道德判断的真正原因;人们上下求索理由和根据,费尽心思以避免承认"我之所以认为它不对,是因为它让我觉得愤怒,仅此而已。"

这些(一方面)跟道德判断的真正起因以及(另一方面)我们的主观体验有关的证据,实际上已经构成了对道德投射主义的表述。没有证据表明人类的道德感像知觉器官一样,能够发现世界本身的道德性质。到目前为止,本书对于道德判断为何会有适应性的讨论,既完全没有要求,也丝毫没有道德判断的功能是描述客观道德事实的意思;更没有任何暗示说自然选择为道德判断设计的功能跟**发现世界的性质**有什么关系,相比之下,其设计功能更像是**鼓励成功的社会行为**。但该假说同时也指出,道德判断若要实现这个功能,它们必须看上去像是**确实在**描述客观的道德事实(至少在"让实践考虑具有无法逃避的权威效力"这个意义上)。(如果你只把"谈话终止器"**当成**谈话终止器,它就不再能有效地起作用了。)所以,4.2和4.3节提出的关于道德判断的适应性

130

1　海特用括号表示"目标单词"。在这个实验中,部分被试读的故事中含有"tries to take";其他被试的故事则含有"often picks"。

功能的演化假说本身就暗示了道德投射主义。在该假说描述的生活领域中，自然选择并不关心人们其实发现了什么，但一个类似于发现的主观体验却是至关重要的。

道德投射主义还有望帮助我们理解一个原本费解的现象：无法解决道德争议。如果做道德判断就是发现事实，我们岂不应该能达成某种共识？就算不能在所有问题上达成共识，至少也应该能就解决争议的程序达成共识。但道德争议可不是一般的顽固难解。我在此大胆主张：任何人曾经做过的任何道德判断，都会被另一个智力完全正常也熟悉相关情况的人认为是错误的、有害的、偏颇的、狭隘的。惊人的是我们对解决这类争议的方法也没有共识。美国总统可以自信地谈论"邪恶的存在"，然而没有人能告诉我们邪恶是什么性质，用什么方法发现它的存在，这一论断的真伪又如何验证。于是，持续而无望解决的争端随处可见："搁置争议"通常就是我们可以期望的最佳结果。但即便某种程度的宽容得以实现，争议双方通常仍会认为对方深陷于错误的意识形态和（或）自私中不能自拔（同时他们自信自己看事情既清楚又正确），而我们这些幸运的旁观者通常则认为争议双方其实半斤八两，**都**深陷在这些问题里。如何理解这个现象？**也许**道德判断的任务的确是探寻道德事实，情感只是捣乱而已；但在我看来，对于激烈而徒劳的道德纠纷，以下的解释可信得多：情感才是主宰，道德判断是情感被投射到个人的社会经验的结果（Haidt 2001：823）。换言之，虽然我们可以想象"只要（假设不可能为可能）能杜绝情感，我们的道德判断将变得更清晰更正确（也将达成更多道德共识）"，但事实似乎更可能是：倘若没有情感，我们再也不会做出任何道德判断。

虽然我一直在支持道德投射主义，但我的意思不是说人们做的每一个道德判断都是某一段情感的产物。我的主张主要是围绕谱系展

131

开的：在人类进化的历程中，投射官能的出现是解释人类道德判断能力的重要一环。这个谱系性的主张并不排除我们在某些场合（也许经常）通过其他方法做出道德判断的可能（见 Haidt 2003b）。颜色投射主义理论也是同理。假如我要你说我家门厅的地毯是什么颜色。你说不出来？好吧，给你一个重要线索：它的颜色跟成熟的西红柿、血、覆盆子差不多。这下你应该不难猜到我家的地毯是红色的。你做了一个特定的颜色判断但没有使用"休谟式投射"。尽管如此，这个颜色判断很明显在某种意义上仍然依附于"典型的"颜色判断，即当你看着合适的对象（比如西红柿），并且有正常的对于红色的主观视觉经验时所作的判断。真正包含投射的（休谟主义者会说）是这种典型颜色判断。我认为，道德投射主义者也应该承认类似的东西。确实，有些（真诚的）道德判断不伴有情感活动。但在某种意义上（在此我不打算说明是什么意义）这些判断依附于有情绪经历伴随的典范判断。如果没有人做典型颜色判断，就不会有人做**任何**颜色判断；同理，如果没有人做包含情绪投射的典型道德判断，就不会有人做任何道德判断。[1]

　　开篇的问题是自然选择如何带来道德判断能力。我们的大脑发生了什么变化，让我们能用**义务、公平、应得、财产、作弊**等概念来思考？我认为这种变化可以在投射主义的框架中得到合理的解释。如我们前面所见，单纯的好感和反感不足以构成道德思维；讨厌一个结果与不允

---

[1]　这里说的"典型道德判断"不同于4.2节说的"标准道德判断"。在4.2节我主张道德判断通常**表达**意动状态，这里的主张是某些道德判断包含意动状态**的投射**。但这两个意动状态是不同的。前者是某种类似于**接受一个规范性框架**的状态；后者则是诸如愤怒厌恶之类的情感。我并不主张公共道德判断的**功能是表达**被投射的情绪；相反，判断者和他的听众通常不会意识到他们的道德判断是愤怒或厌恶的产物，尽管他们非常清楚在公开褒扬某事时他们是在表达对某个规范性观点的拥护。（这些主张是作为概念真理或必然真理提出的。）

132 许那个结果的出现大不相同。我们需要的是一个从欲求（鄙视、赞扬、
拒绝、要求）一样东西到认为那样东西值得欲求（值得鄙视、值得赞扬、
不可接受、被要求）的转变。解释这一转变恰恰是投射主义的长项。而
一旦有了诸如**可欲，可鄙，值得赞扬，不可接受，被要求**之类的概念（顺
便提一下，只有使用语言的生物才能有这些概念），一类看上去不容易
用投射主义解释的规范概念也可以解释了：可欲但不被要求，不适当但
未被禁止，英勇、吝啬、冷酷、正义、堕落、好客、无情、粗鲁等等。如果投
射倾向，因其拓展一个人的概念空间的潜力，可以被称为"知性能力"，
那么我们也终于可以理解达尔文令人困惑的（前文3.7节引过的）论
断：亲社会情感知性化的过程就是道德化的过程。（不过我无意宣称这
就是达尔文本人当时的想法。）

　　按理说，我们还可以追问"但自然选择是**如何**带来这个投射倾向
的？"（神经层面上如何？基因层面上如何？）这是个好问题，但它超出
了我们现有的能力。不过，手头缺乏一个完整的令人满意的理论并不
是件稀奇的事：相关领域里到处都是悬而未决的问题。自然选择如何
（在神经和基因层面上）造就了人类的语言官能，我们对蛇（而不是对
枪）的天生的恐惧，我们区分男女面孔的能力，乃至像我们对性的兴趣
这样基本的东西，我们对这其中任何一个问题都没有完整的答案，但这
个事实应该激励进一步的研究，而不是助长对这些现象是否是自然选
择直接产物的怀疑。

4.5　无非是个"原来如此"的故事？

　　上面的故事听起来还不错。但它和被史蒂芬·杰伊·古尔德
（Stephen Jay Gould 1978）炮轰的"原来如此"的故事（这一称号来自吉

卜林讲的豹子如何得到斑点、大象如何得到鼻子的故事集）有什么不同吗？我必须承认我不喜欢古尔德的用词，而它在坊间的流行，无非使我更加反感。首先，吉卜林的故事是纯粹的幻想（与严肃合理的解释性假说有天壤之别）。如果这里的抱怨仅仅是它还有待验证，那就直说好了，何必冷嘲热讽呢？其次，要记住古尔德的指责主要针对的是"适应主义的宏大计划"（the "adaptationist program"）：这种观点认为，生物的所有性状都是完美的适应性状，因而唯一的问题是性状**如何**演化，而不是它们**是不是**演化而来的。有没有人真的持有古尔德攻击某事这样的极端观点，就留待别人去判断。（关于该辩论的历史细节，见 Segerstråle 2000。）为了明确起见，我在这里要指出，我并没有假设所有生物都具有完美的适应性，也没有假设所有性状都是适应性状。我认为"人类道德不是被选择的性状"是个值得严肃考虑的假说。或许道德就类似于古尔德所说的拱肩，只是自然选择的偶然的副产品，本身并无演化功能（Gould and Lewontin 1979）。或许它是丹尼特（1995：77—78，485—487）说的"好把戏"：道德的好处显而易见，因此我们可以认为任何一群智力中等的人类都会创造它。虽然我认真对待这些假说，但我认为他们不太可能是真的（我这样认为并不是因为我喜欢听上去合理但没有经验根据的、不能验证的童话，而是证据使然。）我们必须认识到在这类事情上永远不会有一个以明确为真的前提出发的演绎论证；我们永远不会得到也不该指望百分之百的**确定性**。我担心的是，在某些圈子里，"故事'不过如此'"这个反驳变得太习以为常，以至于人们会用它来攻击任何根基尚浅的谱系解释性假说。若果真如此，我们大约会继续听到古尔德的经典嘲讽被用来攻击完全值得尊敬、得到充分验证的科学理论。

我以为，要免于合理的古尔德式责难，假说必须是**可以检验的**。一个假说也许目前还没有被检验，但那不是对假说嘲讽谴责的理由。关键是我们对它的态度要恰如其分，只把它作为还没有得到检验的假说来看待：就同在其他科学领域一样，这里把听上去合理但未经验证的假说信以为真是错误的。古尔德说，如果在某个领域，"发明的精妙取代了可检验性成为是否接受一个理论的标准"（1978：530），那个领域就出了问题，这种说法是正确的。鉴于此，让我明确声明，我的假说不是作为**真理**被提出的。它是个合理、融贯且可以检验的假说——但它的真实性还有待验证。不过，我们也有充分的理由对它青眼相看。在本章的最后一节，让我再回顾一些支持它的证据，完成本书的第一个任务。

道德（在此我指的是**做出道德判断的倾向**）存在于迄今所知的一切人类社会。古埃及《死者书》和美索不达米亚的《吉尔伽美什史诗》都
134　提到了道德戒律。如果贸易意味着对财产的理解，而财产意味着某种对**权利**的理解，那么考古记录中道德的实体遗迹还可以上溯很远，至少到旧石器时代晚期（Mellars 1995：398—400），也许还更早（McBrearty and Brooks 2001）。没有任何证据表明道德（或尤其是贸易）是从某一个或某些个文化创新中心起源和传播现代文明的全新发明。相反，像语言一样，它普遍而古老。

此外，几乎每个人都有做道德判断的倾向。它的发展无须正式指导，无须有意努力，而且个体对它的特点也没有自觉地了解。比如，年纪很小的儿童就能区别道德规范和务实规范（Tisak and Turiel 1984），尽管没有人明确教过他们，因为大多数成年人也没有明确意识到这个区别（甚至许多努力思考这类事情的哲学家也没有）。这不是说儿童**必然**会发展出道德判断；就像习得语言一样，与某些环境特征的接触是必要的。但所有证据都表明婴儿的大脑已经为道德判断"做好了准备"，就

像鸟类的大脑为学习鸣唱做好了准备一样[1]（Seligman 1970, 1971）。道德在人类幼儿中的发展开始得非常早，发展顺序极为稳定，发展路径独立于其他技能的出现，并包含突然成熟的过程。关于最后这点，海特（2001：826—827）如此描述人类学家艾伦·菲斯克（Alan Fiske 1991）的发现：

> 四岁以下的儿童对公平问题显得相对不敏感，但在四周岁左右时，他们对公平的关心骤增，并且扩展到对公平的关切从未鼓励，而且通常也不合时宜的社会领域。这个模式（在类似时间突然出现的扩展）向我们显示，这些现象来自一种内源（endogenous）能力的成熟，而不是对一系列文化规范的习得。

我说的"道德发展"不只包括亲社会行为，更不只包括亲社会情感；我指的是真正认知性的（尽管也许仍然嵌入情绪的）道德判断。大量发展心理学研究展示了这个性状产生时的方方面面。首先，我们知道部分儿童早在三周岁时，已在直陈条件句和道义条件句的处理上表现出和成人一样的分离效应。举个例子，面对一个房子模型和一些玩具老鼠（有些老鼠捏了会叫，有些不会），学龄前儿童不能正确指出，为了检验直陈条件句"会叫的老鼠都在房子里"是否为真，他们要捏哪些老鼠（Cummins 1996a）。但当内在逻辑相同的任务用道义语言表述时（孩子被问到为了检验"会叫的老鼠都必须待在房子里"这个规则，需要捏哪些老鼠），他们的表现好了一倍。（Harris and Núñez 1996 的研究支

135

1　雄性白冠带鹀只有在听过典型的"白冠带鹀鸣"后才能那样鸣唱（sing）：听觉隔离的环境中长大的个体永远学不会正常鸣唱，但只要是听过正常鸣唱的个体，即便只在雏鸟时略有耳闻，成熟后就能发出完整、复杂的鹀鸣。有趣的是，如果雏鸟听过**两种**不同鸣唱——一种来自成年雄性白冠带鹀，另一种来自其他鸣禽，那么它只能学会前者。雏鸟需要环境刺激才能学会鸣唱，但它的神经机制会寻找某种特定的刺激，即某种特定的鸣唱，并只对那种刺激产生反应。见 Marler and Tamura 1964; Marler 1991。

持了这些结果。)对成年人的类似测试显示这个效应完全是跨文化的
(Cummins 1996b; Sugiyama 1996; Sugiyama et al. 2002[1])。

幼儿不仅在与道义相关的事务上表现出更优秀的推理能力,而
且很早就能区分不同类型的义务规则。[2]最值得一提的是,区分道德
违规和习俗违规的能力早在第三年就出现了(Smetana 1981; Smetana
and Braeges 1990),而且这个现象具有惊人的跨文化普遍性(Nucci
et al. 1983; Hollos et al. 1986; Song et al. 1987; Yau and Smetana 2003)。
甚至在贫困和虐待中长大的儿童也能区分道德和习俗(Smetana et al.
1984);事实上,不能做出这种区分的大概就只有精神病患者(Blair
1995),但他们的特征和成长经历基本没有关系,而几乎肯定是神经病
变的结果(Wootten et al. 1997; Laakso et al. 2001; Kiehl et al. 2001)。

研究道德/习俗区分出现的学者们,大都借鉴了心理学家埃利奥
特·图列尔提出的以下几个区分维度:违反道德被认为比违反习俗更
严重,更具普适性(比如,在别的国家也是错的),反对的理由不同(比
如,反对违反道德的理由与有害的后果有关),并且道德违规被认为是
独立于权威的(Turiel 1983, 1998; Turiel et al. 1987)。这四个条件是否
总是抱团出现或是否构成一个自然类,或许可以怀疑(Shweder et al.
1987),但图列尔等人的发现无疑是一个发展过程中的深刻区别。特别

---

1 杉山和他的同事认为他们的结果支持一个更具体的假说:人类大脑中存在一个单独的"作
弊侦测子程序"。他们也许是对的(他们的假说甚至也可能是对卡明斯、哈里斯和努涅斯的数据的
正确解释),不过这里我只想强调一个更笼统、更没有争议的结果:人类在处理直陈和义务条件句的
能力上存在分离。用"作弊侦测"来解释这种分离的一个问题是,即使实验使用抽象的、不涉及作
弊的义务条件句——比如"如果想做A,必须先满足条件P"——分离仍然存在(Cheng and Holyoak
1989)。不过,被试者处理"能适"(adaptive)义务条件句的表现确实好过处理抽象义务条件句的表
现(Fiddick 2003)。

2 其他研究结果让人怀疑道义思维不是单一的现象。参见Cosmides and Tooby 1997; Fiddick
2003, 2004; Nucci 2001; Smetana 1993。

有趣的是最后一个，必须动用反事实思维来理解的维度。就习俗违规（比如男孩穿裙子上学）而言，当被问及"如果老师说这没问题，那会怎样呢？"，儿童会说原来的规则不再具有约束力。就道德违规（比如殴打另一个学生）而言，不论老师怎么说，儿童都倾向于坚持它是错的。（不到三岁的儿童也显示了这一分离效应（Smetana and Braeges 1990）］。这一观察与我关于道德判断的特殊的"实践影响力"的主张（以及前一节提到的 Nichols 和 Folds-Bennett 实验）契合。 136

　　这些来自发展心理学的结果强有力地支持道德判断倾向的先天论。不可否认，文化学习在决定一个人的道德判断的最终**内容**上起着重要作用；但我主张的是，自然选择设计了一个（或一系列）特化的先天机制，使得这类学习成为可能。上述发现的跨文化性应该给我们留下深刻印象。跨文化共性并不蕴涵先天性，先天性也不蕴涵跨文化共性。然而，一方面，**只要没有环境变量制造差异**，先天特征倾向于导致跨文化性状。另一方面，跨文化共性也需要解释；因此每当我们发现一个跨文化共性，我们必须问有没有合理的替代假说解释。我认为反对道德先天主义的人（比如支持丹尼特的"好把戏"假说的人），在解释这些跨文化结果时会面临很多困难。他们的理论是要求千姿百态的人类社会中始终存在一个稳定的外源（exogenous）因素，该因素可以合理地解释儿童道德发展特有的，极其规律的个体发生顺序。然而，这种因素存在的可能性微乎其微。这里我的论证逻辑是最佳解释推理（inference to the best explanation）；就目前而言，先天性是最佳解释。

　　这个论证也受到以下考量的支持：很难想象，一般性的学习机制怎么**能够**学会道德判断。这里的问题不只是环境没有提供足够的**材料**让儿童来掌握必要的区别；问题是，我们甚至不清楚在特定环境里面（哪怕一个丰富多变的环境中），到底**会有**什么样的东西，可以让一般性的学习机制采纳并以此发展出道德违规概念。20世纪中叶的社会学习理论者认为惩罚是把规范内化的途径,他们也许是对的,但他们并没有回答,惩罚除了让受罚的人对惩罚产生畏惧,对会遭受惩罚的过错产生反感之外,如何还能有别的结果。你可以尽情惩罚一个具有一般智能的东西;光凭这个,它什么时候能学会道德违规这个概念?说"行为和惩罚之间的关联被**内化**了"只是给问题取了个名字,而没有解释任何东西。其他的发展理论在这一点上也没有好到哪里去。他们要么诉诸"内化",将后者当成某种人类心灵恰好具备的神秘活动(仿佛这个倾向本身可以通过观察和运用一般性的智能从环境中学到),要么就是暗中预设心灵生来就为内化规范"做好了准备"。

以上关于道德判断如何在个体层面发生的问题,反映了一个任何关于道德的人类史前文化起源的假说都要面临的挑战。这个挑战在卢梭论述人类文明基础的著名段落中暴露得相当明显:"第一个把一块地圈起来说"这是我的",并发现人们单纯到竟然相信他的人,是文明社会的真正奠基者。"[(1758)1997: 164]如果卢梭想象的是人们对**占有**(possession)的概念已经有了坚实的理解,只不过没有想过拥有的是**土地**,那么他的话里(至少就我们的目的而言)没有值得评论的东西。但假定卢梭想象的不是土地所有权的起源,而是**所有权**这个概念本身的起源。设想他的神话主人公划出一块地,然后向同胞宣布:"这是我的。"然而,如果他的同胞对所有权没有任何概念,他们对"我的"是什么意思也不会有概念。[1]他们会回答:"你在说什么?你说你和这块地间

1　卢梭对这个问题也不能说是毫无知觉。几句话后他就承认"财产观念预设了很多其他观念,人不可能一下子形成财产观念,而只能逐步获得。"其实他的论文的一个主要目的就是解释财产观念逐步形成的过程。不幸的是他臆测式的解释(尽管按18世纪的标准来说已是很英勇的尝试)无助于我们的理解。

是有什么的特殊关系?"那主人公接下来怎么办?他如何能向连**所有权**也不懂的人们解释占有一个东西意味着什么?他也许可以说:"我对这块地有特殊的,你们没有的权利。我可以随意处置这块地,对此你们有义务尊重,而如果你们随意处置它,我也有权反对。"但是根据假设,其他人不但不理解**所有权**,也不理解**道德权利**和**义务**,乃至任何道德概念,所以这类解释也不太可能奏效。就算他们观察入微,推理严格,只要他们还没明白道德思维,无论你说什么,做什么,强调什么关联,实施什么惩罚,或者鼓励什么推理,都不可能理解"这是我的"是什么意思。

这里我们有必要暂停一下,再考虑考虑上面列举的最后一项,因为图列尔等人似乎认为儿童是通过推理学会区分道德和习俗的。但是对比(比如)故意伤害的行为和男孩穿裙子的行为,有什么东西能让一个观察新手推断出对前者(而非后者)的禁止是独立于权威的,这问题其实很困难。要知道,为了推出依赖关系,人们必须观察到相关权威改变主意允许男孩穿裙和该行为不再违规之间存在着关联。而要推出独立关系,观察者必须发现(A)尽管相关权威改变了它对某伤害行为的观点,该行为仍算违规,或者(B)之前被谴责的伤害行为不再被认为是违规,但相关权威的意见并没有改变。但这两种现象即便成人都难得见识,更不要说三岁小孩。对于严重的道德过错,比如暴力犯罪,我们所见无一例外是两个因素都稳定不变:所有相关权威都谴责它,它也继续构成违规。一个人要怎样才能由此推出独立关系,实在令人费解。儿童的确可能发现违规行为的严重程度参差不齐(有些让人更愤怒,受到更重的惩罚),但是在他们体验到的外部世界中,并没有任何东西能帮他们将这个可观察的区别,同依赖于权威和独立于权威的违规行为之间的、通常不可观察的区别对应起来。再说,什么经验能让儿童推断

138

出哪些规范是地方性的, 而其他规范更有普适性? 如果适用范围区别仅仅是, 比方说, 学校和家的区别, 我们尚能在儿童的经验中找到区别的根源。但许多习俗在校在家都适用, 而且就相当一部分社会规范 (比如, 进餐须用餐具, 不能手抓) 而言, 儿童对于不适用这些规范的环境其实通常既没有直接也没有间接经验。此外值得一提的是, 图列尔等人似乎认为与同伴的互动为儿童提供了大部分推理的基础 (Turiel 1998: 899; see also Nucci 2001: 13—16)。但这没有回答问题, 只是把问题往后推了一步: 其他儿童是如何学会这个区分的? 总而言之, "世界各地的儿童通过基于某种相似互动经验的推理而学会区别道德和习俗" 这个假说, 据我所知从来没有被详细阐明, 而且细想之下根本难以置信。(类似的想法见 Dwyer 1999; 另见 Sripada and Stich, forthcoming。)

解决疑难的关键, 是认识到道德不是儿童从外部环境中学到或推导出来的东西, 也不是我们的祖先在史前迷雾中凭着一般性的才智发明的东西。只具备一般性才智的生物不可能发明或被教导学会道德判断, 不可能学会把反感转化为不许可, 因为明白道德判断是怎么回事需要某种特定的大脑: 一种为此类学习配有专门机制的大脑, 而这种机制正是特定演化过程的产物。这个演化假说远不是一个 "不过如此的故事"; 它看上去是我们现有的最好的故事。

139

4.6 结 论

就像不存在呼吸基因一样, 也不存在道德基因。我们的大脑也没有哪块地方像过去骨相学家想的那样, 是专门用来做道德判断的。道德经常也是相当复杂而模糊的事, 而道德判断无疑涉及多种心理和神经机制。但这些对简单化思考的警告, 并不是在否定本书提出的假说:

在我们这个演化支中，自然选择了道德思维。另外，我之前强调过，虽然道德思维对环境中的微妙细节极为敏感，这个事实也不削弱本书的假说。文化的传递机制在决定一个人的道德信念内容方面发挥着巨大甚至独一无二的作用。但这并不排除可能有一种专门为了使这类文化传递成为可能而设计的先天"道德感"。

生物学有没有对个人或一个文化的道德框架内容做**任何**限制呢？也许是有的。2.5节提到跨文化研究发现了一些各道德框架的共性。这些研究强有力地显示，人类的道德感天然地倾向于关注环境中的某些因素而非另一些因素，比如故意伤害的事件，互惠关系的保持（公平、作弊等），社会地位，以及一些关于身体和身体功能的主题。当然，这些道德范畴的普遍性本身并不意味着产生道德的倾向是先天的；但综合考虑所有证据（包括前面讨论过的来自发展心理学的证据），对道德的普遍特征的最佳解释似乎是：它们是人类心理的基本"设计特征"（"design feature"）的表现。至少存在一个非常合理并且可以检验的类似假说，这一点必须承认。

鉴于以上，现在可以就一个我迄今都回避但某些读者可能最感兴趣的问题稍作评论：第一章概述的诸多演化过程中，哪一种是人类道德感的成因？我回避了这个问题，无非是因为我们不知道答案。本章讨论的经验证据与第一章提到的每个过程都可以融贯一致，但是我们不知道要去哪里寻找坚实的证据来解决这个问题。[1]尽管如此，还是有个

---

[1]　甚至4.2节关于道德化的思维如何强化社会动机的猜测也不意味着互惠过程就是唯一的解释。尽管我曾说道德化的思维能让人更有效地参与互惠关系，那只是道德化思维强化助人行为的例证之一。我的意图不是说，舍弃眼前小利以求日后大利的助人行为必须满足互惠关系的成本–收益结构。比如，日后的大利未必是另一个体或一群个体的回馈，而是某种集体行动的结果（换句话说，解释这种行为的过程是互利共生）。

引人注目的事实：所有的人类道德系统都把**互惠关系**放在主导地位；
140 如果人类的道德感是为了某一件特定的事情而准备的，那绝对是互惠
关系。因此我们可以相当合理地猜想互惠交换是道德被设计来解决演
化上的一个核心问题。这么说并没有排除其他过程的可能性。群体选
择（多半是文化层面上的）也完全可能是一个主要因素。但我的感觉
是，（广义上的）互惠是一切的起点。（至于厌恶的道德化——由此产生
了关于比如食物和性的禁忌——我怀疑它是自然选择借用了为其他目
的演化而成的动机机制的结果。）来自灵长类学，实验经济学、神经科
学、发展心理学和人类学的证据都显示，人类的心灵还带着某些来自过
去的印记，标志着互惠曾经扮演过重要的角色。我们对别人名声的好
奇，对宣扬自己美名的热衷、对交易公平的敏感、区分偶然和故意伤害
的能力（及原谅前者的倾向），对欺诈的敏感和反感（及不惜自己付出实
质代价也要惩罚欺诈的意愿），以及高度的占有意识——这些很可能是
先天的倾向，这都表明，我们的心灵是为了互惠而生的。

尽管在此我将不再发展这个互惠假说，但有两点值得一提，以防误
解。第一，有人也许会说当今很多道德实践跟互惠没什么关系：我们对
子女、残疾人、后人、动物以及（如果你乐意）对环境的责任，似乎都不依
赖于我们对回报的期待。但这个反对不在点子上，因为这些事实完全
无碍于"道德最初是为了调节互惠交换而演化出现的"这个主张；我
并没有宣称今天继续维持社会关系的只有互惠而已。导致某人扑到手
榴弹上以拯救同伴的责任感也许是拜互惠所赐。这里没有实际的互惠
（甚至没有对此的期待），但促发自我牺牲的心理机制仍可能是互惠过
程的结果。尽管这些机制也许是为了调节互惠交换而演化出现的（由
此可以想见，这些机制产生了高度依赖于个人所处关系的判断），但如
果后起的社会因素促使人们采取更普遍的友善态度，甚至鼓励人们发

起和维系伙伴关系,无论伙伴有何作为(比如,鼓励人们把另一边脸也 141
伸过去挨打),这也不足为奇。做个类比,我们可以设想人类的色觉是
为了让我们区分成熟和不成熟的果实而演化出现的,但这并不意味着
区分果实仍然是我们的色觉唯一做的事情。

第二,也许有人反对说,参与到某种互惠关系之中是为了自利,所
以这么做的人完全是被自私的目的(尽管也许是"开明的自利")驱动
的,而自利恰恰是道德思维的对立面。这个反对混淆了一些事情。参
与到某种互惠关系之中完全可能有助于提高繁殖适应度,但这跟被设
计参与这类关系的个体动机如何之间没有任何关系。连达尔文也犯了
这个错误。在《人类的由来》(*The Descent of Man*)一书中,有一段话经
常被引来证明达尔文意识到了互惠在人类史前史中的重要性。在这一
段话中,达尔文把互惠的起源归于一种"低级的动机"[(1879)2004:
156]。[1]乔治·威廉姆斯(George Williams 1966: 94)正确地回应道:"我
完全不明白这为什么要跟有意识的动机有关系。助他行为要被自然选
择青睐,时不时得到回馈是必须的;但施助者或受助者对此的意识不是
必须的。"要补充一下,我也不明白这为什么要跟**无意识的**动机有关系。
互惠伙伴参与到交换关系之中可以是出于自私动机,也可以是出于利
他动机,还可以仅仅是由外界环境导致的或者生物体本身内置的反射
行为,既说不上不自私也说不上利他。被自私所驱动的互惠生物体的
基因,也许完全竞争不过那些被其选中同伴的福利所直接驱动的互惠
生物体的基因。而进一步被道德责任驱动的互惠生物体,背叛了对方
会有负罪感,它的基因也许还要更有竞争力一些。

1　这一段也许仅仅是用词不当,因为在《人类的由来》的其他地方达尔文都坚决反对心理自
我主义。

至此，本书的第一个任务宣告完成。关于这个话题可说的显然还有很多，但就"人类做出道德判断的能力是自然选择的结果"这个假说而言，本章提供的论据已经足够让我们对它青睐有加。本书的第二个任务是回答"那又如何？"这一问题。从这个演化假说出发，可以得出哪些与我们今天的道德判断、理论和实践相关的结论？

142

第五章

用演化维护道德

5.1 描述的演化伦理学和规范的演化伦理学

本书到目前为止的内容，全都可以被称作是"描述性的演化伦理学"（"descriptive evolutionary ethics"）：对人类的道德事实上是不是（以及在什么意义上和多大程度上是）自然选择的产物这个问题进行的研究。我在上文提出的假说是，描述的演化伦理学对这一问题的回答是肯定的。我恳请读者暂且接受这个假说，即便只是为了接下来讨论的需要。从这一假说能得到什么结论呢？尤其是它有没有伦理学或元伦理学上的涵意呢？

从中我们至少能直接得到一个明显的评价性结论：道德思维过去对我们的祖先是有用的（至少是在促进繁殖的意义上）。有的人也许想用更明显的规范性语言加以阐明这种"有用"，宣称道德以前对我们的祖先"是好的"（或者更严格地说，对我们祖先的基因曾经是好的）。我觉得这样说也不是不可以，但这种"好的"和道德评价差别还很大。这种意义上的"好",也可以用来说浇水对植物来说是好的,或者热天气和干燥的植物对于丛林大火是好的。(对此的进一步讨论见下文。)但是,也有许多思想家试图从描述的演化伦理学中发掘出更明确有力的评价性结论。**规范的演化伦理学**(normative evolutionary ethics)的支持者们宣称,描述演化伦理学的正面结论,可以用来辩护一般性的道德或者特定的道德理论、道德判断和(或)道德实践。这些人常常被指**143** 责为错误地尝试从演化上的"是"(evolutionary "is")推论出"应当"("ought")。我稍后会对这种指责进行评估。另外一种非描述性的演化伦理学还没有正式的名称。这种立场的支持者丝毫不觉得描述演化伦理学能用来为道德申辩,他们反而认为描述性的演化伦理学**破坏**了道德。这一立场并不想从"是"推论出"应该"(所以我不愿将其归入规范的演化伦理学),相反,我们可以认为,该立场最强的版本宣称:从演化上的"是"可以推出**没有什么东西**是我们在道德上应该做的。这种观点(我称之为"用演化论拆穿道德")是第六章的题目。本章的主题是评估前一种观点,即规范的演化伦理学。

描述性的演化伦理学还用另一种方式影响着当代人对于道德的思考,即把同伦理决策有重要关系的经验事实明白揭示出来。伦理决策可以受到方方面面的影响,比如有关某些经济政策的结果的事实,某种行为导致的有关不幸程度的事实,有关某行为动机的事实,乃至任何在原则上都可以影响伦理决策的事实,而有关人类演化的事实,也同样可能会影响伦理决策。霍尔沃德·利勒哈默尔说得好:"既然相对而言,我们的道德感受对新的发现来者不拒,那么认为我们的道德感受对关于其自身的发现也有所回应,就再自然不过了。"例如,我们可以想象,关于"什么东西让我们感到幸福或不幸"的问题,对人类演化的研究结果也许支持了某个假说(例如,参见 Grinde 2002)。这将对伦理决策有多重影响；也许这还可以让我们对某些道德问题改变态度。至于描述性的演化伦理学对道德判断的这种影响究竟有多么深刻，我在本书的正式立场是：不知道。我的（令人失望的）看法是，要知道答案我们还需要耐心等待。我在这里指出伦理学和人类演化研究的这种关系，只是为了防止读者把它同更具争议的那种规范的演化伦理学混为一谈，而后者才是本章要讨论的题目。

菲利普·基彻尔（Philip Kitcher，早期社会生物学的立场鲜明的反对者）写道："人类的伦理实践是有历史的，而探究这些历史的细节完全是合适的。……只要阐述的不是过于简单，只要不是被过度诠释（描述性的演化伦理学）是没有任何问题的。"（1994：440）[1] 显然，鉴于本书到目前为止所主张和表示赞同的那些论点，我倾向于认为，在人类伦理实践的完整历史记录里，涉及生物自然选择的部分将会非常重要。但这里的问题是经验性的，在找到证据之前，我们不应该盲目相信自己的立场。无论描述性的演化伦理学最后是不是富有成果的研究项目，我们不应该**在原则**上予以反对。但是，规范的演化伦理学却名声不佳。许多人认为，我们无须逐一评估各种形式的规范演化伦理学，因为有一个简单的先天证明，揭示了任何版本的规范演化伦理学肯定都是错的。这个证明就是自然主义谬误。有人说，自然主义谬误不仅仅推翻了规范的演化伦理学的各个版本，还推翻了任何形式的道德自然主义。

我说的"道德自然主义"，是指以下观点：道德属性和关系是存在的，而且还可以毫无龃龉地融入自然主义的世界——即科学可以研究的世界（更详细的定义见Copp 2004）。功利主义者（道德自然主义者的

144

---

1 在他1994年的论文（以及1985年的专著第十一章中），基彻尔对描述性的演化伦理学能否有元伦理学的蕴含表示了怀疑。他后来修正了这种观点（参见Kitcher 1998, 2005）。本章的末尾将讨论他的立场。

典型代表)认为,道德就**是**幸福(也可以用其他类型的利益替换这里说的幸福),而且有关我们在道德上有什么义务(应该)做什么的事实,就是有关什么导致幸福最大化的事实。关于什么东西能产生幸福的事实是因果性的事实和心理事实(都是可以用科学研究的东西),所以按照这种观点,有关道德价值和义务的事实也同样是因果性的事实和心理事实。在演化道德自然主义者看来,构成道德价值和义务的基础的那些在科学上站得住脚的事实,就是有关自然选择的事实。

我们不能把以上这两种自然主义观点和**全局自然主义**(global naturalism)混为一谈。后者是更具一般性的立场,它认为只有那些能够被纳入统一的科学框架内的事物,我们才有理由相信其的存在。全局自然主义者希望在以下意义上"把道德自然化":给道德体制和实践,道德心理学,以及道德谱系学提出一套科学上站得住脚的解释。但是,持此观点的人还不能算作道德自然主义者,因为持此观点和认为"所有道德信念都是错误的"或"道德语言压根就不是用来指称属性和关系的"并无矛盾。为了更好地体会"把道德自然化"这个短语的模糊之处,我们可以类比一下"把巫婆自然化"。任何有科学头脑的人都会想要在以下意义上"把巫婆自然化":给有关巫婆的信念和实践活动,提出一套有经验证据的可靠解释,一套有关这种文化现象的社会学、心理学和人类学。但是这项可敬的探索到最后不必(也不应该)为那套围绕巫婆的话语提出辩护,也就是说,不必证明自然主义的世界观可以接受巫婆的存在。在后面这种意义上把巫婆自然化可就完全是另一码事了(也就是误入歧途了)。在本书中,"道德自然主义"(以及衍生的短语"把道德自然化")指的是后一种立场,即认为道德属性确实存在。一个全局自然主义者可以否认这种立场;事实上,也许恰好是对全局自然主义的信奉让人拒斥道德自然主义,转而接受道德虚无主义(就好像同样的全局自然主义让我们对巫婆的存在持虚无主义的态度。）自然主义谬误的靶子不是全局自然主义，但在有的人看来，它不仅会对道德自然主义，因此也会对演化的道德自然主义造成毁灭性的打击。

但需要注意的是，"规范的演化伦理学"比"演化的道德自然主义"的范畴更广。规范的演化伦理学家一心想要借助有关演化的事实来为道德进行某种"辩护"，但证明道德属性确实存在且基于某些有关自然选择的事实，这只是实现此种辩护的一种方式而已。在本章后面的部分，我将考察其他的方式。（这些方式形态各异，这就是我为什么让"辩护"这个词保持模糊和非正式。）但是，让我们先聚焦于演化的道德自然主义者，看看对他们来说自然主义谬误究竟是不是致命一击。

5.2　自然主义谬误

从自然的"是"得出伦理的"应当"的尝试，以往被称作"自然主义谬误"，这一称号算是恰如其分。

——保罗·R.艾利希（Paul R. Ehrlich 2000：309）

从演化（乃至从任何观察到的自然现象）中提取出价值的念头，已经被G.E.摩尔（G.E.Moore）彻底地打破了。他把这种错误称为"自然主义谬误"……摩尔并不是第一个质疑从"是"到"应当"的推理的人。

——罗伯特·赖特（Robert Wright 1995：30）

当代哲学的一种陈词滥调是我们不能从"是"推出"应当"。进行这种推论，就是犯了"自然主义谬误"。这个术语来自G.E.摩尔的经典著作《伦理学原理》(1903)[1]。

——丹尼尔·丹尼特（Daniel Dennett）

我们可以毫不费力地找到下面这样的说法：G.E.摩尔在1903年指出，"应当"不能从"是"中推论出来，他还指责任何这样做的人都犯了"自然主义谬误"。我从书架上拿出几本书，随便扫一遍就找到了以上三段引文。然而，这些说法都错得让人大惑不解。摩尔确实把**某些问题**称作"自然主义谬误"，但肯定不是所谓的从"是"推出"应当"的错误。对此有怀疑的人，我请你们翻开摩尔的《伦理学原理》[*Principia Ethica* (1903) 1948[2]]，找出任何提到这种推论的地方，或是提到"应该"和"是"，或"事实/价值之间的鸿沟"的地方。**摩尔设想的**"自然主义谬误"指的完全是另一回事。在本节中，我将陈述（并批判）真正的自然主义谬误，及其可疑的同伙，即"开放问题论证"。这将带我们稍稍偏离主题，进入哲学史的领域，但我觉得要是能帮助澄清相关的问题，这样做还是有道理的。下一节我将讨论并评估那种被误称为"自然主义谬误"的论点：我们不可能有效地从"是"推论出"应当"。

在摩尔看来，任何想要给"善"下定义的尝试都犯了自然主义谬误，因而注定要失败。"给善下定义"（"define good"）这个短语在今天的人们听起来颇成问题，但这确实是摩尔偏爱的表达方式。他非常明确地指出，他对定义"善"**这个词的含义**没有兴趣："我想关注的只是在我看来（无论是对是错）这个词一般而言所表示的东西或理念。我想发现的是那个东西或理念的性质，而在这个问题上，我是非常想要能得到

1　丹尼特的话在字面上是正确的：从"是"推论出"应当"，确实**经常被称为**"自然主义谬误"。但他自己随后就因循了这种用法，从而也就延续了对摩尔的误读。

2　以下括号里的页数都出自这一版本。

同意的。"因为摩尔感兴趣的是分析"善"这个词指称的对象（即善的属性），所以当他说"给善下定义"的时候，我们要理解他追求的是以往人们说的"实质定义"，而不是名义定义。这个区分可以上溯到苏格拉底。名义定义解释的是一个语词在语言中是怎样使用的，而实质定义解释的是一个东西**是什么**，最好是揭示其本质特征。（我的意思不是说这个区分是没问题的，甚至也不是说它是有用的；我只是在解释摩尔的有些说法。对这个区分，Robinson 1950一文中有些有益的探讨。）

必须要记住的是，在摩尔自己眼中，自然主义的谬误不仅体现在定义善的尝试中，也体现在定义快乐和黄色的尝试中。这表明善的"评价性"（即其"应当性"）跟这种谬误中没有太大关系。事实上，摩尔对该谬误最简洁的表述针对的是黄颜色：

> 这其实是个非常简单的谬误。我们说某个橙子是黄色的，但这样说并没有迫使我们承认"橙子"的意思就是"黄色"而已，或者只有橙子才是黄色的。[1]要是橙子同时也是甜的，难道这迫使我们承认"甜的"和"黄色的"意思是完全一样，或必须被定义为"黄色"吗？……除非黄色的确除了"黄色"再没有其他任何的意思（除非黄色完全不可定义），否则说橙子是黄色的毫无意义。(14)　147

摩尔声称，有的东西是不可定义的，所以想要定义这样的东西当然也就是有问题的。这些东西包括评价性的性质，比如道德的善，但也包括根本是非评价性的性质，比如黄色。摩尔认为，这些东西无法定义，是

---

[1]　我得承认，我是不明白摩尔是基于什么原则使用或不适用引号。我这里只是引用了他的标点方式。另外，我也忍不住想指出摩尔的例子的怪异之处：橙子是橙色的，不是黄色的！

因为它们是"简单的"而且"没有组成部分"(9)。与此相反,他认为马(我觉得更好地说法是马性(horseness))是可以定义的,因为马是个复杂的物体。他大概会很喜欢下面这段话,出自狄更斯的《艰难时事》:

> "比策,"托马斯·格雷格林说,"来说说你对马的定义。"
>
> "四足动物。食草。有四十颗牙齿,包括二十四颗白齿,四颗犬齿,十二颗门齿。春天换毛;在沼泽地区也要换蹄。马蹄很硬,但还是需要上蹄铁。可以通过牙口知道马的年龄。"
>
> "二十号女孩,"格雷格林说,"你这下知道马是什么了吧。"

摩尔认为,善没有这种分解式的定义。他在论证的过程中,从来没有把善的评价性提出来作为其不可定义的理由,也没有诉诸"应该"和"是"之间的所谓逻辑鸿沟。事实上,《伦理学原理》后面的部分以及摩尔其他的论著都显示,摩尔相信有关内在价值的陈述语句是事实性的(参见Bruening 1971)。他说按照"'纯粹的事实陈述'这个短语的一种用法,'p是纯粹的事实陈述'。并不等于'p不是规范性的'"。"很明显,"他继续道,"像'我应该去做X'这样的陈述句是规范性的,但它是否就不能还原成事实陈述句或存在陈述句,这就不怎么明显了。"(Moore,收入Schlipp 1942:568)摩尔不但完全没有论证价值陈述和事实陈述是两码事,他还对两者间存在的还原关系保持乐观!他所坚持的是,形如"X是善的"或"善是Y"这样的句子,不应该被当作**定义**(指前面探讨过的分解定义)。换言之,只要句子里的"是"是用来连接谓语,而不是用来表示等同的,那么说"X是善的"或"善是Y"就还是可以的。从根本上而言,这才是摩尔的自然主义谬误:把用谓词修饰误当成是下定义(在摩尔那里,后者指的是分解式的定义句),就是大错特错。说善如何如何,没有问题,但说善**是**什么,这就不行,因为善事"简单的,不可定义,不可分析的"(21)。

　　所以,重要的问题在于:我们为什么要赞同摩尔的说法,认为善不可定义?这就轮到他的**开放问题论证**(Open Question Argument,OQA)出场了。在过去的一个世纪里,人们对开放问题论证(OQA)的内容 148 和步骤,就像对自然主义谬误一样,也形成了某种"传说";对这个论证的流行解读跟摩尔本人的表述似乎很有些奇怪的偏差。流行的版本如下:

　　　　假设道德自然主义者(规范演化伦理学的支持者是其中一种类型)提出了这种一般形式的分解式实质定义:
　　　　自然主义:对任何x而言,x是善的当且仅当x是N
　　　　N指的是某些自然属性。无论你设想的N是什么,都可能有某个完全掌握了这套语言的人,确信某个东西是N,但并不确定它是不是善的(即"它是善的吗?"的问题依然是悬而未决的)。这表明原来的自然主义肯定是错的。

这是个有缺陷的论证。自然主义中的"当且仅当"可能有两个意思,我们必须要区分开来。它可以指一种语言上的、先验(a priori)的关系(例如,"对任何x而言,x是个单身汉当且仅当x是个未婚男子。"里的"当且仅当"),也可以指一种形而上的、后验的关系(例如,"对任何x而言,x是水当且仅当x是H$_2$O。"里的"当且仅当")。迈克尔·史密斯将其分别称为"定义的自然主义"("definitional naturalism")和"形而上的自然主义"("metaphysical naturalism")(1994:27ff)。如果自然主义者提出的是一套形而上学理论,那么显然OQA毫无效力。如果某人不知道相关的分子理论，他可能确信杯子里的液体是水，但不确定（甚至干脆否认）杯子里的是 H_2O。但这种可能性完全不能让人们对"水是 H_2O"的真实性产生怀疑。事实上，按照正统的观点，"水是 H_2O"是必然真理。

人们也许可以更宽容一些，把摩尔理解成只是在攻击定义的自然主义。但这还是有严重的问题。首先，一整类的自然主义（形而上学的自然主义）都不在攻击范围内；其次，这种限定跟摩尔的原文有冲突。在可以允许的定义中，他最喜欢的例子（马的定义[1]）是用其肝脏、心脏等，以及这些东西之间的关系来定义马的，而这些看起来都是有关马的后验真理。第三，即使攻击范围只限定在定义的自然主义，OQA 能否成功仍然比较可疑。简单地说，在我们眼里先验真理不够明显，因而需要一番智力上的耕耘才能确定其真实性（参见 Smith 1994 第二章）。例如，假设对**知识**的概念的正确分析是得到证成的真信念。一个掌握了语言的人，可以既确信某个事物是知识，同时又怀疑它是不是得到证成的真信念。即便如此，"对任何 x 而言，x 是知识当且仅当 x 是得到证成的真信念"依然可能是正确的，而且还可能是先验必然的真理。

对这个可以轻易驳斥的传说版本，我们的讨论就到此为止。但是仔细研读摩尔的原文，我们可以发现，OQA 其实是相当复杂的论证，虽然也没有比传说的版本更成功。摩尔首先引入了"N"的一个特定的、据说是任意的例子（其实来自于伯特兰·罗素）：

自然主义*对任何 x 而言，x 是善的当且仅当 x 是我们渴望去渴望（desire to desire）的东西。如果 OQA 确实像上面传说的那样，可以想见，随后出现的问题应该是：

---

1 记住我之前对"给善下定义"的一点不满。

（1）我们渴望去渴望X吗？

以及

（2）X是善的吗？

再接下来，该论证就会指出，可能某个掌握了相关语言的人确信（1）的答案是肯定的，但同时不确定（2）的答案是什么，而这就表明**自然主义** *是错误的。然而，摩尔不是这样论述的。他说的其实是，就像可以问X是不是善的，我们也可以"有意义地"问道，"那个如此定义的复合体本身是不是善的"（15）。换言之，我们可以问道

（3）渴望去渴望X是善的吗？

根据自然主义*，这就等于问

（4）我们渴望去渴望去渴望去渴望X吗？

这样一来，摩尔认为，**自然主义***就被驳倒了，因为在问（3）的时候，"我们心里想的不是像（4）这么复杂的东西"。他认为，也许"如果某物是善的，我们就会渴望去渴望它"，乃至"如果我们渴望去渴望某物，那么它就是善的"，这两句话都是正确的，但"我们能够对这些命题产生怀疑，这个事实本身就清楚地表明我们心里有两种不同的概念"（16）。

　　这个论证确实揭示了"……是善的"这个谓词有些不寻常。我们

可以说"X是善的",也同样可以说(至少在语法上是正确的)"X是善的,这是善的"("It is good that X is good.")。很多谓词就不是这样:我们可以说"X是方的",但是说"X是方的,这是方的"("It is squire that X is squre.")就是莫名其妙了。换言之,正如我们在第二章见过的,"……是善的"这个谓词可以合理地应用于行为**和事态**(states of affairs),但"……是方的"只能合理地应用于物体,不能用于事态。这似乎突出了自然主义要满足的一种条件:无论N是什么,它最好也具有这种特征。然而,对于这个论证,能说的好话大概也就仅此而已了。

首先,我们也许会怀疑,摩尔所谓任意选择的那个关于善的自然主义理论(善是"我们渴望去渴望的东西")是不是真的没有一点责任,因为正是它导致了啰唆而且有些愚蠢的(4)。也许我们"心里想的"确实不是像(4)这么"复杂"的东西,但(4)如此复杂正是缘于摩尔精心选择的例子!更重要的问题是,我们"心里想的"是什么,其实并不相干。如果对方提出的是形而上的自然主义,那内省就不是对同一关系的检测手段。不了解化学的人,也许可以合理地怀疑水是不是H_2O,但"水必然是H_2O"仍然可以是正确的。归根结底,OQA无非是摩尔想让他的读者直接"看到"善不能等同于任何其他属性,除此之外没有什么更具说服力的东西;这表明他在元伦理学的层面上是个直觉主义者(Fanaei 2003)。

另外值得注意的是,摩尔所表述的整个论证都是关于我们能够**问**什么。他认为,如果**自然主义***是正确的,那么一个人问(3)的时候就是在问(4)。但这是错的,因为**提问**表达的是隐晦语境。如果露易丝·莲恩问道,克拉克·肯特是不是(Clark Kent)拯救了世界,她并不是在问是不是超人拯救了世界,虽然超人和克拉克·肯特是同一个人。事实上,对于摩尔最喜欢的、成功的分解定义的例子,显然有人也可以问"X是匹马吗?",但他并不因此就是在问"X是否有四条腿,一个头,一颗心脏,一个肝脏等,而且这些东西彼此之间都有一定的关系?"同理,问(3)的时候**不**一定是在问(4),但这没有排除自然主义*为真的可能(就算我们将其理解为定义的理论)。

现在做个小结:摩尔的自然主义谬误同禁止从"是"推出"应该"没有多大的关系;该谬误其实是要说,我们不能定义无法定义的东西,因此就不应该做出这样的企图。作为回应,我们首先要注意,道德自然主义者(因此演化道德自然主义者)可能不怎么在意这种禁令,因为他的目的远远不像是要给道德上的善提出一个分解式的定义。只要他不是想那样做,那么他没有必要在不经意间挑战摩尔的主张。但是就算道德自然主义者想要给出一个那样的定义,摩尔用来支持他看法(即善是"简单的,不可定义的,无法分析的")的唯一论证就是开放问题论证。我们已经看到了,这个论证的问题很严重,它所依靠的是困扰着20世纪前期哲学的一些有关必然性、先验性和分析性的混乱观点,直到20世纪中期,通过诸如斯玛特(J. J. C. Smart)和普莱斯(U. T. Place)[1]等哲学家的工作,这些混乱才得到厘清。道德自然主义者(尤其是演化道德自然主义者)不会被这个论证触动,而这种反应也是恰当的。

"自然主义谬误"这个术语,偶尔也被用来形容另一种观点:从"X是自然的"得出"X是善的"(我也见过有的说法是从"是什么"得出"应该怎么样"),这就犯了这种谬误。这同样跟摩尔说的谬误没什么相似之处,虽然他无疑会同意这确实是个严重的错误。但没有什么严

151

---

1 参见普莱斯1956和斯玛特1959。斯玛特在他后期的著述中,正确地指出摩尔的语言哲学是"一团浆糊,毫无希望"(1984:22)在身后发表的《伦理学原理》修订版中,摩尔承认在一些直接跟自然主义谬误和OQA相关的问题上,他在1903年是混淆不清的。重大的退让是很明显的(参见Casebeer 2003:21)。

肃的思想家会认为（某种形式的）自然和道德上的善之间有简单直接的联系，虽然偶尔会有学术圈外的人这么说。无论在大众眼中能有多少吸引力，这显然是错误并愚蠢的说法。但需要指出的是，光是错误和愚蠢还担当不起"谬误"的荣誉。谬误是推理中的错误，而不是错误的信念。如果有人觉得，同性恋是非自然的，而且所有非自然的事情都是错误的，因而同性恋是错误的。他的**推理**毫无瑕疵，没有犯任何谬误；有问题的只是他的论证前提所表达的错误信念。给哲学对手的观点贴上"谬误"的标签，常常只是卑鄙的修辞把戏。我想称之为"谬误的谬误"（"the fallacy fallacy"），但这样称呼就落入这个谬误了。

5.3　从"是"推出"应当"

马可·波罗从一些阿拉伯海员那里听说了"Madagascar"[1]（更准确地说是"Maydeygastar"）这个名字；他自己从来没有接近过那里。但在那次交流中，波罗不知怎的认为这个名字指的是非洲近海的一个大岛，尽管实际上它指的是非洲**大陆**的一部分。这导致了欧洲的地图绘制师长期的混淆。然而，要是有人还坚称**现在**把那个岛叫作"Madagascar"就是犯了错误，可就太迂阔了。同样地，已经有太多的人宣称，自然主义谬误说的就是不能从"是"推出"应当"，我现在几乎都愿意承认这确实是这个词组的意思，因为倘若有足够多的人犯某个语言错误，那就不再是错误了。对这个词组的混用在哲学界已经根深蒂固，难以改变，就像"Madagascar"已经难以恢复本义一样。无论如何，就像摩尔认为他的自然主义谬误摧毁了所有形式的道德自然主义，许

1　即"马达加斯加"。——译注

多人认为,用"不能从'是'推出'应当'"这个一般性的先验原则,也可以有一样的打击效果。两者是不同的主张,但都值得我们的重视。所以,我们**能否**从"是"推出"应当"呢?

如果这个问题的意思是"是否存在一个个在逻辑上有效地论证,其前提不包含'应当',但其结论包含有这个词?",那答案无疑是肯定的。比如以下论证(出自 Prior 1960):

> P1:巴黎是法国的首都。
> 因此,要么巴黎是法国的首都,要么你不应该偷香蕉。

或者这个:

> P1:要么巴黎是法国的首都,要么巴黎不是法国的首都。
> 因此,你不应该偷香蕉。

这两个都是怪异的论证,但也都是完全有效的。前者运用了经典逻辑里常见的析取引入规则,后者则利用了经典逻辑的一条定理:从矛盾的前提可以推出任何结论。[先设定前提(i)P且非P,用简化规则可以由此推出两个命题:(ii)P和(iii)非P。对(ii)使用析取引入规则,对于任意的Q,都可以得到(iv)P或Q。对前提(iii)和(iv)使用析取消除规则,则可以得到结论Q。]

但可能有的人会怀疑这些逻辑把戏。查尔斯·皮登(Charles Pigde)抱怨道,这些例子的结论并不是**真正地**(genuinely)从前提推出来的,因为即便把包含道德谓词的结论("你不应该偷香蕉")替换成语法上相同的命题("珍妮正坐在鲍勃的旁边"),论证还是一样有效。

在这两种情况里，结论"相对于前提而言是空洞无物的"（1989：133）。假如**"不能从'是'推出'应当'"**的意思果真如此（即其意为不能从"是"**非空地**推出"应当"），那以上那些反例就没有效力了。

但是重要的问题是"这有什么要紧呢？"在经典逻辑（加上对于有效性的正统的、塔斯基式的理解）中，正如包含"应该"的非空结论，不能从不包含该谓词的前提中推论出来，同样地，明确关于刺猬的非空结论，也不能从不包含"刺猬"一词的前提中出来（Pidgen 1989）。或者不妨考虑如下论证：

P1：我的杯子里有H_2O液体。
P2：我正要喝我杯子里的液体
因此：我正要喝水。

按照塔斯基式的标准，这是个无效论证。如果将其全部翻译成谓词演算的语言，我们不难找到一个使P1和P2为真但结论为假的模型。[1]即便如此，我们对于水和H_2O是同一种物质（事实上人们常常认为二者必然是同一的）的信心也不会受到什么打击。道德自然主义者（因此演化道德自然主义者）可以坚称道德属性等同于（或随附于）自然属性，但同时否认在有关自然世界的命题和涉及道德价值和义务的命题之间存在着语义的或演绎的关系。类似地，我们一般都默认生物学事实符合由物理学所刻画的世界观，虽然从有关物理学上的物体和法则的命题前提，到生物学上的命题结论，似乎并不存在有效地演绎。我们也

1　我预设了"……不应当……"是个二元谓词。就算是多元谓词也没有关系，我们可以对例子做相应的修改。(Harman 1975)论证说"……在道德上应当……"虽然外表不然，但其实是个四元谓词。

无法从只提及了原子及其行为的前提,推出有关桌子椅子的结论,但我们都同意桌子椅子符合物理学描述的世界观。当然,也许自然主义者不能够让我们信服道德价值和家具都以同样的方式符合自然主义的世界,但重要的是,正如威廉·弗兰肯纳认识到的那样(1939),这是要靠哲学论证解决的问题,而不是一开始就武断设定的东西。

　　让我们先来假定,演化的道德自然主义者认为,有关人类演化的某些属性(姑且称其为"E")和"道德应该"是同一种属性。现在考虑一下论证:

　　　　P1:约翰的行为φ具有属性E。
　　　　因此:约翰在道德上应该做行为φ。

这显然是个无效论证,但自然主义者无须否认其无效性[罗伯特·理查兹(Robert Richards)确实不认为这是无效的,后文将讨论他的观点。] 154
演化自然主义者只是认为,该论证是省略三段论(也就是说,它需要另一个前提才能成为有效):

　　　　P2:对于任何行为x而言,x具有E当且仅当x是道德上应该做的。

诚然,P2几乎肯定是富有争议的,也不是能让人即刻赞同的。然而这并不是问题所在。自然主义者认为P2是**真的**,但他并不认为P2之为真是显而易见和无可争议的。也许有人会进一步抗议道,当道德自然主义者试图说服我们接受P2时,他所做的无非还是让我们相信从P1可以推出那个结论,但既然我们之前已经拒绝接受了这个推论,那现在怎么会被说服呢?可是这样说就错了。对原来论证的驳斥,关注的是其**无效**

性,但自然主义者在拥护P2时,他并不是在说E-命题和"应该"-命题之间有演绎关系,而只是在说P2表达了真理。只是因为P2连接了"应该"和"是",就一口咬定P2不可能是真的,这种反驳无非是回避了问题而已。毫无疑问,要让我们接受P2,自然主义者要花费一番功夫,但这里的重点在于,光是揭露某种严重的无效性,或者光是因为犯了某些谬误,还不足以使自然主义的主张一败涂地。

概述一下之前的内容:规范的演化伦理学并不局限于演化的道德自然主义。规范的演化伦理学试图用某种方式借助演化来"维护"道德,但(我们稍后将看到)确立某种形式的道德自然主义(比如揭示道德属性等同于或随附于某些自然属性)并不是唯一可行的维护策略。所以,哪怕摩尔的自然主义谬误和是/应当之间的鸿沟成功摧毁了道德自然主义,规范的演化伦理学家还是可以去探索别的途径。然而,我们已经看到了,这些批评的考量远没有成功。两者都犯了转移主要问题的错误,早在20世纪中期就应当被淘汰了。那么归根结底,演化的道德自然主义和(更具一般性的)规范演化伦理学是不是最终还是可行的立场呢?我觉得不是。在第六章中,我将提出一些论证,反对一般的道德自然主义(这些论证要是能成功的话,也一并驳斥了任何演化版本的道德自然主义)。至于演化的道德伦理学这个更加宽泛的范畴,则没有一击致命的一般论证,因为相关提议的种类太多,我们只能一一考察,同时也留意找出那些论证里反复出现的弱点。这就是本章剩下的部分要进行的工作。(接下来要讨论的这些规范演化伦理学家,有的意图提出一种道德自然主义,有些不,还有的我并不确定。)重点要指出的两个反复出现的问题是:(1)对于道德判断的认知成分,规范的演化伦理学家经常表现出一种明显或不明显的(似是而非的)忽略,以及(2)规范的演化伦理学家常常找出演化假说所蕴含的某些非道德的规范性,然后错误地将其归为道德价值。

5.4 从演化的角度维护道德：理查兹

1986年，在《生物学和哲学》杂志的第一期上，罗伯特·理查兹（Robert Richards）为"修正的"（revised）演化伦理学［被"修正"的是过时的版本，比如赫伯特·斯宾塞（Herbert Spencer）的理论；这些理论我在此不做讨论］进行了详细的辩护。理查兹首先想要说明，一般而言"应当"可以怎样从"是"推出来；然后他做出了具体的尝试：用相关的演化前提来实现这种推演。我将依次讨论这两个论证。

我们之前看到了，道德自然主义者不需要为自己辩护说在经验的/描述性的命题和道德命题之间有**演绎的**关系，但如果这种关系能得到支持，对于道德自然主义而言也是好事一桩（也就是说，建立这种联系对于道德自然主义是充分但非必要的。）理查兹想要做的，就是借助任何逻辑论证都必须有的推理规则来为这种关系辩护。

考虑一下刘易斯·卡罗尔设想的阿基里斯和乌龟之间的辩论。阿基里斯想要让乌龟承认以下论证是有效的：

（A）跟同一个物体相等的两个东西，彼此也是相等的。
（B）这个三角形的两条边，是同一个物体相等的两个东西。
（Z）这个三角形的两条边彼此相等。

乌龟承认A和B，但拒绝承认Z，因为他拒绝承认以下命题

（C）如果A和B是真的，则Z必须是真的。

于是阿基里斯把C加入到论证的前提里，然后要求乌龟承认现在的前提蕴涵Z，这是因为，他说道："如果你承认A、B和C，那你就必须承认Z。"乌龟反驳道，

"那为什么我**必须**承认它呢？"

"因为前提在逻辑上蕴涵着它。如果A、B和C都是真的，那么Z必须是真的。我想你不会对**此**也有争议吧？"

"如果A、B和C都是真的，那么Z必须是真的。"乌龟若有所思地重复道。"这又是一个假定，对吧？要是我不觉得它是真的，我就可以承认了A、B和C，但仍然不承认Z，不可以吗？"

"你这么想是可以的，"坦率的英雄直言道，"虽然这就显然非常愚钝了。但这依然是**可能的**。所以我得让你再承认**一个假定**。"

"很好。只要你把它写下来，我很愿意承认它。我们可以称之为

（D）如果A、B和C都是真的，则Z必须是真的。"

"你记到你的笔记本上来了吗？"

"记下来了！"阿基里斯高兴地喊道，一边把铅笔放进套里。"我们终于结束了这场理念竞赛！现在你承认了A、B、C和D，那你**当然**也会承认Z。"

"是吗？"乌龟无辜地说道，"让我们把话说得很清楚。我是承认了A、B、C和D。我要是**还**不承认Z呢？"

"那么逻辑会迫使你承认的！"阿基里斯胜利般地答道。"逻辑会告诉你'你不能一厢情愿。既然你现在承认了A、B、C和D，那你必须承认Z！'知道了吗，你别无选择。"

"逻辑教导我的好东西都值得**写下来**，"乌龟说道。"所以请写到你的笔记本上吧。我们将称之为

（E）如果A、B、C和D都是真的，则Z必须是真的。

要是我不接受这个前提，显然我就不需要接受Z。所以这一步是**必须的**，你明白了吗？"

"我明白了。"阿基里斯说道；语气中透露着一丝沮丧。

可怜的阿基里斯。显然，他本应该说诸如"如果P和P则Q都成立，那么Q成立"（假言推理）并不是额外的前提，而是导致从前提转入结论的推理规则。毫无疑问，乌龟会答道，"这些推理规则是怎么来的？"这是个很好的问题，也正是卡罗尔想让我们思考的问题，他还给我们表明了一种不该给出的答案。理查兹的答案则是，我们是从"理性的人们"的"信念和实践活动中"得出的这些规则（284—285）。随后他宣称，类似地，我们也可以从有道德的人们的信念和实践活动中，得出连接经验事实和道德价值的命题，这些命题的功能不是作为论证的前提，而是作为推理规则，批准从前提得出结论，也因此允许从"是"得出"应当"。

理查兹的答案要是能成功，那当然很不错。但是否真有这样的推理规则，实在是极度可疑。至少有三个原因让他的论证缺乏说服力。首先，为什么我们就只能借助在理性的人们看来是自明的东西，否则我们就不能更好地证成假言推理规则，这显然说不清楚。而且我们怎么确定谁是"理性的"呢？条件之一不就是看他们是否肯定和遵循假言推理吗？其次，如果我们要证明从描述性的前提可以推出道德结论，为什么就应该要借鉴**有道德的**人们的信念和实践活动，这也不清楚。为什么不借鉴**理性的**人们的信念和实践活动呢？把目光局限于有道德的人（无论是谁），就破坏了整个工作，因为在传统上，从"是"推出"应当"的挑战就在于如何让理智的道德怀疑论者相信，她所合理接受的经验事实意

157

味着她也接受了某些道德结论。让一群功利主义者同意某个行为因为
能使幸福最大化因而在道德上是有义务去做的，或者让一群康德主义
者同意，就某个行为而言，要是其准则的普遍化形式不能被意愿成为一
条自然法则，该行为就是被禁止的——这些都不是难事。但难题在于
让**还没有同意**道德观点的人同意。第三，一个东西被普遍接受，我们还
不能由此就得出结论说它是个某种意义上的推理规则。几乎人人都
同意"老虎是四足动物"这个命题，但这充其量意味着你要是把"老
虎是四足动物"放在论证里，作为一个前提，那么几乎没有人会反对。
这不等于说是该命题是个演绎规则（就类似于假言推理），可以让你从
只提及老虎的前提得出提及四足动物的结论。因此，即便有些连接经
验事实和道德价值的命题，人人都同意，这并不必然表明有一条特殊
的道德推理规则；也许只是意味着有一个人人都同意的（包含"应该"
的）前提，在这种情况下，我们还是没有发现光从经验前提就能得出的
"应该"。

　　归根结底，理查兹的工作在于指出，我们在给任何东西寻找理据的
过程中，总是要安于在某些终点（这些终点在我们看来是直觉上是显而
易见的），否则人们总是可以追问"这是怎么证成的呢？……哦，好的，
但**那**又是怎么证成的呢？"，而我们就永远无所归附了。这当然是有道
理的。但问题依然存在：怎样才算是适当的证成终结点呢？光是指出
不管是哪总得有一个终点，然后选一个你最中意的竞争者（这个终点刚
好也能支持你的理论），这还是不够的。

　　关于理查兹从"是"推出"应当"的尝试，就先讨论到这里。然而，
正如我说过的，他的演化道德自然主义并不应该要求在描述命题和规
范命题之间建立**演绎**的关系。现在我们再来看看他在演化的基础上维
护道德的实质尝试。他的论证的核心部分出现在以下的段落：

　　……证据表明，事实上演化造成了人类为了社群的利益而行动；但我们说的有道德的意思就是为了社群的利益而行动。因此，由于人类是有道德的生物（这是演化造成的不可避免的情况），每个人都应当为了社群的利益而行动。(289)

为了论证的方便起见，我们先姑且承认第一句话。但第二句话（我们的"道德"这个词的意思就是为了社群的利益而行动）是错误的。也许人类的道德感是为了增进社会凝聚力而演化出来的，但不能由此推论出"道德"这个词的意思。（同理，也许人类的双足属性是为了让我们大草原上的祖先留意捕食者而演化出来的，但不能由此推论出"站立"这个词的意思就是**留意捕食者**。）另外，不利于社群的道德行为，以及有利于社群的非道德行为，例子都很容易找到。后者的例子：设想我是成吉思汗的党羽，而且我的自然本能是为了我的社群利益而行动。设想我和我那些皮肤黝黑的同伴们决定，要实现这一目的，最好的方法是把垃圾倒入我们遇见的所有其他社群那里。这是道德的吗？也许我和我那些粗鲁的伙伴觉得这是道德的（在**我们**看来这是道德的），或者我们嘲弄道德规则这一观念本身。（"道德，狗屁道德！"我们大笑着，又把一颗头颅钉到长钉上。）为了社群的利益而行动**常常**是道德的，就像交朋友和讲真话一样，但我们能轻易想到这些行为类型的丑恶个例，这本身就说明这样的行为都不是我们说的"有道德"的意思。

　　然而，就算只是为了论证的方便，假设确如理查兹所说，为了社群的利益而行动和道德的行为是一回事，以及演化把我们设计成要为社群的利益而行动。那么，由此可以轻易推论出，演化把我们设计成为道德的。但我们该怎么理解他的结论"每个人都应该为了集体的利益而行动"呢？如果人类被构造成要为社群利益而行动（即被构造成有道德），是"演化造成的不可避免的情况"，那么我们原本预期的结论是每个人都**将会**为了社群的利益而行动（也就是说将会有道德）。那么结论里的"应当"突然出现是怎么回事？我唯一说得通的解释是，这里预测的"应当"（正如在"雨应当一会就要停了"里的"应该"）；实际上理查

159 兹也承认这一点，将结论里的"应当"和"刚才闪电了，现在应当有雷声了"里的"应当"相提并论。但这种用法就非常不合适了，因为我们知道，道德的"应当"和预测的"应当"有天壤之别。一个侦探谈起连环杀手，可能会说"他应当一周之内还会有行动"，意思是在一周结束前他**很可能**再次行动，但这跟说杀手**在道德上应当**再次进行谋杀完全是两回事。反过来，人们可以说杀手在道德上应当自首，但并不因此暗示这种情况很有可能发生。

规范的演化论理学家往往太过执着于从"是"推出"应当"，以至忘记了他们想发现的是哪种**类型**的"应当"。理查兹就是个典型的例子，他得到预测的"应当"就心满意足了。那要是这样就足够了，那么从演化论（或者任何经验事实）中找到道德规范就确实是件很容易的事情。物理学家可以说某个粒子**应当**偏离运室里的离子束，动物学家可以说鹅群**应当**不久后就飞往南方，诸如此类。一旦我们注意到，同一个词既可以表达预测关系也可以在道德上规定行为，这只是英文的纯粹巧合，其他语言并不一定如此，我们就应该对这种从"是"推出"应当"的方式心生怀疑。

5.5　从演化的角度维护道德：坎贝尔

理查兹的文章发表十年以后，在同一份期刊中，里奇蒙德·坎贝尔（Richmond Campbell 1996）试图在人类道德是先天的这一经验假说的

基础上，对道德进行更有限度的维护。他论证的不是道德**自然主义**本身；他自己限定的目标，仅仅是确立上述经验假说可以表明道德是得到了证成的。他小心翼翼地指出，他只是给人类有某种（而不是完全没有）道德提出理据，而不是给某个有特定内容的道德体系提供理据。他的论证相当简单，而且如果加以一定的条件，也可能是成功的。但是清楚地理解了这些条件，亦将揭示其成功的限度。下面是该文极重要的段落：

> ……这个论证依赖于以下规范的但非道德的原则：如果具有某种道德，比起道德完全缺失，能极大地改善群体里每个成员的生活前景，那么，对于群体里的每个成员而言，具有某种道德，相对于道德完全缺失，是得到证成的。[把这个原则称为"对大家都极有利"（"overwhelmingly mutually advantageous"，OMA）原则。]对道德的存在的生物学解释，意味着，相对于道德完全缺失，具有某种道德能极大地改善群体里每个成员的生活前景，由此我们可以推论出（借助上述原则）具有某种道德，比起道德完全缺失，是得到证成的。（Campbell 1996: 24）

160

我们可以率先对"道德的演化解释证明了具有某种道德，比起道德完全缺失，对于每个人来说都要更好"这个假设发难。本章开头就指出了，演化假说并不意味着道德现在是有用的。它意味着（A）道德**过去**是有用的，以及（B）道德**过去**对于我们祖先的基因是有用的。对于（B），坎贝尔意识到，他需要明确肯定至少在相关的讨论范围内，我们可以相信对某人的繁殖适应性有利的，一般也对其本人有利。这倒是不无道理，但是论证想要完整详尽的话，这一说法还需更多的证据。坎贝尔似乎对于(A)也有所意识,因为在讨论的时候他用的都是过去式:"……因为在道德演化形成的时期,这两种因素(个人幸福和基因繁殖适应性)是高度相关的。"(25)但是他似乎没有注意到,证明道德**过去**对每个人都有用(即证明,根据OMA,道德过去是证成的),并不足以证明道德现在还有用(即证明,根据OMA,道德现在也是证成的)。出于同样的理由,证明吃掉所能找到的全部甜食的强烈倾向在过去对我们的祖先有用处,因此**曾经**是(在某种意义上)证成的,这还不足以证明今天这种倾向依然是有用的或证成的。另外,倘若坎贝尔着手填补论证的这一步(也就是说,倘若他展示更多的经验证据,来支持以下结论:**现在我们具有某种道德,比起道德完全缺失,能极大地提高我们群体每个成员的生活前景**)。那么至于人类史前时期的情况就完全不相干了。换言之,坎贝尔面临着两难的处境:要么他是从演化假说得出结论,但是他的结论就只能是有关过去对于我们祖先来说,什么是证成的;要么他就要试着证明道德现在对我们有用,但那样的话演化假说就显得赘余了。

然而,更重要的问题在于坎贝尔是否采用了正确的证成概念。可以比较这个例子:假设我们可以证明,有宗教信念(比起完全没有)改善了群体里每个人的生活前景。也许相信自己的生活是某种宏伟蓝图的一部分,或者相信冥冥中有着更大的力量(细节不必深究,这只是个例子而已[1]),就会让人得到宽慰。也许这些改善的前景足够稳定和具体,因此我们可以设想有宗教信念是先天的。假设宗教信念最基本的形式类似于"上帝存在"或者"有超自然的力量作用"。这样一来,按照坎贝尔的想法,有这种宗教信念就会是证成的。

---

1 有些证据表明宗教信念可能也是一种适应(Boyer 2001;D.S. Wilson 2002)。

　　以上的思考表明，我们迫切需要做出一个区分。我们要区分的是信念得到证成的两种方式：**在工具意义上证成**和**在认识上证成**。对于某个人而言，如果一件事情能帮助她实现自己的目标，那这件事就是在工具意义上证成的。我们通常把这种证成的模式应用于行为，但将其应用于信念也没有什么不一致的地方。如果凯特相信她是世界上最顶尖的网球选手，而且她觉得幸福（长期的、真实的幸福），那么对她来说（如果幸福是她的目标之一），这一信念在工具意义上就是证成的，哪怕她其实离顶尖水平还差得很远。这个例子让人觉得有些不对劲的地方在于，一般而言，我们提起信念的时候说的不是这种类型的证成。要是你听到有人说，"凯特相信她是世界上最顶尖的网球选手，这个信念是得到了证成的。"你要是把这句话的意思理解成凯特的信念对她有利，那就很奇怪了。相反，你大概应该会觉得这话的意思类似于"她的信念是由一种对已有证据灵敏的过程形成的"，或者"她的信念是一种可靠地产生真信念的过程的产物"，或者更一般地讲，"她的信念符合某些适当的认识标准"。这就是认识上的证成。假设适当的认识标准包括对证据的敏感性。那么，如果凯特没有见识过证明她实力超群的证据（遗憾的是，事实上她见识过很多相反的证据），但依然坚持她的信念，而且这让她感到更加幸福（长期的、真实的幸福），那么她的信念在认识上就没有得到证成，虽然在工具意义上得到了证成。很多信念在这两种意义上都没有得到证成；在认识上没有证成的信念，常常导致目标无法实现，因而在工具意义上也没有得到证成。

　　坎贝尔将会如何回应这些批评还是比较清楚的。他会抱怨说，我设想的先天宗教信念的例子，和先天道德的情况有一个重要的分别。他会说，区别在于道德不属于用来"指称或对应于道德事实的领域"（21）的信念。道德信念的特殊之处不在于其主题，而在于"它们本身会

162 引起某些行为或不作为,在缺乏这些动机的时候会导致内疚,对于富有这种动机的他人会产生敬仰和尊重,还会导致如下想法:这些动机足够重要,从而有必要对缺乏它们的人实施惩罚。从这个角度看,道德信念本质上是按照某些规范去思考,去感受,以及去行动的。"(同上)他在文章第一段,就加入了这种非认知主义的理解,这样一来,坎贝尔实际上使认识证成变得不适用于道德,也让工具意义上的证成(OMA 所提供的那种证成)变得恰当而且自然。我想提出异议的就是这个假设。坎贝尔说,他接受了非认知主义的理解,是因为不想因为偏向认知主义而回避问题,但是因为他接下来提出的论证的合理性完全依赖于对道德的非认知主义解释,事实上他在相反的方向上同样回避了重要的问题。[1]

如果有人像我一样觉得纯粹的道德非认知主义错得无可救药,那他就会觉得坎贝尔的论证不能令人信服。我们可以承认,也许他确实找到了一种证成道德的方式(他也许证明了具有道德"信念"是种有益的策略),但我们应该反驳说这种意义的证成没多大意思而且可能是误导性的。如果我们认为道德信念确实是**信念**,不仅是"去思考,去感受,以及去行动的倾向",那么我们就会觉得道德信念同前面说的宗教信念同属一类。说相信上帝能提高群体里每个人的幸福因而是证成的,和说基本的道德信念因为同样的理由也是证成的,都一样误导人。毕竟,无神论者虽然认为宗教信念是错误的和/或没有证成的,也常常愿意承认这些信念曾经或者现在是对社会有用的。坎贝尔的说法,完全没有办法阻止道德怀疑论者对于道德持类似的态度,视其为**有用的虚构**。

---

1 事实上,坎贝尔的非认知主义是否真能满足他自己描述的标准,还是颇值得怀疑的。这是因为,他把**负罪感**视为道德的核心,似乎只是将其视为非认知的情绪而已。但我们知道这是错误的;负罪感具有相当的认知复杂性(参见3.6、3.7节)。

坎贝尔就好像是在说,"有用? 这意思就是它得到了证成。"而道德怀疑论者则会答道,"就算是吧,但它仍然是个有用的**虚构**。"

5.6 从演化的角度维护道德:丹尼特

丹尼尔·丹尼特在他的长篇杰作《达尔文的危险观念》(*Darwin's Dangerous Idea*, 1995)的结尾部分讨论了道德自然化的计划前景。或者说,至少从章节标题来判断,他讨论的是这个问题。但是我不得不承认,在多次阅读 "伦理学可以被自然化吗?" 这一节之后,我还是不确定丹尼特的答案究竟是 "可以" 还是 "不可以"(还是 "这个问题本身就有问题")。他先讨论了动摇了传统规范伦理理论的一些实践问题。功利主义者遭遇的挑战是把所有的后果都纳入计算; 康德主义者的难题是找出要进行普遍化的准则。我们在此无须斤斤计较(但是我很怀疑功利主义者和康德主义者在这些常见问题面前就此缴械投降); 他总体上的观点是,生活非常复杂,而那些著名的伦理理论似乎太过简单。这一节就这样结束了。至于这个总体上的观点如何有助于解答原本的问题,我还是找不到头绪。

丹尼特接下来讨论了我们的决策如何被简单现成的启发式过程所控制。对于解决时间紧迫的决策问题而言,这些过程相当不错,虽然不能确保每次都得出最佳答案。他在此表达的观点(也是书中的主要观点之一)是,这些**满意型**[1]过程**贯彻始终**:"……甚至不仅限于决策者固定的生物设计结构,还延伸到自然母亲在设计我们和其他生物的

163

---

1 美国学者司马贺提出的概念。这种决策过程得出的结果不是最优的(optimal),但也在个人和环境的条件限制下,已经足够满足需要。——译注

时候采纳的设计 '决策'"（1995：503；下文标出的页码都是此书的页码）。丹尼特把这一合理的现象称为"满意型的根基地位"。接着就是论证里的重要环节，即他从"是"滑向"应该"的过程。他进行得如此迅速和流畅，乃至很容易被人忽略，而且，这个过程几乎去完全是借助罗杰·维特海默1974年的论文实现的：

> 因此，我们思考什么和如何思考，都是理性原则（即我们应该思考什么和如何思考）的证据。这种关系本身就是理性的方法论原则；让我们称之为"事实规范原则"。每当我们尝试决定应该思考什么和如何思考时，我们都（暗地里）接受了事实规范原则。因为在进行尝试的过程中我们就必须思考。而且在尝试的过程中，除非我们认为思考的内容和方式是正确的（因此构成了我们应该思考什么和如何思考的证据），否则我们最终就无法决定我们应该思考什么和如何思考。（504）

对于维特海默的有趣主张，可以探讨的有很多，但是这里不是合适的场合。关键在于，丹尼特借此从前面的描述性讨论得出了一个评价性的结论：大致而言，因为我们自身的限制，这一被启发过程控制的决策是我们所能做的**最好**决策。他随后的工作是深入细节，提出能使这种决策得到调整修正和总的来说得到提高的一些具体方法。对他的论证而言，重要的是"对话终结者"的必要性。"对话终结者"这些考虑因素，出现在个人和人际间的决策过程中，是为了使这一过程达到有效的终点，从而避免该决策机制不停地寻求进一步的理据，无休无止地琢磨进一步的考虑因素。在丹尼特看来，道德价值、原则和命令就是最典型的对话终结者。他的观点有个很有意思的地方，即为了让我们的判断要

164

能够有效地扮演这种角色，我们在使用道德判断时一定不能将其**视作**对话终结者；相反，我们必须视其为表达了真正的、毫无疑义的、无须赘言的**道德考虑**。丹尼特承认，他的立场表明，"伯纳德·威廉姆斯所说的社会"透明"理想——'社会的道德机构能够起作用，不应该依赖于社群成员对其如何作用的误解。'[1]——是一个在政治上我们可能无法达到的理想"（509）。要能有效地起作用，道德思维的真正本性必须是晦暗不明的；我们在进行慎思的时候必须隔离对道德真相的理解。这种关于道德思考的用处（关于道德如何终止深思熟虑）的观点，跟我在4.2节的论证相当吻合；事实上，到目前为止简述的丹尼特的论证，几乎没什么好反驳的。我们现在必须要提出的问题是："这个论证成功地维护了道德吗？"

丹尼特明显认为答案是肯定的。我之前承认了，我不知道他是否认为有哪种类型的道德**自然主义**被证实了。早先他说道，"伦理学必须**以某种方式**以对人性的理解为基础——基于对人是什么或者可以是什么，以及对人想要什么或者想成为什么样的了解。如果**这**就是自然主义，那自然主义就不是什么谬误。"（468）说得是很对，但这**不是**自然主义！（对方一样可以说："如果道德自然主义只是说有的东西是粉色的，还有黄花边——那为什么要为道德主义欢呼呢？"）道德自然主义是关于道德价值是否存在和道德判断是否为真的一种主张（参见5.1节），而对于这些问题，就我所理解的，丹尼特是没有表态的。

对于丹尼特成功维护了道德的提议，我将提出两种批评。

我的第一个批评可以简明扼要，因为有了上文对坎贝尔的讨论，这种批评应该并不突兀。如果我对丹尼特的立场理解得没错，那他向我

1　威廉姆斯1985: 101。

们证明了做出道德判断这种活动扮演着极为重要的实践角色。或许他还揭示了，为了从道德判断中获益，对于道德判断如何起作用，判断者本人必须不能想得太仔细（她必须有点"健忘"，且不会过度反思）。显然，这无非只是**工具意义上的**证成，而且这同道德判断实为错误，以及∕或者道德判断在认识上没有证成，都没有任何矛盾。相信某些行为会激怒紫蜥蜴大神，相信接触某些物品会污染你的灵魂，或者相信有的女人与魔鬼同谋，也许这些信念作为对话终结者都很有效果，但与此同时作为对世界的描述也都是大错特错。至于如何区别道德判断和以上这些明显错误的想法，丹尼特未置一词。即便为了获得相应的利益，使用道德判断的行为者不能对她的作为想的太仔细（即不能把相关的价值视为工具价值），即便那种价值依然**是**工具的价值。而且，行动者眼中的某个道德上被禁止的行为，即便出于实质或理性的原因确实不好，这并没有证明有关该行为的道德判断是真的或是在认识上证成的。出于同样的理由，在某人眼中会激怒紫蜥蜴大神的行为，也许都是不审慎务实的行为，也就是说，就所有这些行为而言，"你不应当那样做"（在此是务实意义上的"应当"）都是真的，但是这并没有证明当"应当"的意思是"紫蜥蜴大神所命令的"时，"你不应当那样做"这句话是真的或者是在认识上得到证成的。（有的批评者论证说丹尼特其实相信的是道德虚无主义，参见 Rosenberg and Sommers 2003。）

我并不是说道德判断的对话终结者身份**蕴涵着**它们都是假判断的意思，我只是说，这一身份跟它们都是假的在逻辑上完全是融贯的。某些真话也可以作为对话终结者起作用。一般而言，"但那会害死我的！"这种考虑因素会终结对于某件事情进一步的慎思，但也许那件事确实会害死说话人。所以问题就成了，道德判断是真的对话终结者还是假的对话终结者？如果是真的，那它们就不只是对话终结者；正如关于什么会害死人的信念，道德判断也可以在仔细的、透明的慎思中起作用（即扮演非对话终结者的角色）。如果这是丹尼特想接受的观点，那他的理论就有着极为明显的问题，因为对于是什么样的事实能使得道德判断为真，或者道德判断是如何在认识上得到证成的，或者它们在对话终结者之外怎么扮演其他角色的，他都未置一词。（比较一下，对于"那会害死我的"这个命题，以上的任务可以如何完成）。其实从元伦理学的角度看，比起指出道德判断也可以作为对话终结者起到作用，对这些问题的回答要有趣得多。因为对于这些问题的讨论完全付之阙如，我们会觉得在丹尼特看来，道德判断**只是**对话终结者而已，但那样一来，道德判断就完全没有理由要求被严肃地当作是**真的**。按照这种解 166读，丹尼特提倡的是一种**道德虚构主义**（moral fictionalism）。这种立场由以下四个论点的组成：(i) 道德判断事实上不是真的；(ii) 我们可以知道它们不是真的（比如通过哲学研究）；(iii) 它们还是有用的；(iv) 然而只有当我们在日常生活中将其视为真的，它们才会有用（更多有关道德虚构主义的文献，参见 Joyce 2001a, 2005；Kalderon 2005；Nolan et al. 2005）。我不是批评丹尼特提倡道德虚构主义（如果他确实拥护这一立场），因为我自己其实很喜欢道德虚构主义。我目前的主要反驳意见是，如果丹尼特的观点算是对道德的维护，那也只是在工具意义上的维护。

我的第二个批评是，我很难理解丹尼特表达的、关于对话终结者的看法（也许可以算是道德虚构主义的观点）和他的书最后大量貌似"直截了当"的道德说教之间的关系。最后一章充满了道德沉思、建议和恳求。他让我们反思为什么杀死一只牛要好过杀死一只秃鹫（513）；他告诉我们濒临灭亡的语言是"值得保留的、珍贵的人类创造"（514）；他告知我们奴隶制和虐待儿童是"不可接受的"（516）；他请我们跟那些公开反对针对萨尔曼·鲁什迪的"不道德到无法形容的"追杀令[1]的阿拉伯和伊斯兰作家"携起手来"(517)。在最后的高调宣言中,他告诉我们,"这个世界是神圣的。"在丹尼特所揭示的不透明性的背景下,我们应该怎么理解这些说法呢?是否它们又只不过是一些对话终结者,来让作者和读者避免无休止的思考?还是说,我们现在已经被很快地挡到了晦暗不明的帷幕背后,从这个角度看,这些想法(其实只不过是对话终结者而已)不再被当成对话终结者,而成为真正的、有约束力的实践考虑因素?这实在令人困惑,而我也因此不能不怀疑,丹尼特是在透明和不透明的问题上一再反复,在他的头脑告诉他的(即"奴隶制是错的"这句话的作用是终结对话)和他的内心告诉他的("不对,奴隶制确实是错的!")之间辗转不定。

我们想知道,按照丹尼特的观点,我们**究竟**能不能发现看穿道德终结者的本来面目。在决策的过程当中,我们当然需要相信道德规定表里如一(即相信它们具有真正的、无疑的实践影响力的要求),但当我们静下心来的时候,是否必须也继续这样想呢?丹尼特面临着两难的处境,因为无论如何回答,都会导致问题。如果他的理论意味着人们**永**

167 **远**不能从晦暗的帷幕背后往外看,那这理论就是有问题的,因为根据假设,在这帷幕背后的人们压根没人会同意道德判断的功能是终结对话:要是读到某个哲学提议,后者指出"奴隶制是错的"这个判断的价值在于它能有效充当一个方便的对话终结者,所有读者都会抗议说,"那不对,奴隶制确实是真的错了!"进一步地,我们也会怀疑为什么就丹尼特自己能有幸站在道德框架外面,见识到它的本来面目。因为有这些

1　鲁什迪是印度裔英国作家,曾因小说《撒旦诗篇》(*The Sadanic Verses*)在伊斯兰教徒中引起巨大争议,伊朗宗教领袖霍梅尼曾因此书下达针对鲁什迪的追杀令(fatwā)。——译注

问题，我们不得不认为丹尼特的意图是想说，通过进行抽象的沉思（比如思考《达尔文的危险观念》末尾的论证），我们**能够**承认，道德判断确实只是方便的工具。毕竟他似乎可以这样宣布，而他当然也希望我们能够赞同。两难处境这一端的尴尬之处在于，看清了这种对话终结者的本来面目，也就使其丧失了发挥作用的能力。如果丹尼特想要让人们保持他们的道德信念（他最后的说教似乎表明他似乎确实希望如此），那么也许他本应该把他有关道德对话终结者的观点按下不表，或者不要给出那么令人信服的论证！

我的意思不是说这个两难是致命的处境。道德虚构主义也许就是缓解这种困境的好办法。然而，展开一套虚构主义的论据（即让上述（i）至（iv）不再显得自相矛盾），需要一定的细致区分和注意力，而丹尼特的论述并没有体现出来；事实上，他似乎根本没有意识到上述两难处境的存在。他似乎疏忽了，对于"这个世界是神圣的"这句真诚的结语，书里不久之前的内容会使得读者做出如下回应："那么，这只是个对话终结者，对吧？"他也没有注意到，如果答案是肯定的，显而易见，接下来的问题就会是："那么，这个世界**究竟**是不是神圣的？"

5.7 从演化的角度维护道德：凯斯比尔

最近，威廉·凯斯比尔（William Casebeer）在演化生物学的基础上为道德自然主义进行了辩护。更具体地说，他辩护的是"实用新亚里士多德主义的德性论"（"pragmatic neo-Arisotelian virtue theory"）。根据新亚里士多德主义对于德性的解释，道德评价的主要对象不是行为而是人的性格。这种解释也构成了凯斯比尔的论证基础。对亚里士多德而言，"一个好人"就类似于"一棵好橡树"、"一个篮球好手"（也可 168

以是"一个好杀手"），大意是指相关类型的典范[1]。如果相关的类型是功能性的，那么该类型的典范就是很好地实现这种功能的东西。亚里士多德论证道，正如基萨拉琴师的功能是弹奏基萨拉[2]，因而好的基萨拉琴师就是基萨拉弹得**好**的人，同样，明白了人的功能（the ergon）是什么，我们也就应该能够发现怎样算是一个好人。为了确定人的功能，亚里士多德采用了他标志性的方法，即先明确相关的种（这里相应的种是**动物**），再找出在这个种内与众不同的特征（即属差；这里的属差是**理性**）。亚里士多德认为，人的功能是"行为和灵魂的活动都遵循理性原则的生活方式"，而**很好**地实现这一功能，就等于是遵循德性而生活（"如果不只有一种德性，那就遵循最好的和最完整的德性"）[3]。这些德性既有智性上的，也有性格上的，而后者（勇气、友谊、大度等等）被后亚里士多德主义的解释者称为"道德德性"。

亚里士多德的论证的主要问题一直都在于，它坚持掌控世界的原则是目的导向的。在《物理学》一书中，他为目的论的宇宙观提出的论证既简陋又令人困惑。首先，亚里士多德坚持了一个目的论和偶然性的奇怪二分法：任何有规律地和可以预料发生的事情，比如冬天的雨（但夏天的雨就不行），一定是为了某种目的才发生的。随后就是令人

1　也就是说，对于亚里士多德而言，形容词"好的"总是作为定语性形容词而不是谓词性形容词使用。柏拉图则持不同意见，他认为，有时候我们使用"好的"意思就是好的，仅此而已，而不是好的什么东西。定语形容词和谓词性形容词的区别可以阐明如下。"方形的"是个定语形容词，因为我们说X是一本方形的书，意思是指X是一本书**以及**X是方形的。因此，如果X还有别的什么性质（比如是属于我的物品），我们就可以说X是属于我的方形物品。但对于谓词性的形容词，比如"大"，就不能这么说了。如果Y是一只大老鼠，我们不能把这拆开成"Y是大的"和"Y是一只老鼠"，因为如果Y还有别的什么性质（比如是我的宠物），这并不意味着它是我的一只大宠物；它有可能是我最小的宠物。

2　基萨拉琴（Kithara）是古希腊的乐器，属于里拉琴（Lyre）的一种。其名称或许是"吉他"（"guitar"）的词源。基萨拉琴师（Kithaorode）是基萨拉琴的演奏者。

3　这句引文出自亚里士多德，*Nicomachean Ethics* 1.7（1992：13—14）。

瞠目结舌的宣言："有理智的行为是如此，当然在自然界中也是如此；在自然界中是如此，类似的，任何未经干扰的活动也都是如此。"（我头脑里的红笔只能在这句话边上写下"真是这样？？"以示震惊。）亚里士多德把与此对立的立场（即自然发生的事情没有目的）归于古代思想家恩培多克勒，而后者的观点比当时任何人都更接近达尔文式自然选择的理论雏形[1]。这多少有些反讽，因为许多当代的思想家，在正确地否决了古怪的亚里士多德式自然目的论之后，又想借助达尔文主义的生物学来给我们的科学世界观添加这种目的论的部分元素（例如，参见Allen et al. 1998）。自然选择不是趋向一定目的的过程，但是由它产生的结构和机制，从自然主义的角度看来，用自然目的和功能来形容似乎是正当合适的。当然，这种新目的论不会把功能赋予冬雨，但会赋予眼睛、心脏、鱼鳍、鞭毛、根茎、胆囊等一定的功能。带来了一套对于功能属性的解释，按照这套解释，功能属性是"彻头彻尾的自然的、不奇怪的"（2003：49）。他认为，有了这套解释，就可以用好的达尔文式目的论替换不好的亚里士多德式目的论，从而拯救亚里士多德对于人类德性富有洞见的理论。而这样一来，他认为，就给从演化的角度对道德的维护铺平了道路。

169

让我们姑且同意，演化生物学使得自然功能的说法以及与之伴随的规范性语言，在科学上都是正当的。现代生物学指出，心脏的功能是泵血，而健康良好的心脏就是泵血泵得好的心脏。它甚至还会允许我

---

1 恩培多克勒认为，四肢和器官最初都是在土地里自发生长出来的，随后各自游荡了一段时间（"眼睛独自游荡，祈求获得前额"——Simplicius, Commentary on the Heavens 586.6），最终随机组合在了一起，组合成各种各样古怪的混合体。（他特别提到了牛脸人和人脸牛。）"一旦各个部分的组合结果，同要是有目的它们就会获得的组合结果相一致，这些东西就是被自发地组成了有适应性的形式，从而能够存活下来；但长成其他样子的东西已经消亡或将继续消亡。[亚里士多德，Physics II. 8（1941：249）] 令人失望的是，恩培多克勒没有谈论累积演化的机制。

们说心脏"应当"泵血，而这不仅仅是预测性的"应当"。但这种规范
语言跟道德语言有多接近呢？它是从正确的地方找到规范性的吗？而
更重要的问题是，这种规范性的类型是合适的吗？

关于它是否找对了地方的问题，我们先来看一下亚里士多德常举
的那些有功能的事物的例子。在《尼各马可伦理学》一段重要的文字
里，他给出了两类例子：有社会角色的人（基萨拉琴师，雕刻家和木匠）
以及身体的部分（眼睛、手、足）。这两种事物都处于赋予功能的环境
中：基萨拉琴师在社会里有一定的职业，眼睛则是在身体上有一定的分
工。亚里士多德试图把这些例子拓展开来（给一般意义上的人赋予功
能），可这没有说服力，因为此时就没有了赋予功能的环境。所以亚里
士多德不得不依赖于他那（在现代人看来）古怪的目的论物理学，来确
保他的论证能成功。一旦我们否定了这种物理学，那么即使我们不排
斥说木匠和眼睛具有功能，我们还是可以拒绝承认人类（就其为人类而
言）具有一定的功能。现在的问题是，凯斯比尔那种在科学上值得尊重
的目的论是否在这一点上做得更好。虽然演化生物学允许我们有意义
地说起眼睛、手和足的功能，但它并没有明显地给**人类**也赋予功能。因
此，那些因为生物学而变得正当的规范性话语，比如某个X的功能是φ，
某个好X做φ做得不错，X应当φ，要是X是"心脏"或"眼睛"，都是可
以的，但我们没有理由将其替换成"人类"。怎样从"乔的心脏应当泵
血"得出"乔应当遵守诺言"，都是有问题的。

可能有人会反驳说，我把生物学里的规范性理解得过于狭隘。也
许我们无需从"X的功能是φ"直接推论出"X应当φ"。也许我们从
生物学中得到的，本应是关于生物体怎样才能状况良好，怎样才能繁荣
发展（flourishing）的某种值得尊重的、客观的观念。也许有人会认为，
这就等于是科学发现了生物体的**目的**是什么。一旦找到了这种目的，

就可以得出以假言命令形式出现的规范性话语。如果人类的繁荣要求（例如）在社群中和谐生活，那么只要违背承诺就会损害人的社会身份，那么我们就可以坚持"你不应当违背承诺"这条假言命令是适用的。对于声称社群对自己一文不值的罪犯，我们可以说"同社群和谐生活是你的目的之一（价值之一），不论你是否明白或是否喜欢。"因为这些自然目的在某种意义上是无可避免的，相应的假言命令也是无可避免的；这所导致的规范性，也许有人会觉得，就会有我们希望道德所具有的实践力量。

170

　　会吗？这里有必要重温一下本书2.4节讨论的内容，即假言命令无法体现道德实践性。我们首先来考虑一下道德思维的一个核心概念：**违规**（trasgression）。未能遵循假言命令不能被视作违规（否则就极为别扭）。要是某人因为冷而觉得不适，而关窗能让她暖和，那我们可以说她应当关上窗；但是，如果她没这么做，那么尽管她可能是愚蠢或不明智的，很难说她违反了规范。只要我们觉得道德系统应该能容纳"犯罪的人应为其罪行而受惩罚"，假言命令组成的系统就无法满足这种要求。这里根本的问题在于，没有实现自身目的的人主要伤害的是她自己，但都围绕着自我伤害而构建的价值系统不大像是道德系统。在这样的系统中，惩罚就成了因为某人伤害了自己而对她造成进一步伤害的怪异制度。按照这种观点，开膛手杰克应当引起我们最深切的同情，因为他杀害那些女人的真正错误之处，在于他因此严重破坏了自己的繁荣兴盛。（按照这种观点，抓到他之后我们应该叹息道："可怜的家伙。"）[1]

---

　　[1] 凯斯比尔认为道德评价的基础是自我伤害，尤其见于他对那些漠视他人苦难的人的批评："……对于周围人们的需要无动于衷者，在众多方面都是不正常的：他们无法建立获取基本生存需要的社会关系，也无法参与丰富多彩的人际交往。"（63—64）

演化生物学也许会准许我们说某颗心脏是好的，因为它泵血泵得好，但这么说并不是真的在赞美这颗心脏，就好像我们承认某个杀手职业手段高超并不是在赞美他冷酷高效一样。因此，按照这种逻辑，如果演化生物学也准许我们说某个人是"好的"（意思是她是人类繁荣的典型代表），这肯定也是在"非赞美"的意义上使用这个规范词语，而不是道德意义上的用法。演化生物学也许会准许我们说心脏应当泵血；但它不会容许我们说心脏是被要求泵血的，说它有理由泵血（这不能跟说它泵血是有缘由的混为一谈），说有一定的实践命令要求心脏（不论它愿意与否）继续泵血，说心脏要是没有泵血就违规了，所以应得惩罚，或者说不存在什么让心脏停止泵血的压倒一切的理由。

让我们停下来再考虑考虑以上最后一句话。锤子的功能是钉钉子，但用锤子当门挡也毫无问题。撑着打开的门时，锤子还是保留着本来的功能，但该功能现在没有实现一点也没有关系。演化的功能凭什么就与此不同呢？我听说，人类巨大的臀大肌演化出来，是为了提高我们祖先扔东西的能力（Bingham 2000）。先放下你的怀疑，假设这是真的，并且假装直到不久之前，这确实是我们的祖先用这块肌肉做的事。但设想一下你恰好不喜欢扔东西（也许你小时候被一个棒球投手造成了精神创伤），而且你决定再也不扔任何东西。你做错了什么吗？你违犯了自然制定的规范了吗？也许有人会做肯定回答，因为他预设了不使用自然功能很可能损害健康或者导致不快乐，但这样一来，其实是不健康或不快乐使得这种决定错误，而不是没能实现某个功能本身。再考虑另外一个例子：假设演化生物学确实以某种方式支持了"杰克不应当杀人"这个规定。这个"应当"的要求为什么能压倒一切可能出现的、与之对立的"应当"要求呢？假设杰克可以从杀人得到巨大的愉悦，而获得愉悦也是杰克选择的目的之一；于是就有一个对立的假言

171

命令:(为了感到愉悦)"杰克应当杀人。"有什么根据说前者压倒后者呢？有什么根据说,对杰克而言,前者具有而后者缺乏某种"要做到"的性质呢？也许有人会回应说,前一个命令的基础是杰克的生物机理,或前者不像后者那么偶然,或者甚至说(相当极端的说法!)前者是从杰克的人类身份的某些本质得出的。然而,前一个命令的各个特征(或其组合),都不足以使其拥有所需的胜过一切其他命令的性质。持相反观点的人还是可以说,最具压倒力量的命令来自一个人最衷心在意的目的(就杰克而言,那是他恶劣的欲望),而且这么说表面上的根据也一样有力。要是我们从古人类的遗迹中发现,造成道德感的选择压力,主要来自凝聚族群以便跟其他族群争斗的需要(这可能性不大,但姑且这么假设),显然,没什么人会因此断定我们现在要特别青睐和实现这一功能。[1]

在凯斯比尔眼里,他的主要论敌是约翰·麦基。麦基有一个著名的论点,即道德话语跟占星术或有关女巫的言论一样,对世界的描述是错误的。思考麦基的观点对我们很有益处,因为我之前对丹尼特和凯斯比尔的反驳,可以简单总结为:即便他们的论证是可靠的,麦基对于道德的论断依然可能是正确的,因此这就足以表明在他们手中道德还是"未得维护"。麦基的一个中心论证指出,道德属性要是存在的话,在形而上学上会是非常古怪的,"……它们会是非常奇怪的一种物体,或性质,或关系,完全不同于宇宙里的其他任何事物。"(1977: 38)为

1　在"生物学和伦理学"("Biology and Ethics")一文末尾,基彻尔试图从演化的角度维护道德,而以上也是我对他的主要反驳。后面的6.4节将有进一步的讨论。我这里的论证是关于互相冲突的命令(关于"应当"的主张),但要是换成互相冲突的价值,论证也一样有效力。还需要补充的是,我的论证并没有预设在正确的道德理论中,道德规范必须能够压倒一切其他的考量(我在本书对此不表示任何看法);我的论证可以依托于一个更模糊但也更少争议的老生常谈:道德规范必须**不能被轻易地**压倒推翻。

了说明它们会是多么古怪，麦基用了柏拉图对至善形式的解释作为例子。据说光是认识到某个东西有了这种形式（即是善的），就可以自动促发对这个东西的追求。在柏拉图看来，这种善本身就包含了某种磁力。凯斯比尔自己设定的目标，就是提出一种丝毫不"古怪"也丝毫不像"幽灵般"的道德属性，以此驳斥麦基。

但是，柏拉图的形式理论不是麦基唯一的例子。他还提到了萨缪尔·克拉克，后者在18世纪早期就论证了（用麦基的话说），存在着某种"情境和行为之间的必然的适当关系，因此一个情景本身就包含了对于某一行为的要求"（40）。需要注意的是，这里并没提到说人的动机是被道德善**促发的**（compelled）；只是说动机是被要求的。这表明，麦基所谓的"古怪"有另一种起源，而且有人论证说这更好地解释了他的目标（Garner 1990）。古怪的不是内在的动机影响作用，而是其内在的行为导向性。麦基在另一本书中也描述了这种古怪："……说［客观的规定］本身内在地引导行为，意思就是说这些规定给出的做什么或不做什么的理由，无关于行为者本人的欲望或目的"（1982：115）。这更好地刻画了麦基眼里的真正的古怪之处：无论某人的目的如何都能为其提供行为理由的性质。麦基认为，世界上没有东西具有这种性质，而这就导致了他的道德怀疑论。

至于这些提供理由的性质，是否真如麦基所说的那样是古怪的（是否也因此如他所说是不存在的），不是我现在关心的问题（我在第六章会探讨）。这里讨论他的观点是为了表明，一旦放下他那个误导人的 173 柏拉图式形式的例子，更多关注他关于**要求**和**理由**的说法，我们就可以看到他对于道德本质的见解一点也算不上出格。凯斯比尔写道，"麦基的意思是说，价值必须包含着它自身的动机结构，而这看起来是很奇怪的，因为'动机'并不是在世上四处漂浮，等待着被道德行为者感知到"

（41）。如果这确实是"麦基的意思"，那看起来是很奇怪，而凯斯比尔觉得无论他自己还是别人都没有义务认同这一点，他的想法也会是正确的。然而，这真是麦基的意思吗？假如我们把凯斯比尔引用的文字里的"动机"换成"要求"（"demand"）："麦基的意思是说，价值必须包含着其自身提出要求的结构，而这看起来是很奇怪的，因为'动机'并不是在世界里四处漂浮，等待着被道德行为者感知到。"我认为，这样一来"麦基的意思"立刻显得毫不奇怪了：日常道德话语似乎是坚信"在世上四处漂浮"的要求（如果这指的是那些其权威性不来自我们的要求；参见2.4、4.5、4.5节。）**确实**存在。如果这是古怪的，那这也是所有的道德自然主义者都要接纳的古怪，否则他们所提议的不古怪属性就跟**道德**没有什么相似之处了。但是，我们之前也看到了，这跟从演化生物学中得出的规范性相差太远。正如心脏的功能是泵血这一事实不意味着存在一种让心脏泵血的**要求**，出于同样的逻辑，赋予人类一定的功能也不意味着存在着任何实践要求。正如某杀手的功能是杀人这一事实不意味着他有任何理由那样做（至少没有对于他的慎思而言有一定分量的理由），出于同样的逻辑，赋予人类以一定的功能，也不意味着有任何实现该功能的实践理由。

在书末（第153—155页），凯斯比尔探讨了他的理论是否只给我们提供了"孱弱的规范性"。然而，在他对该批评的回应中，他把对方的观点理解成了坚持道德规范必须是绝对的和可以确定知道的——但这些都不是我所讨论的道德规范需要满足的条件。我们姑且同意道德规范可能不是绝对的，并且我们对其的认识是可能出错的。尽管如此，要是有一个价值系统，其规范：(i) 不产生要求和实践理由；(ii) 很容易被对立的考虑因素压倒；(iii) 没能遵循这些规范也算不上是违规或不应受惩罚的；(iv) 宣布某人遵守了这些规范也不算是赞扬，那么，这个系

174　统就太过于孱弱了,因此也就不大可能被当成是道德。

5.8　结　论

　　以上四种用演化假说来维护道德的尝试各有不同,但我们也见到了一些反复出现的主题,从中我们可以得出更具一般性的结论。坎贝尔和丹尼特试图从工具的角度维护道德,但就算他们成功了,道德在更重要的意义上还是"没有得到维护"。哪怕他们说的都是对的,道德依然可能只是某种有益的错误:在实践上有用处但全都是错的(这是无神论证对宗教话语常有的态度,似乎也是麦基对道德话语的态度)。由于假设了道德判断完全是非认知性的东西(我们在第二章已经看到了该假设的某些问题),有的人觉得工具性的证成是维护道德的合适方式。第二种错误(体现在理查兹和凯斯比尔身上)是错认了演化论里的"应该"的类型。这种错误之所以产生,是由于忽视了"一个规范框架要在我们的生活中起到我们要求道德所扮演的角色,就必须具有那些特点。"的问题。在本章的结尾,让我们对这两个问题再各做一点讨论。

　　首先,也许有人觉得,对于道德感的演化最合理的假说,事实上提高了纯粹非认知主义的可信度。例如,基彻尔(1998,2005)就论证道,如果道德的谱系学意味着道德判断的功能是协调人类的社会行为,而且如果这一功能的实现是通过"扩大我们的心理利他主义的倾向"(2005:178),那么非认知主义的前途看起来一片光明。他的论证似乎是,如果道德判断的功能是增强我们情感生活的某些方面,那么"道德判断的表明形式欺骗了我们,(因为)我们其实不是在说出简单的陈述句,而是在表达情感反应"(同上:175)。但这里的要旨在于,我们不能混淆了道德判断的演化功能和语言功能(基彻尔似乎混淆了二者)。假设道德判断的演化功能确实是产生或增强某些亲社会情感。我们必须要问:"它是怎么实现这些功能的?"一种答案或许就是:道德判断促使说话者(及其听众)把世界看成是包含有某些独立于权威的实践要求,而这样看待世界可以对他们的情感产生想要的效果。如果事情果真如此,那么当说话人说"你不能那样做",她就确实是在对世界做出**断言**,而不仅仅是在表达感情。也许她所断言的是错的,但这无损于其断言的地位。(这一点类似于我在4.4节就认知主义和非认知主义提出的观点;同样可以参见Joyce 2001a:14—15。)我们可以再类比一下有关先天宗教信念的假说。(为了简单起见)假设上帝存在的信念是先天的,而且只是由于该信念可以帮我们的祖先减轻焦虑(使其更加高兴)。但由此很难推论出,说出"上帝存在"这个句子不是纯粹的断言,或者说出这个句子就只是在表达说话人的高兴而已。 175

　　规范的演化伦理学家所犯的第二个错误,是误认了演化过程中的规范性类型。理查兹和凯斯比尔(以及我在别处批评过的其他作者[1])认识到需要的是认识的而非工具性的证成,但没有意识到道德价值和判断所充满的特殊的实践力量(为了达到我们要求的具体目的,它们必须具有这些力量)。由于缺乏这种意识,他们也错认了(据说是)我们用来获得和提高道德信念的认识手段。因为这些理论家们关注的规范性类型不对,他们对于我们如何发现道德真理所持的见解颇为古怪,这也没有什么出奇的了。在本章的最后,让我来提请读者注意一下演化的道德自然主义在认识论上的怪异之处。这并不是作为毁灭性的论证而提出的;但是,我认为这个简单的论证揭示了这种理论的一个明显违反直觉的后果。

1　参见Joyce 2000b,2001a,2001b,2003,2004。

　　如果道德判断是从有关演化的事实得到的认识证成,那么有关演化的,意料之外的新发现就可以(有些时候还应当)改变我们的道德看法。例如,假设按照迄今为止由考古证据得出的最好理论,我们认为人类演化过程中相关阶段的社会条件是这样或那样的,这让我们接受了有关人类进化的X理论。根据演化的道德自然主义,这应当让我们暂时支持某些具体或一般的道德主张,比如"在妊娠的后三个月堕胎,有时候是允许的","撤销第三世界的债务在道德上是可欲的但不是义务性的","应该把埃尔金大理石雕归还给希腊"。但是再设想一下,后来

176　出现了一些意料之外的古生物学证据和来自史前遗址的证据,对于我们祖先的社会组织,这些证据意味着一些非常不同的结论,于是我们修改了对于人类演化相关方面的观点,采纳了理论Y。根据演化的道德自然主义,这可以要求我们修改当代道德观点的部分乃至全部内容:我们过去以为撤销第三世界的债务是可欲的但不是义务性的,在原则上,今天我们可能会觉得那是不可欲的但也不是被禁止的,并相应改变我们的政策。如果一种理论允许当今世界复杂的道德争论可以(哪怕只是在原则上)通过挖掘非洲的土地得到解决,或者是主张由于我读了《自然》杂志上有关新发现的人科化石的文章,那因为违背了上周对我岳母许下的诺言而产生的负罪感就会瞬间烟消云散,那么这种理论当然是极难信以为真的。尽管我对考古学家非常尊重,我不认为我们评

177　估道德真理的时候应该求助于他们。

第六章

用演化拆穿道德

6.1 谱系揭穿真相

任何信念都有一定的来由，所以只有荒谬绝伦的理论才会指出，光凭对于信念起源的了解，就能自动地削弱对于该信念本应持有的信心。但是，显然在某些情况下，对于某个信念起源的知识是可以削弱原有信心的。让我们来做一个有点愚蠢的思想实验：设想世上有种信念药片，吃下去之后就会不可避免地产生某一个特定的信念（同时让人忘记曾吃过它，并且为了安全起见，也会让人全部忘记这种药片的存在）。假设有一个药片能让你相信拿破仑打赢了滑铁卢之战，另一个药片则能让你相信他输掉了滑铁卢之战。再假设有两种药片都有同一种解药。现在，想象一下，你一直以来都愉快地相信拿破仑输掉了滑铁卢之战（就跟事实一样），然后你发现了，曾经某刻有人偷偷给你下了"拿破仑输掉了滑铁卢之战"那个信念药片。现在的情况不是你了解到这种药片的存在却无法知道是否曾经吃过；我们设想的情况是，你不知怎么发现了你的信念确凿无疑是该药片的产物。这应该打破你对"拿破仑输掉了滑铁卢之战"的信心吗？当然应该。这一发现并没有证明你的信念是**错误的**（虽然这里虚构的情景不同于现实世界，但也可能有拿破仑,滑铁卢之战,以及他输掉该战役的事件）,但这一知识足以把你的信念放进可疑名单。关于一个信念的谱系学知识,只有在该信念蕴涵着相反的谱系历史时,才能证明该信念是错误的。例如"没有信念是先天的"这一信念,如果我们发现了它本身就是先天的,就可以证明它是错误的。但你肯定也注意到了,这样的例子非常罕见[1]。我们的大部分信念都不大可能蕴涵着其自身由来的真相,相应地,谱系学的发现也不大可能直接揭示我们的许多信念都为虚假。但是谱系学的发现仍然有可能揭示了我们有许多信念其实都**未得证成**,而这种可能性几乎同样令人不安。在我们设想的例子里,知道了你的信念是一个药片的产物,这就使得那个信念未得证成（按照有的认识论观点,这也使得那个信念从来就没有得到证成）,而这也就相应地要求你不应当再持有该信念（也就是说你应该服下解药）,除非你能找到具体的证据来支持或反对该信念[2]。

人们可以不无道理地反驳说,就其对人类心理的可能影响而言,自然选择的作用方式肯定跟这些神奇的信念药片完全不同。

首先,反驳者可以指出,人类的任何性状都不是"内置"的,也就是说,人类的任何性状都不是无视环境因素而形成的；同其他所有的表

　　1　但这个特例已经足以推翻那条常被称做"基因谬误"（"the genetic fallacy"）的原则：知道一个信念的起源从来不能证明该信念是错误的。

　　2　曾经有人向我指出,这个虚构的故事甚至连概念上成立的可能性都不存在。（人们可能会问）一个药片怎么可能产生**关于拿破仑**的信念呢？这个问题的答案取决于我们觉得是什么因素决定了信念内容。我承认这个故事确实有可能是不融贯的,但是我的建议是,有些时候,不可能成真的思想实验也能够有启发的价值。

型适应一样，一个先天信念需要环境的影响才能显现出来。但是，这一事实并没有损害先天信念这个概念本身。需要环境条件的信念并不因此就等同于学到的信念，也不因此就成了由某种对证据敏感的方式产生的信念。做个简单的类比，设想有某人因催眠术而产生了一个信念。催眠的过程常常包括有条件的指令，比如"当你听到'banana'这个词时，你就会相信你是一只鸡。"（真正的催眠可能不是这样进行的，但没有关系，这个歪曲的好莱坞式催眠足以表达要点。）在这个例子里，环境必须要提供一定的诱因，但这个诱因对于此人而言并未构成她是只鸡的**证据**，而且她也没有从"banana"这话里**学到**任何跟鸡有关的事情。

其次，需要注意，本书没有任何地方宣称道德信念是先天的。即便有时候我们可以合理地猜想自然选择对于信念的内容（也许是有关互惠的道德判断）有直接的兴趣，但是因为道德信念往往涉及的是特定的事情。（例如，我相信因为玛丽在机场接了我，我应该回报她），要是还坚称它们是先天的就完全不合理（因为对于玛丽和机场，自然选择知道些什么呢？）我在前文论证的假说没有否认，文化学习对于决定一个人最终做出的道德判断的内容起到了关键作用；我的主张只是说，存在着一个专门的先天机制（或者一系列的机制），其功能就是使这种习得成为可能。我的假说是，这种机制天生就准备好了用道德的规范词汇来把世界分类；即便道德信念不是先天的，道德**概念**仍可能是先天的。

然而，其实以上观察对于前文的怀疑结论没有什么影响；我们可以改变类比例子的细节来与其保持一致。假设这些想象中的药片不产生具体的命题信念，而让你倾向于形成包含某一特定概念的信念（在正常情况下，这个概念不会出现在你的信念中）。因此，这个药片没有让你相信拿破仑输掉了滑铁卢之战，它只不过是个让你形成以拿破仑为对象的各种信念的"拿破仑药片"。没有这个药片，你本不会形成任何关

180

于拿破仑的信念。我们无须太担心还有什么因素决定这些拿破仑信念的具体内容；也许这些信念是随机决定的，也许是某些环境诱因产生了这样那样的拿破仑信念。假设你又发现你确凿无疑曾在多年前被人偷偷下了这种药。这一发现动摇了你所有有关拿破仑的信念了吗？当然是的。信念中的一个概念被动摇了，这个信念本身也就被动摇了。同样，这没有证明信念是错的，但在你找到能证实或证伪你的拿破仑信念的可靠证据之前，你应该服下解药。随着解药生效，你失去了全部有关拿破仑的肯定信念，于是你就可以用你未经污染的头脑去探索世界，去发现你之前的信念有没有确实为真的[1]。

这个虚构的情景是为了方便我们理解关于演化出的道德感的一个类似的认识论结论。把虚构里的拿破仑信念替换成道德信念，把信念药片替换成自然选择。这个论证指出，如果不是因为祖先的社会生活影响了我们生物机理，我们就不会有诸如**义务**、**德性**、**财产**、**应得**和**公平**这些概念。如果类比是合理的，那么一旦认识到了道德的谱系，我们就（在认识上）应该做类似于服用解药一样的事情：培养与这些概念的有关的所有正面信念的不可知论，直到我们找到了支持或反对这些信念的牢靠证据。要注意这个结论有多极端。这不仅仅是让我们对堕胎的
181 错误或取消第三世界债务的正确保持开放的态度；这是让我们对无论**任何事情**在道德上是对是错都保持开放的态度，是让我们承认，用道德词汇来描述世界，跟严肃对待占星或相信先人的灵魂仍在世上游荡，可能都是大同小异的（约翰·麦基论证说事实确实如此）。

但是，这个类比**确实**是恰当的吗？也许有人会反驳说，信念药片的

---

1 这里说你失去了全部有关拿破仑的肯定信念，意味着你依然可以形成诸如"我曾经相信拿破仑在滑铁卢打了败仗"和"我好奇拿破仑这家伙是否真的存在过"这类信念——不蕴涵也不预设拿破仑真实存在的信念。

故事是刻意设定好的，故事里通过吃药形成信念的过程，和该信念为真所必须的事态在世界上是否存在，两者完全没有关系。但也许道德的演化谱系并非如此；也许自然选择的过程很可能产生真信念。本章的大部分内容都旨在证明这个反驳是不成功的。对于道德感的而言，我们没有理由认为自然选择所产生的信念很可能是真的。所以这个类比，以及相应的令人不安的怀疑主义结论，都是成立的[1]。

　　首先，有一件重要的事情值得注意：在这个问题上，我们对道德的演化假说可能是不同寻常的。对比一下另一种演化假说似乎也能合理解释的心理学现象。有一些证据表明，自然选择赋予人类了一个内在的简单算术能力。（参见Butterworth 1999）为了简明起见，我们可以解释说，这就意味着我们对1+1=2的信念是先天的。说1+1=2是永恒和必然的真理，大概肯定不会有什么问题，因此自然选择把这个信念内置于我们的大脑里也毫无风险（环境因素不会突然发生变化，导致$1+1=3^2$）。那么，我们对于简单的数学信念有了谱系上的解释，这证明了我们拥有这个信念是未得证成的吗？当然不是，因为要是不诉诸该信念之为真，我们就无法理解自然是怎么选择这个信念的，也无法理解这个信念是

　　1　做两点多少有学些究气的澄清：首先，认为对相关谱系学的知识**使得**我们的信念不被证成（即我们的信念在此之前还是证成的），和认为这种知识揭示了我们的信念从来都没有得到证成，这两者是不同的。更青睐哪个观点取决于个人接受的认识论理论。可靠主义者（本章后面将会谈到）青睐后者。因为我保持中立，所以我的结论在此是模糊的，但我倾向于用前者的方式表达观点。其次，说一个人持有某个信念是得到证成的，和说一个信念在更一般的意义上得到了证成（或者更好地说，作为该信念对象的那个命题是证成的），这两者也是不一样的。这种区别在有些场合是比较重要的，但在此我觉得并不重要。声明一下，我通篇指的都是前者，但我觉得完全可以改写成"X的信念p没有证成"；而如果**所有**人都同X一样，我们似乎就有理由说"信念p没有证成。"

　　2　有的哲学家怀疑数学命题是否为真，而且数学命题何以为真（即是何种事实使其为真），也是个值得思考的哲学难题。但是我现在讨论的这场辩论预设了，如果用来论证道德信念是错误或未证成的逻辑，同样可以用来论证相信1+1=2也是错误的或未证成的，那么这种论证就等于是把自身引入荒谬之地。

如何提高繁殖适应度的。错误的数学信念不会有用。设想一下，你被三只狮子追逐，然后看到有两只放弃了，于是你得出结论说现在慢下来是安全的。"1+1=2"本身为真，在任何解释相应信念何以成为先天信念的合理假说中，都是基本的前提。以下是另一个对比，这次涉及的不是先天信念而是先天概念：假设对于人类而言，**儿童**的概念是先天的。要是这个假定能得到充分证据，就会让我们关于儿童的所有信念未得证成吗？答案依然是否定的，因为相关的谱系解释肯定会涉及儿童的存在。只有在儿童存在的环境里，发展出一套预备形成有关儿童的信念的机制才是有用的；另外，将预备机制转换成关于儿童的现实信念，这

182 个过程所必须的环境"诱因"大概也得包括跟儿童的实际接触。

　　现在，让我们把这种思路运用到道德信念上。如果不诉诸对和错的存在，我们还有可能解释为什么形成有关对错的信念对我们的祖先是有用的吗？我认为，答案是一声响亮的"极有可能"。本书的前几章对于为什么形成道德对错的信念对我们的祖先有系统性的益处，提出了一套复杂的阐释。但那套阐释完全没有预设在祖先环境里存在着真实的道德对错。不论我们是否假设**对**和**错**的概念成功地指称了世界里的属性，也不论我们是否认为这些概念指称失败因而同**女巫**、**幽灵**这两个概念的地位相同，我们的道德判断演化假说都不会受到影响。数学的情况就不一样了。如果有人**蠢**到开始怀疑1+1=2的真实性，那么对他而言，对于相信1+1=2何以能提高人类祖先的繁殖适应度的演化解释，就不再显得合理了。

　　这也同样适用于进行科学研究的能力，后者在某种意义上也是生物自然选择的产物，而且我们也运用这种能力来构想和检验我们的演化假说。这就避开了彼得·雷尔顿（Peter Railton 2000）对于用演化理论是否可能破坏伦理学提出的顾虑。雷尔顿宣称，任何从"人类道德是

演化的产物"这一经验前提,得出结论"道德在某种意义上被拆穿了"的论证,都"把自己也砸入了之前敲进道德的那块地"(2000：57),因为我们用以建立前提的能力本身就是演化的产物。但是我想提醒注意的是,(就像在算术的例子里)如果进行"科学研究"有关的人类先天能力之所以被自然选择,跟它能够产生某些至少同真理有正面关联的判断毫无关系,那我们就无法理解这种能力为什么会被选择。因此,"从演化的角度拆穿道德"并不会以同样的方式拆穿自身。菲利普·基彻尔也表达过类似的观点:

　　……社会训练……对于科学判断(比如技术人员判断有一个电子穿过了云室,生物学家看到有的细菌吸纳了额外的DNA)很重要。难道我们不能说因为有了这种训练,所以无论电子或转基因的细菌在场与否,技术人员和生物学家都会做出他们事实上做出的判断吗? 他们在这些情况下做出了这些判断,是因为他们经过了训练,会对特定的视觉刺激做出特定的反应。但是,就科学而言,即便非社会性的事实也对**直接的**判断没有作用,这些事实依然跟一个更深层的解释性问题有关。为什么相关的观察者要接受这些类型的训练? 要回答这个问题,我们必须回头看到这一社会实践的历史,而这历史的一部分内容就是某些程序因其能够可靠地察觉到世界上的事实而被采纳。但是如果我们对于道德实践(我们在其中被社会化)的历史提出类似的问题,我设想的谱系学就没法给出类似的宽慰。在最开始的阶段,道德的原型,作为简单原始的规则体系,是为了超越早期人类艰难的社会联系而引入的:这跟认知道德真理没有关系。在接下来的阶段中,也没有必要假设道德真理在限定被采纳的规范系统时起到了任何作用。成功的标准

183

> 并不是准确地反映了世界，而是以能促进该规范系统本身传承的
> 方式提高社会凝聚力。(2005：176)

观察到道德的演化谱系不同于其他情况(比如算术上和科学上的信
念)，即前者无须假设信念为真，这是很重要的。但这还不**足以**证明，对
于前者，我们有了一套拆穿性的谱系学，因为以下可能性依然存在：谱
系学里提到的东西和道德信念所反映的道德属性，是等同的或有依附
关系的，而且正因如此，谱系学最终还是使得道德信念为真。(我在术语
上假定，两个东西有同一或依附关系不等于它们之间有预设关系)。在
下文中，我将展开解释这一点，并围绕吉尔伯特·哈曼(Gilbert Harman)
的著名论证来组织讨论。本章有相当的部分是用于回应这种还原主义
理论的可能性，说明我为什么觉得它站不住脚。

6.2　哈曼的挑战

哈曼(1977,1986)详细地讨论了以下想法：因为我们不需诉诸道
德判断为真(即不借助这些判断所反映的道德事实)就能够彻底解释道
德判断，所以从认识论的角度看，道德判断就被削弱了。哈曼关注的不
只是我们是否可以不诉诸道德判断之为真来解释道德判断，更是我们
是否需要预设道德事实来解释世上的**任何一件东西**。很多人说哈曼的
答案是否定性的(即他断定不存在道德事实)，但其实他的立场要更微
妙一些。哈曼的结论其实是条件性的：**如果**没有对于道德事实和自然
184　主义事实之间联系的还原解释，那么道德言论就不能得到检验，道德理
论就不能被证实或证伪，而我们也没有道德事实存在的证据。但哈曼
从来没有断定这个结论的前提条件成立。他没有论证说从道德到非道

德的还原不存在，他只是说这种还原不容易得到。事实上，他自己就提出了一个在他看来是合理的还原解释，也就是说，他认为道德事实是有可能存在的，（想必）还认为我们的道德判断可能是证成的。其实他还明确指出"（相对性的）道德事实的存在是有经验证据的"（1977：132）。因此，哈曼不是个道德虚无主义者。他关心的主要是指出"这里有个真正的问题"（1986：67），指出"如果道德言论不能被还原成自然主义的言论，那么如何检验道德言论就是个真正的问题"（1986：59），并挑战那些表述观点过于粗率的自然主义者。

让我们采用哈曼自己的例子入手。他让我们设想"你看到几个孩子给一只猫身上浇汽油，然后将其点燃"（1977：4）[1]。过了三页，他写道：

> ……你未经有意识的思考就立即做出了道德判断，比如这些孩子点火烧猫是错误的……为了解释你所做的（这个判断），大概可以合理地假设那些孩子确实把汽油浇到了猫身上，你也看到他们那样做的过程。但是（没有）明显的理由要假设所谓的"道德事实"，要假设放火烧猫确实是错的……其实，对于你何以做出这种判断的解释，似乎跟有关道德事实的假定完全无关。我们似乎只需要假设你有一些还比较具体的道德原则，你出于道德敏感而做出的判断反映了这些原则。对于我们的解释来说，你当下的直觉判断是真是假似乎根本不相干。(7)

哈曼没怎么展开说明"道德敏感"如何足以解释人们在某些情况

1　在他1986年的论文里，哈曼把例子降格为一个人用棍子打猫。

下会做出道德判断。哈曼的论证没有必要涉及生物自然选择；它只需要我们对于道德判断可以给出一种完整的解释，并且该解释同道德判断的真假无关。演化的解释只是这类假说的一种形式，或者只是这类假说的一个可能的元素。有的人可以相信道德完全是文化的产物，因此只用文化的社会化来解释所有的道德信念，而这一解释并不预设这种社会化是**学会**道德真理的过程。（马克思主义式的和弗洛伊德式的进路也许属于这种观点。）换言之，假如本书关于道德演化的说法都是错的，哈曼的论证依然站得住脚。

哈曼的论证所引发的辩论，有些集中于探讨道德经验是否确实类似于感觉经验：我们确实就是"看到"了行为的错误吗？但是，对于我们来说这就跑题了，可以不必理会；即使道德判断是由想象促发的，哈曼的主要观点依旧成立。（我们很少有人亲眼见过猫被烧死或者甚至被棍子打，但是我们都能够判断这种情景在道德上令人厌恶的。）比这一点重要得多的是，哈曼最终的立场并不是认为道德判断对于解释我们的道德判断没有作用（虽然他在以上引文的有些地方语气不像）。他并没有说它们**是**多余的，只是说如果我们在自然主义的解释里找不到容纳它们的位置，那它们恐怕就是多余的。他的论辩是一种挑战，而不是表达胜利。人们通常认为，哈曼的挑战代表了自然主义面临的问题，但实际上要是自然主义者能合理地阐述她的理论，挑战也就烟消云散了（需要记住，哈曼自己也青睐这一结果）。

我对哈曼的想法理解如下。设想一下，简判断说某个烧猫的行为是错误的。假设我们可以运用物理学和化学，既彻底又准确地解释简做的判断，而在这套解释中，"猫"、"烧"和"错误"甚至都没有出现。这证明了烧猫在对于解释简的判断没有作用了吗？没有，因为燃烧的猫可以被**还原为**物理学和化学现象，我们由此也可以知道，在我们对简的判断的因果解释中,燃烧的猫是(不妨这么说)暗中存在的。但是,至于**错误**这种性质怎样被纳入这个自然主义的世界,我们能给出类似的说明吗？哈曼想指出的是,如果我们能对为什么在简**看来**该行为是错的给出一套自然主义的解释,但又不知道错误这种性质本身如何能够容纳于(还原为)这个解释,那么,这套解释就完全不需要预设错误这种性质是现实存在的,所以我们就没有理由相信错误的现实存在是烧猫事件的成分之一。显然,这一推理完全是可以一般化的。每当我们判断某件事在道德上是错误的,对于该判断都要有一个完整的解释,该解释既不预设道德事实,也不是道德事实的还原基础。既然我们无须借助道德事实就解释了道德判断,而且也没有什么需要假定道德事实才　186
能解释的东西,(我们之所以想要对一种现象做出道德解释,最终不都是因为我们做出了道德判断吗？)我们就没有理由相信有任何东西在道德上是错误的(这一点也适用于其他道德性质)。

　　至于究竟怎样算是适当的"还原",哈曼讲得比较含糊。他说还原"不需要包含严格的定义",他还用桌子和一组原子之间的关系作为例子(1985：33)。这同上文说的把燃烧的猫"还原成"物理和化学现象的意思是一致的,即便在包含"猫"和"烧"的命题和用物理学和化学词汇表达的命题之间,不存在可以相互推论的语义关系。然而,至少我们自认为可以理解燃烧的猫是如何融入物理学和化学描述的世界(我们可以解释一只燃烧的猫是怎样的物理学和化学物体)。这种**还原**的观念是非常宽泛的,甚至可以包容许多一般归于非还原主义的立场。在这场争论中,哈曼著名的论敌尼古拉斯·斯特金(Nicholas Sturgeon)使用的**还原**观念则狭隘得多,他认为"是否可以用非道德的词汇来给道德解释进行还原定义"(1985：59；同时参见 Sturgeon 1986)。(在我看来,遗憾的是哈曼和斯特金的争论中有太多篇幅都是源于这种概念差别。)

接下来我将遵从哈曼的宽泛用法,因为这一用法能让哈曼的论证更有道理。归根结底,重要的问题在于:虽然道德判断的谱系学是用非道德的语言表达的,但它是否在某种意义上还暗中"包含"了道德事实的存在。没有理由要求道德事实可以用自然科学的语言来描述;纯粹的本体论上的关系就足够了。就连那些常被视作"非还原主义的道德自然主义者"的人都会同意,道德属性的每个具体实例同时也是一组自然主义属性的具体实例。这看起来就足以使他们在宽泛意义上成为哈曼一样的还原主义者[1]。

图6.1描绘了关于如何解释道德判断的现象的两个对立的假说。需要记住,假说A应该是在经验上得到证实了。忽视这一点可能会让人觉得这个论证同标准的哲学怀疑主义挑战大同小异,一点也不有趣。例如,也许你相信现在你正坐着读书,但烦人的怀疑主义者会提出另外一个假说("假说A"),该假说同你能得到的证据完全一致,但又宣称你其实并不是在读书。也许像笛卡尔想象的那样,你是被一个全能的魔鬼蒙骗了(他以此打发时间),或者你只是一个大脑,漂浮在装着营养液的缸里,神经受到的外来刺激让你觉得你是在坐着读书。要证明你能够**意识到**这些假说是错误的,是出了名的困难,因为根据假设,在正常的假说和这些怪异的假说里,你的感觉经验证据是一样的。但我们现在讨论的观点不能这么轻易得出。现在的问题,不仅仅是我们可以

187

1　在讨论世界上的**心灵**属性时,克伦·本内特(forthcoming)区分了广义的物理属性和狭义的物理属性。这一区分很有益处。狭义的物理属性是自然科学的法则和概括中用到的属性(比如:**是个电子**),而广义的物理属性则是由狭义物理属性以一种可以清晰阐明的方式组成的属性(比如:**我走向厨房的第四步**)。非还原主义者否认道德属性(或心灵属性,在Bennett的事例中)等同于某种狭义的自然属性,但不否认其为广义的自然属性。在我看来,这两种等同关系都可以击退哈曼的挑战,所以在现在这个场合(但当然不是在所有的场合),我们似乎可以对两者一视同仁,都归入"本体论的还原"。

编造的一套融贯假说,该假说指出我们的许多日常信念都是错的;而是我们可以有经验证据来支持这个假说,该假说可以解释为什么我们有那些信念,但不需要预设那些信念是真的。这个论证不依靠认识上的证成的一些极端标准;这里的怀疑主义者不是让人们设想一些通常会反遭嘲笑的那种缸中之脑式的可能性。如果道德证成的日常标准能够采纳有关人类演化的证据,而且,要是这些证据最后证明了道德信念是未得证成的,那也是按照日常的标准未得证成。

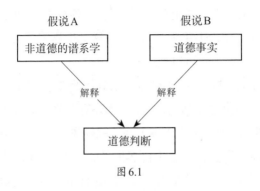

图6.1

在图6.1的基础上,也许有人会觉得奥卡姆剃刀(Ockam's Razor)应该可以迅速地把假说B从图示中剔除出去,因为对道德判断我们已经有了完整的解释,在本体论上就不再需要预设道德事实这种额外的东西。迈克尔·鲁斯宣称"客观的道德基础是赘余的"(1986:254;同时参见Ruse and Wilson 1986:186—187),以此得出结论说道德演化的基础削弱了道德,他似乎就是这么论证的。但图6.2表明了这一想法太过草率。那条弯弯曲曲的线代表还原关系(在宽泛的、本体论的意义上)。188 如果道德事实可以还原为谱系学解释中涉及的非道德事实,那么前者就不能够出于简省的考虑而消除,就好像不能因为我们能用物理学解释猫,于是就可以把猫从本体论中消除。在某种意义上,猫是位于物理

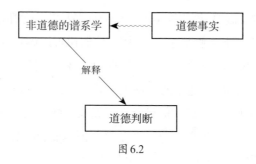

图 6.2

学和化学之上的一个本体论范畴,但在另一种意义上,预设这个范畴并不会令世界在本体论上更为繁富,因为这个生物范畴可以容纳于更基础的范畴。这正是说它可以被还原的原因。

哈曼正确地坚持认为,不辅以一个具体的理论,光是承认道德自然主义就有可能解决这些问题,并用多少还算精确的方式解释道德如何容纳于自然世界,那基本上于事无补。就好像也许有人会说,要是能证明幽灵的性质可以妥帖地融于自然主义的世界观,那么有关幽灵的说法也可以得到支持。确实如此。然而,这种情况本身丝毫不能提供相信幽灵的理由。除非见识到了某个还原解释,并且以其为合理,否则全局的自然主义者不会愿意承认幽灵的存在。前面我在诠释哈曼的意图时,说他指责那些"表述观点太过粗率"的道德自然主义,意思正是如此。光是保证存在着这样的自然主义理论还是不够的,除非我们确实有理由相信可以得到这样的理论。另外,光是给出一个自然主义的还原也是不够的,因为这轻而易举。查尔斯·斯蒂文森(Charles Stevenson 1937: 14)曾经说过:"一个东西是道德的,当且仅当它颜色粉红,还有黄边。"(他这是在提出一个哲学问题,而不是提出一个真的可能的理论!)

189 论证的责任在道德自然主义者这一方,他们需要提出一套理论(或者至少给出让我们相信可以证明这个理论的有力理由),除此之外,哈曼补充道，"我们还要能信服这套解释"（1986：63）。在这个任务完成之前，一个得到证实的、非道德的谱系学似乎让我们没有理由相信我们的任何道德信念是真的。

这样的还原解释可能是真的吗？道德自然主义的前景如何？我们在第五章看到了，摩尔那个想要毕其功于一役的反对论证失败了。也许我们力所能及的只是逐一考察各个道德还原主义理论，就像我们在第五章考察规范演化伦理学的不同版本一样。这样的任务超出了本书的范围。事实上，我认为（无论是还原还是非还原形式的）道德自然主义都面临着一些普遍的问题，但在此我只会讨论其中之一：这些自然主义都无法体现道德言论富含的那种不可避免的实践权威性。下面的两节将主要讨论这一实质性的问题，同时我也将讨论哈曼本人偏爱的那种道德的自然主义还原。

6.3　道德自然主义的前景[1]

相对于第五章的任务，我现在面临的任务在某种意义上更为局限，但在另一种意义上也更为宽泛。在那一章，我讨论了一个一般性主张，即演化理论可以在某种意义上维护道德；现在我讨论的将是一种具体的维护方式：确立道德自然主义。另一方面，我在第五章也讨论了"演化的道德自然主义"这种具体的立场，这种立场认为道德事实可以还原成本质是演化的和历史性的事实。现在我也将考虑更一般意义上的道德自然主义，它只需要道德事实能够还原成道德信念的谱系学包含（或许是偶然包含）的东西。要是这种自然主义是可行的，那么，虽然在表

1　本节和下一节的内容使用了 Joyce 2001a 中 2—5 章的材料。

面上我们不须提及或预设道德事实就能解释人类的道德判断,但这其实就没有拆穿的效力。我在此将概述在我看来道德自然主义者所面临的最大挑战,我认为也是无法克服的挑战。

为什么斯蒂文森的玩笑式道德自然主义("一个东西是道德的,当且仅当它颜色粉红,还有黄边。")是不可接受的呢? 这显然是因为在我们看来,道德上的善应该是什么样子,有一些必要的条件,而这些条件斯蒂文森的玩笑提议满足的极少(也许完全没有)。这些条件的总体给任何道德自然主义都加上了限制因素。我们可以否决任何极不符合这些条件规矩的自然主义说法;无论这种理论找到的是什么属性,那都不是**道德上的善**。这不等于说一定要有"完美的匹配"。如果我们认识到了(比如)十五项要求,而找到一个满足其中十二项的自然主义理论,同时又没有其他更吻合的自然主义理论,那么可能这就足以让我们信服了。(参见 Lewis 1970, 1989; Smith 1994,第二章; Joyce 2001a,第一章)但是光看数量,或者认为可以有某种决定怎样才算**足够**的普遍的"黄金比例",都是不对的。也许对于有些概念而言,我们认为某一规矩是关键核心,理论只要不满足这一条标准就可以将其否决。也许对于有的概念而言,我们愿意采取更为宽松的标准。

在第五章的末尾,我确定了一项这样的要求,它对任何演化自然主义来说应该都很棘手。这个规矩跟我们怎样找到(或者更确切地说,我们不是怎样找到)道德真理有关。演化的道德自然主义意味着,我们认识演化真理的方式可以构成认识一般的道德真理的方式。但是,我论证道,这是个疯狂的结论。我们不是(也不能)通过考古发掘,揭示人类演化的事实,进而发现埃尔金大理石是否应该归还给希腊。然而,如果我们考虑另一种形式的道德自然主义(比如功利主义),那么主张我们可以通过揭示有关如何提高总的净幸福量的事实来发现道德真理,就显得没有那么愚蠢。我认为任何坚持这个主张的人都错了（原因将于稍后揭晓），但错的不算很离谱，因此也算不上是反证了功利主义的谬误。因此，第五章末尾的论证对某种道德自然主义的破坏有限。那么，我们可以做得更好，确定一项**任何**道德自然主义都难以满足的要求吗？我相信可以。我在5.7节对凯斯比尔的演化道德自然主义所提出的批评可以进一步推广，给所有的道德自然主义制造麻烦。

　　很难看出自然主义的事实如何能够提供**不可避免的权威**，而后者显然是我们希望和要求道德价值所具备的性质。在第二章，我讨论了"道德不可避免性"和"道德权威"这两个术语，还把它们的结合取称为"实践影响力"。让我来再试着解释一下为什么满足这两个条件是必须的。首先是不可避免性。我在2.4节（以及5.7节）详细地论证了，人们不能求助于特别的欲望（"我就是喜欢杀害无辜！"）来避开道德禁令（"不要杀害无辜！"），也不能通过宣称对道德价值没有兴趣来摆脱道德上的考量。我们认为，不论人们的欲望和兴趣如何，道德价值和命令通常都是对人们具有约束力的实际考虑因素（虽然也许是可以推翻的）。关于这一点，我认同麦基的说法：一个人做出道德判断，是想说一些"不只是纯粹描述性的东西，更显然不是对人毫无影响的东西，而是包含着对于行为或不作为的要求。这种要求是绝对的，不依赖于他自己或任何其他人的欲望、偏好、策略或选择。"（1977: 33）普通人大概不会说得这么简洁和准确；我确信普通人对于道德的观点还是比较不成形的。但是我们不应该把不成形和**可以商榷**（negotiability）混为一谈：对于道德的不可避免性，普通人的看法可以是坚定不移的，虽然他们不能阐明不可避免性究竟是什么。当像麦基这样的哲学家站出来，尝试着精确表达和阐释这种日常概念，以便评估其合理性，但我们不能因为他是从未成形的原料中打造出明确的理论，不能因为他们用的可能都

191

是普通人不熟悉的词汇，就得出结论说他们只不过是把自己哲学或文化上的偏见强加于普通人。当然，他**有可能**是这样做的，但要确定是否果真如此，还要看他的阐释是否成功地抓住了人们（他想要描述的正是这些人的概念）的日常道德实践。在我看来，麦基的论据很充分。道德规定的使用很明显是绝对的：我们会毫不犹豫地把它们应用的某些人身上，即便我们知道遵守道德不利于满足他们那些离经叛道的欲望。假设当连环杀手杰克·特拉威克宣称"知道我会面临死刑……我还是会再犯一遍。"时，他是非常真诚的。承认这一点丝毫不会让我们想撤回道德指责。我之前（在4.5节）也提到了，把某些违规行为视作独立于任何权威的倾向，和把这种违规同谨慎务实（prudence）的规范区分开来的倾向，都是跨越文化的，而且在很小的孩子身上就已经体现。

许多道德哲学家认为，道德规定不仅是不可避免的，还经常（或者总是）充满了某种**权威**。不妨同礼仪做个比较。虽然礼仪的规则也是
192　不可避免的（不在乎礼仪的人也会违反礼仪的要求），我们一般都不认为礼仪制度对人有真正的约束力。一个人出于正当的理由而举止粗鲁（比如为了避免朋友吃下黄蜂，嘴里塞满东西的时候还张口说话），仍是违反了礼仪，但他做的是正确的，而且事实上他没有理由不这样做。只有当遵循礼仪符合人们的利益时（我们多数人在大多数时候确实如此），才有真正的理由去遵循。人们一般认为道德需要更强有力和更具权威的东西。菲利帕·福特曾经说过，许多道德哲学家追随康德主义的传统想法，认为道德规定"必然给任何人都提供了行为的理由"（1972：309）。一条规定可能在某人没有任何理由遵循的情况下，不可避免地**适用**于某人；但如果这条规定同时也（可以说是"自动地"）提供了遵循的理由，那我们就说它对被规定的人而言具有权威。

上文着重强调了道德的实践影响力，在此基础上，我们可以把道德

自然主义者归入两个阵营：(i)那些试图证明自然主义的框架可以容纳这种实践影响力的道德自然主义者，(ii)那些根本否定道德有这种要求的道德自然主义者。在后一阵营里，有的论者假定所谓不可避免的道德权威只不过是哲学家的幻想（他们特别反对道德的权威性），而其他人则同意人们通常的确觉得这一影响力对于道德很重要（是成为道德所需的必要条件）——甚至或许还接受"这个假设是道德词汇基本的、约定俗成的含义的一部分"[1]——但与此同时，他们又认为符合了其他足够多的围绕着道德的陈规，就差不多可以算是合格的自然化。我将在本节接下来的部分讨论(i)；6.4节将回头讨论(ii)。这两种自然主义立场的根基在我看来都不牢靠，而这就有力地支持了哈曼的挑战，最终也支持了"我们的道德判断是未得证成的"的观点。

　　一个道德自然主义者要想解释不可避免的实践权威性，就必须在自然世界里面为这种权威性找到合适的位置。让我们假设，这就等于要找到行为的某种**理由**。日常话语赋予了道德某种比礼仪更大的权威性（该道德自然主义者是这么认为的，而我也倾向于赞同），不只是因为人们觉得道德比礼仪更为重要；而是因为道德对人的"约束"应该要更直接有力。引入**理由**的概念，可以看成是哲学家在尝试把日常言论和实践里面模糊却重要的东西塑造成一个准确的观念；但这也把问题复杂化了，因为围绕着什么是理由有许多混淆和争论。人们甚至都可以说起"礼仪的理由"，依照这种说法，礼仪的规则**确实**给出了理由；但这种理由纯粹只是制度建构的产物而已（其意思无非是：只要礼仪规则规定了X做φ是证成的，礼仪制度就允许我们说"X有理由做φ"）。对于那些被赋予理由的人，允许这样的说法并不能构成真正的实践考虑

193

---

[1]　这里引用的约翰·麦基（John Mackie 1977: 35）对于"客观规定性"之地位的看法。

因素。道德自然主义者想把实践权威性安置于世界之中，只找到某种包含以下规则的人类制度是不能令他满足的：在某些情况下，可以宣称"X真的应当做φ"，"X有理由去做φ"，"无论她兴趣如何，X都有理由做φ"，甚至"有个独立于心灵的事实，要求X做φ"。他不会满足于只是找到一个制度性的规范框架，该框架包含着什么行为是证成的规则的，因而也能产生"证成理由"。（关于证成理由和动机理由的区分，参见Smith 1994：94ff）。就像寻找塔斯马尼亚虎[1]的人不会满足于找到一群相信塔斯马尼亚虎还存在的人，这种道德自然主义者想找到的是真正的不可避免的实践权威，而不是一个允许言语之间仿佛这种权威确实存在的人类制度。

许多道德自然主义者在道德和理由之间引入了一定的中介。比如功利主义的一种策略，就是先说道德上的善等同于幸福，然后再试图证明我们有理由追求普遍的幸福。一种更简单的策略则宣称，道德要求**本来就是**我们有真正理由去遵循的事情（假设对于怎样算真正的实践考虑因素的观点本身也可以自然化）。后一种进路是哈曼表示赞许的道德自然主义版本，他称之为"实践理性理论"[2]：

> 这种观点认为，一个行为是错的就意味着行为者有充分的理由不那样做。这就等于是说，如果行为者进行了正确的推理，那他

1　即袋狼（学名：Thylacinus cynocephalus），一种食肉的有袋类动物，学界普遍认为袋狼已于20世纪灭绝。——译注

2　哈曼（1986：65）也对"公平的观察者"（"impartial spectator"）理论颇具好感。我不知道这种理论有什么希望能确保实践权威性，而在这个问题上，它比实践理性理论前景更为渺茫。一个公平的观察者的看法，比起醉酒的观察者或狂热爱国的观察者，为什么就更重要呢？虽然有许多人尝试回答这个问题，但我觉得可以不失偏颇的说，只有原本就同情这种立场的人才能够信服那些解答。在诸多尝试中，有一些属于我在后文将要批评的"自我观念策略"。

最终就会决定不那样做。

　　依照这种观点，对于简那有关阿尔伯特（他杀害了那只猫）的（道德）信念，我们可以用阿尔伯特行为的实际错误来进行部分的解释。阿尔伯特的行为是错的，因为他有充分的理由不那样做。如果阿尔伯特进行了正确的推理，他最终就会决定不那样做。如果简了解了相关的推理，而且这就是她为什么相信阿尔伯特的行为是错的，那么她的信念就从阿尔伯特行为的错误中得到了部分的解释。

在哈曼（以及许多同意他的人）看来，一个人"有充分理由"做什么，跟假如他"进行了正确的推理"就会想做什么是密切相关的。对此，一个自然的问题就是："这为什么就有了实践权威呢？"假设阿尔伯特的某一个可以选择的行为，具有**假如阿尔伯特进行了正确地推理就会想去做**的属性，为什么对于阿尔伯特而言，这个属性就代表了真正的慎思因素呢？我认为答案就在于他不能合理地怀疑这种属性对他而言是不是实践考虑因素，因为这种真诚提出质疑的行为本身就表示已经部分采纳了正确推理的标准。而这只不过是怀疑和提问这些行为所具有的一般特质。提出"为什么要X？"的问题，这一行为本身就预设了提问人是在寻求答案，也可能会接受某些答案；预设了提问人同意被提问的一方也许在认识上处于比自己更为优越的地位。但是承认自己的认识可能不足，也同意进步值得向往，**就是**认同那些你要是正确推理就能得到的意见确实带有慎思的力量。因此，"我承认如果我推理正确就会想要φ，但这跟我有什么关系呢？"这种怀疑是说不通的。

　　小结一下：我们现在考虑的问题是道德是否能还原成自然事物。如果不能的话，图6.2就不可接受，而图6.1似乎就是正确的，于是奥卡姆的剃刀就使得我们没有理由相信道德事实的存在。为了评估任何有可能成立的还原理论，我们都要检查它们重点强调的自然性质是否能够满足我们赋予道德价值和规定的前理论标准。一个可能的标准是道德通常具有的、不可避免的实践权威，所以有一类道德自然主义者试图在自然世界里找出实践影响力（另一类自然主义者则认为这根本不是一条适当的标准，后文将探讨他们的观点）。这些自然主义也许想在实践权威和理由之间建立直接或间接的联系。但是理由有很多种，所以有必要消除歧义。我们想找到的是真正的慎思因素（即哈曼说的"充分理由"），而不只是某种制度所赋予的因素。更准确地说，我们想找的是对一个人要是推理正确（即要是完全理性）的话就会想要怎么做的一套解释[1]。因为这里的企图是把道德自然化，这里的"正确推理"概念无论是什么，都要能够以自然主义的方式理解。例如，我们不能将其理解为**遵循道德德性的推理**或**依照对自身道德责任的感知而进行的推理**，否则就把整项工作带入了恶性的逻辑循环。

195

但这里的问题，同时也是我怀疑这项计划的主要原因，就在于要是想把道德影响力自然化，我们就不能只找到具有实践权威的属性（我们大概已经在**你要是推理正确就会想做**身上找到了这种属性）。我们也必须满足**不可避免性**；我们需要找到一种**无论人们兴趣如何**都对其有权威的属性。然而，自然主义能否实现这一点，很令人怀疑。假设厄尼恰好很享受喝红酒但不喜欢啤酒；也许要是他推理正确，就会得出结论说每天晚上来一杯红酒对他来说可以接受的，但要避免喝啤酒。再假设伯特不喜欢红酒却喜欢啤酒；要是他推理正确，也许就得出结论说每天晚上来一杯啤酒对他来说是可以接受的，但要避免喝红

1　再准确一些地说：我们在寻找的，是对于假如一个人做出正确推理，会建议那个现实中的（可能也是推理不正确的）自己去做些什么的一套解释。参见 Smith 1994。

酒。厄尼和伯特的推理都会是正确的，但两者趋向不同。两者趋向不同显然是因为他们两人本来的品位和欲望就不一样，而正确的推理虽然未必接受所有欲望（比如厄尼的推理让他控制住喝掉一整瓶红酒的欲望），但还是会对这一点**给予考虑**。至少在这个例子里，一个人正确的推理得出的规定与他的兴趣有关。（哈曼实际上也同意（1975：9）："如果S说A（在道德上）应该做D，S的意思是A有理由做D，S自己也同意该理由。我将假定这些理由的根源是在S看来A具有的目的、欲望和意图。"）

既然我们确信，在某些情况下，正确的推理会因人的偶然欲望的不同而不同，那么现在关键的问题就是"为什么我们不能认为情况一贯如此？"考虑一下哈曼笔下那个讨厌猫的家伙，阿尔伯特。如果阿尔伯特本来就有邪恶的欲望（我们可以这么假设），我们有什么理由假定他通过"正确的推理"就能废除那些欲望呢？推理确实**经常**让我们意识到我们目前某些欲望是不合适的，所以**也许**阿尔伯特要是反思得更仔细，他最终就会觉得伤害猫不是什么好事；但也许他还是不会那么想。也许正确的推理只是让阿尔伯特知道了怎么更有效地伤害那只猫。道德自然主义者需要的，显然是对于"正确实践推理"（或"实践理性"）的一套实质性的、自然主义的解释，而且根据这套解释，无论他们各自本来的欲望是什么，每个人都可以通过这种推理得到一致的，并且还大体上符合我们眼中的道德要求的实践结论。（后一个条件也是必要的，否则达成的一致结论可能是道德总要求我们把自己摆在最重要的位置，¹⁹⁶尽可能地把东西据为己有，只要能免于惩罚就欺骗他人等。）但是还没有人能给出像样的解释。当然，有些人尝试过，但给出的解释都远未得到一致赞同，并且都充满困难。

现代哲学做出的，最重要的尝试是大卫·科普所说的"自我观念策略"（"self-conception strategy"）。他的描述如下：

> 根据自我观念策略，一个头脑清楚的理性的人**必须以**一种特定的方式设想自己，但是假如她不把道德理由当作权威，那她就不能**前后一致**地以这种方式设想自己。比如有人说，不把道德理由当作权威的人就不能把自己视为是**自律的**（autonomous）；或者说她就不能把自己看成或珍视为理性的**反思性行动者**（reflective agent），是出于理由而行动；或者说她就得信奉**实践唯我论**（practical solipsism）；就不能一致地期望她给**别**人提出的理由会得到回应；诸如此类[1]。(2004: 35)

但是在我看来，光是指责阿尔伯特在伤害那只猫的时候也必然地削弱了他的自律，或指责他没有把自己珍视为反思性的行动者，指责他信奉实践唯我论，他损害了对于别人回应他自己的理由主张的期望，这些都很难有什么成果。即便这些责难成立，还是需要问"破坏自己的自律，能把自己珍视为反思性的行动者等，为什么就那么糟糕呢？"这些事情听起来是有些令人嫌恶，但这"令人嫌恶"的到底是什么？克里斯汀·科尔斯嘉德（Christine Korsgaard）[2]写道，在道德上违规就是违反了"对我们来说最为重要的自我观念……是失去了你的完整性，因此也失去了你的身份……是无法再觉得你自己有价值，觉得你活得有意义……对于所有实践目的来说，就都等于是死了或者比死还不如"(1996：102)这样的评价，让人觉得作恶的人是个心理病态的禽兽，只

---

1 科普把这些观点分别归于伊曼努尔·康德，克里斯汀·科尔斯嘉德，托马斯·内格尔和斯蒂芬·达沃尔。

2 对科尔斯嘉德的观点更细致的批评，参见123—133页，Joyce 2001a。

要能逃脱追究，为了自利情愿把亲友赶尽杀绝。但是不要忘了，这些说法本来要揭示的是**所有**道德违规的错误之处：借书不还，对服务员无端地举止粗鲁，偷走一份宾馆走廊上的报纸。这些行为大概都是错的，但是说它们让犯错人"死了或者比死还不如"（或者哪怕只是接近这一不好的境地），实在是太过夸张，没有根据。有的人可以偶尔有道德违规，但总的来说过着幸福满足的生活，这一事实就应该让我们怀疑这个人是否真的像自我观念策略的支持者说的那样破坏了自己的行动主体性（即便这一疑虑可以得到解答，我们还是想要知道为什么这种微小的自我损害就那么糟糕）。这些所谓的自我伤害，渺小而难以确定，这本身就提出了一个问题：为什么避免这些伤害是至关重要的？科尔斯嘉德认为，犯错人违反了他作为一个人的身份，这是他的其他身份（父亲、学者、共和党人、罪犯等）的基础。据说前一种身份更为"深刻"（同上：258），因为摆脱了这个身份也就不可避免地损害了其他身份。可是（正如我们在上文提及凯斯比尔的演化道德自然主义时了解到的）这种反事实的不对称性为什么以及如何具有**实践重要性**，这就不大明显了。也许就像这个反事实句描述的那样，我作为人的身份确实比我作为父亲的身份更为深刻，但是似乎不能由此推论出作为人所产生的任何价值，比起作为父亲所产生的价值都更重要，更强大，或者更有权威。

　　鉴于自我观念策略一直以来都没能对独立于欲望的正确实践推理给出一套合理的解释，也鉴于我们知道有些情况下正确的实践推理是会随着欲望的不同而不同的，似乎我们就可以不失合理地假设（就算只是暂时性的），**一般而言**正确的实践推理都是随着欲望的不同而不同的，实践理由相应的也是如此。这意思不是说一个人有理由做某件事就等同于当且仅当他想要那样做。远不是这样。正确的推理可能揭示了我的某些欲望是错误的，愚蠢的，或者不适当的（因此我并不一定有

197

理由追求满足这些欲望)。正确的推理还可能让我意识到应当追求某些我实际上并不欲求的东西(因此我并不一定对于我有理由去做的事情有欲望)。这里的要点在于,我有什么理由在某种程度上取决于我的实际欲望、兴趣、计划和目的,所以在相同的环境里,不同的人可以有非常不同的理由。(用哈曼的话说,一个人的理由"来源于"她的欲望。)

　　我花费了很大的工夫,探求道德自然主义者能否通过把不可避免的实践权威和对于充分理由的一套在自然主义上可行的解释联系起来,从而在世界里找到这种实践权威的容身之地。他们这条路行不通。这一结果并不意味着实践影响力这个概念本身是不一致的,因为**非自然主义的**正确推理概念有可能符合实践影响力的概念。从前文得出的结论或许是:如果实践影响力确实是道德话语的重要环节,那么这种 198 权威性要是能用一套对理由的解释来阐明,这里的理由必须是非自然主义的。这显然不利于我们的道德自然主义者。道德自然主义者的另一种选择是彻底放弃**理由**的观念。毕竟我也坦承了,这些对于理由的谈论,大概最好是看成是哲学家在尽可能地解释一个日常的观念,而并不一定是普通人明确乃至暗中相信的;或许用理由来阐释道德的权威是错误的。但是我不得不承认,我是不知道如何顺着这种选择开辟出一条路径(哪怕是一条能隐约看到是死胡同的路径)。什么样的规则可以既对一个人有权威,但同时又承认他可以正确宣称他没有真正的理由遵循? 一个人要是愿意承认道德恶人可以没有理由遵循道德,他就不大可能还自认为是在为某种不涉及理由的**不可避免的道德权威**辩护。他更像是干脆直接放弃了满足这个条件的尝试。但这又有什么糟糕的呢? 这就把我们引向了道德自然主义者的第二种策略:不再认为这个标准的一定要得到满足,或者干脆否认它原本就是个标准或条件。

6.4 谁需要道德影响力?

论证现在到了关键的时刻。一方面,许多哲学家都认为,不可避免的实践权威是任何合格的道德理论都要满足的特质。我在上一节论证了如果他们的想法是正确的,那道德自然主义就有麻烦了。诚然,我只讨论了一种类型的道德自然主义,即实践推理理论,但我是仔细挑选了这个例子来表达一个更具一般性的观点。这是因为,要是连把道德事实和有关理由的事实直接等同起来的道德自然主义都没法完成任务,那些只是想把道德事实和实践理由**间接**联系起来的理论还有什么希望成功呢? 因此,我的结论(但我不会装作是盖棺论定)是: 道德自然主义不大能找到办法来提供这种实践权威。

另一方面,许多哲学家也否认这一特质是不可或缺的;他们会满足于把某些自然的属性称为 "道德上的善",就算该属性没有这种特殊的实践力量。也许有时候人们接受这后一种观点正是因为意识到自然主义无法给道德权威留下位置。但这些自然主义者常常花大量篇幅夸大宣扬他们的理论所能提供的不论什么 "弱一点的力量",这一事实本身就表明具备某种直截有力的实践力量(比如实践影响力?)是道德理论要满足的条件。无论如何,我觉得这后一种立场是不现实的,在我看来更合理的结论是道德自然主义确实遇到了麻烦。(需要记住,承认这一结论并不会削弱人们信奉的方法论上的**全局**自然主义;后者容许人们还是可以在如下意义上的 "把道德自然化": 给道德体制和实践、道德心理学、道德谱系学提出一套科学上可以接受的解释。)

避开了道德影响力的道德自然主义者可以承认,他们选出的自然属性不能确保人们总是有理由按照跟该属性相联系的规定而行动,但是他们也许觉得,这种属性和人们的理由之间只要有**可靠的偶然关系**就足够了。比如那个功利主义者,她也许不再会力图证明在把幸福最大化的行为和我们有理由进行这样的行为之间存在着**必然的**联系,但是只要能指出我们**确实**经常关心总体的幸福,而且这就为促进幸福的动机和理由提供了基础(虽然只是在多数情况下有的动机和理由),这就足以让她满意了(例如,参见 Railton 1986; Brink 1989; 43ff)。这个提议可能不足以给我们带来所有我们本希望道德理论能提供的东西,但我们也许应该听取那句格言"足够接近就足够好"。

但是这**确实**足够好了吗?我们没有原则性的决定办法。这场争论的解决似乎要取决于某些东西是否属于我们的道德概念的核心性质,但是哲学家们没有一致的见解来裁决乃至用概念表达这种争论(极为类似的观点,参见 Nichols 2004: 192—193)。要是一个人觉得某些东西是某个概念必须的特征,但另一个人表示反对,他们怎么争论下去呢?大卫·刘易斯采用了严格说来(speaking strictly)和粗略说来(speaking loosely)的区别[(1989)2000: 93];"严格说来,麦基是对的:真正的价值需要满足一些不可能满足的条件,所以认为这种价值存在是错误的。但粗略说来,这个名号也许可以封给某些不完全当得起它的候选者……怎么处理这种情况主要还是性情问题。"虽然在一定范围内,这种说法是无可反驳的,但其实这只是推后了问题,因为我们还是可以继续争论某些东西是否存在,**即便我们已经限定了自己只是在粗略地说**。我们大概不会接受某个允许幽灵和女巫存在的理论(即便只是粗略说来),而且我们也肯定不愿意接受某个容许问题可以依照"性情"解决的理论。

缺乏明显的答案导致这成为许多元伦理学争论的终点。我自己的看法是:这种问题的答案取决于相关的语言使用者会做出怎样的集体

200

决定。有时候新发现会让我们决定一个概念（比如**燃素**和**女巫**）是不可能的；有时候我们更倾向于修正原有概念，除去有毛病的成分，然后大致延续原来的使用（**同时性**的概念在发现了同时都是相对的之后继续被使用，**聚合物**的概念在发现了聚合物是大分子而不是胶体之后继续被使用）。但是，我们根本没有理由假设人们在做这种决定时是遵循了某种潜在的规则。凭什么说我们在这种事情上的集体决定就不会被最琐碎的事情影响呢，比如一首广告歌或者流行电影里一个词的用法？这也表明，在很多情况下，某些东西是否属于一个概念的核心性质，根本不是个客观事实的问题。也许在一种社会氛围下我们会决定答案是肯定的，但在别的（但也不是天差地别）氛围下我们又会决定答案是否定的。正因如此，这样的画面看起来很有几分无望：一个形单影只的哲学家，自信地断言某些有争议的性质是或不是某个概念的先验要求，或者宣称一个不完全地满足了某个概念的规定的东西"足以"或不"足以"算作那个有缺陷的原有概念的延续。这种断言最多也只不过是一种假设性的预测，预测的是一群人在我们面临的环境里要是非选不可的话会做出怎样的选择（这种预测显然充满困难而且经常无法得到实际验证）。

不过，希望或许还没有完全丧失。我们可能还是有机会得到答案，只是需要考虑一下那个概念是**做什么用的**，是为了支持什么实践活动，然后再问：修正后的概念，去掉了有问题的成分，是否能够继续扮演过去的角色？例如，即便我们知道了事物都没有绝对同时的，相对的同时概念还是可以顺利地顶替上来，因为在日常环境里它一样可以适用于那些运动速度远不及光速的生物。我们可以像使用绝对的同时概念一样**使用**相对的同时概念，这就表明这里的改变不是用一个不同的概念替换掉原先的概念，只不过是对同一个概念进行了修正。因此我们没有必要接受极端的立场，认为在爱因斯坦以前所有宣称两个事件同时发生的断言都是错误的。与此相反，当我们发现了宇宙里没有超自然的邪恶力量，**女巫**的概念对我们就没用了。也许我们还是可以继续用
201 "女巫"这个词来指那些处于正式社会的边缘的、在当地文化里起到某种作用的女性（也许我们还可以找到一系列这些女性所共有的，也只有她们才具有的一组自然属性），但继续**使用**"女巫"并不能让我们达到过去使用这个词的目的：谴责这些女性的邪恶影响，证成杀害她们的行为。因此，再继续用"女巫"这个词来指称某些现实的自然属性没有什么意义；于是我们放弃了这个词，得出结论说历史上所有"某个女人是女巫"的说法（就算只是粗略说的）都是错的。

所以我们要问的问题就是：假如道德规定和人们遵循的理由之间只有可靠的偶然联系，那么道德话语还能不能继续扮演它实际上扮演的角色，无论这种角色是什么。如果不行的话，我们就有理由怀疑这种框架根本就算不上是"道德"体系。

一种跟人们的理由只有偶然联系的道德在某些很重要的方面也近似于礼仪制度。这意思并不是说道德很浅薄；这只是对于道德命令的逻辑地位所做的论断。在道德上犯错的人（特别是如果他们相信不会遭到惩罚），其正当性就和你我在自己家中违犯礼仪时所具有的正当性一样。这里用"正当性"（"legitimacy"）这个词出人意料，所以让我来试着解释一下。如果我独自在家的时候，坐在电视机前像猪一样开怀大吃，我所做的显然从礼仪的角度看是不正当的。要是有人看到我的吃相，说我的行为粗鲁恶心，这是再正确不过的；其实我自己大概都知道我的行为确实体现了这些性质，但在此场合我并不在意；在这种场合下我可能觉得粗鲁是无所谓的，或者甚至还会从中得到愉悦。当然，要是在家里不禁表现粗鲁会让我在别的场合陷入麻烦，那就是另外一回

事了；所以让我们来假设情况并非如此（假设我在所有社交场合都礼貌得完美无缺，私下的粗鲁对此毫无影响）。那么，我独自一人时为什么就不应该像猪一样吃饭呢？按照我们的假设，我没有真正的理由不这么做（我们假设即使我进行了正确的推理我还是会赞同在此场合这么做）。我们只能从**礼仪**的**角度**做出谴责。从那个角度看，我的行为是不适当的。但**这**我知道。只是在这种情况下我选择忽略这个特定的规范框架——而这看起来完全是正当的。从礼仪的角度确实不然，但是 202
在某种更具一般性的、超越体制的意义上是正当的。鉴于我在此场合的欲望（尤其是我对礼仪体制暂时的无所谓态度），总的来说像猪一样吃饭是我应当做的。

可以举一个例子，虽然略显愚蠢，但或许能让这个结论更为明显。假设我声明："我在此宣布不论何时，只要我们遇到了秋天在挪威制造的东西，就可以说'人人都要追求这个东西。'"假设你对此提议回应道"同意"。我们现在就创造了一个小小的规范体制，要求每个人都应该追求挪威秋天的产品。这个体制宣称这样做是证成的，因此遵循了该体制也能够导致相应的理由主张：每个人都有理由（是证成的理由）追求挪威秋天的产品。但是，显然我们并没能真的创造出任何在慎思上有分量的、人人都要听从的考虑因素。也许从**我们**的角度看，任何对秋季的挪威产品无动于衷的人都应该受到指责，但从客观的角度看，那只是牵强的谴责，而且要是理智健全的人听说了这样的体制，或这些理由主张，或受到这样的批评，他们在自己的慎思中无视于此将会是非常正确的。

记住这些想法，让我们再来想象一下，如果道德也跟人们的理由只有偶然的联系，那道德会是什么样子的。假设杰克是真的真的想要谋杀约翰。在漆黑无人的旷野里，他同约翰单独待在一口废弃深井的边缘，心想"为什么不呢?"被抓住的概率实际为零。也许有人会说，这样做了就会鼓励杰克在其他不那么容易逃脱惩罚的场合谋杀别人，或者他此后一直会带着负罪感。这样的话杰克也许就有了不谋杀约翰的理由。但我们现在打交道的是一个道德自然主义者，他承认道德跟人们的理由之间的联系是偶然的，这就让我们可以**设想**杰克没有这些住手的理由。因此礼仪的情况也适用于这里。为什么杰克不应该谋杀约翰? 我们假设，如果他进行了正确的推理就会赞同在此场合谋杀约翰。我们只能从道德的角度做出谴责。从那个角度看，杰克的行为是不适当的。但**这**他知道。只是在这种情况下他选择忽略这个特定的规范框架——而这看起来完全是正当的。从道德的角度看确实不然，但是在某种更具一般性的、超越体制的意义上是正当的。鉴于他在此场合的欲望(尤其是他对道德体制暂时的无所谓态度)，总的来说谋杀约翰是杰克应该做的。

203

我认为，这就让道德显得非常怪异。我们一般不大会先说杰克的行为是邪恶的和道德上不可接受的，然后紧接着又说他没有理由住手，说其实总的来说谋杀是他应该做的。这不否认我们可以跟之前一样继续唾弃杰克的罪恶，也不否认要是抓住了他我们也有理由去惩罚他。(假定杰克在很久以前就杀了约翰，然后高兴地去拜访他的坟墓，也没有遭到惩罚;直到最近我们才发现了可怜的约翰的尸体，以及他临死前草草记下的罪行过程。)问题是，一旦同时坦诚了杰克的恶行可能有充足的理由，这些判断就失去了部分的力量。也许这一坦诚让人不自在是因为我们对道德体制的坚守已然根深蒂固，不愿意踏出它那些成文的规则。但看上去这本身就是有问题的，因为这似乎意味着坚持道德的人在道德规则面前有一定程度的自欺。如果根据假设，杰克确实没有真正的理由住手，但有道德的人却因为坚守道德体制而不愿承认，那么这种道德体制就在某些方面蒙蔽了他们。这就好像一个狂热地坚持礼貌的人无法意识到，有些情况下礼仪可能在人们的慎思中不应该占什么分量。如果这种版本的道德自然主义（"不含影响力的自然主义"）是正确的，而且也允许我们承认它是正确的（即如果它显然是正确的），它应该也允许我们说"从道德的角度看，伤害约翰是不可接受的"。对于杰克行为的罪恶，我们还可以补充道"但杰克在这个场合有充分的理由做出恶行，也没有真正的理由住手"。

　　另外，在我们自己的实践慎思中，面临的道德决策远不像杀不杀人那么重大，也没有什么东西能阻止我们诚恳地补充上这种限定。想象在某个清晨，你站在空荡荡的宾馆走廊上，想要从陌生人的门外拿走报纸，因为你自己点早餐的时候忘了要。假设你知道这个行为具有在道德自然主义者看来等同于道德恶的那种自然属性。因而你知道这个行为在道德上是错的；你知道从道德的角度看那是不可接受的行为。但现在考虑的这种道德自然主义仍然允许你进一步发问"我有什么理由要在意这里的道德错误呢？"（我觉得这种情况很奇怪，但那些自然主义者确实是这么说的。）诚然，是有一些道德上的理由要求在意道德上的恶（也就是说，有一些关于从这一特定规范框架的角度看来某些事情得到了证成的理由）。但这并不是你想找寻的那种理由，因为你问的其实是，在这种场合，对于这个行为，为什么要在意那个证成框架。注意到有道德得到证成的理由不拿报纸，只会让你疑惑有什么理由要在意那些理由。 204

　　一个人不禁想要偷报纸，问自己"我有什么理由要在意这一件事的道德错误呢？"让我们设想在这种情况下可能有三种回应（为了简洁，这些回应将会是理想化了的，但它们是用来囊括各种可能性的）。首先，她可能意识到她完全没有理由。她就像是上一个例子里的杰克，因为她的欲望,所以对她而言理性的做法是偷报纸,同时她也可以从容地对自己坦诚这么做在道德上是错误的。除此之外,她也可能得到肯定的答复,也就是说,这个道德错误可能跟她的欲望有一定的联系,使得她确实有理由克制。这里的欲望可弱可强,导致的理由也可微弱可有力。我们可以根据后一点把弱欲望(产生脆弱的理由)和强欲望(产生有力的理由)作为一个连续可能性的两极,分别代表第二和第三种回应。于是,一个人可以得到的第二种回应是意识到自己有理由避免犯道德错误,但理由只是微弱的;换言之,道德上错误的做法会让她的某些欲望无法得到满足,但这些欲望是可以让步的,也是比较肤浅的,从而只要对她的欲望稍作改动,就能让她避免道德错误的理由烟消云散。第三种回应则是具有遵从道德善的、坚定而根深蒂固的理由,因此也就有强有力理由避免道德错误。确实,这个人的欲望可能只是偶然的,但偶然不能和脆弱混作一谈。(我关怀我在襁褓中的孩子的欲望只是偶然的——我不会因失去了这个欲望而不再是我自己或不再是人类——但也是牢固可靠的。)

205 　　这三种可能性各有各的问题,因而蕴涵着这三种可能性空间的那种不包含影响力的道德自然主义也是有问题的。我已经着重强调了为什么难以接受第一种回应,后者认为有的人也许有充分的理由去犯道德错误(即便同时也把他们要做的视为"道德错误")。让我再展开评论一下另外两种可能性。

　　第二种人令人有些不安,因为对她而言,偷的诱惑本身就代表了一种促使她修改那些更愿避免错行的欲望的理由,从而促使她再没有理由不去偷报纸。换句话说,要是能丢弃那些要求此时遵循道德的欲望,同时又不引发巨大的心理混乱,那么不道德行为所满足的欲望本身(即轻易获得报纸的欲望)就会鼓励她当场就在宾馆走廊上**改变**她那倾向道德的欲望。这并不要求她放弃对于道德一般带来的利益的兴趣;相反，她只是调整了她的欲望，以容许偶尔的例外。(欲望不总是这么灵活和易受控制，但通常是这样。)她不是在冷嘲热讽"道德，虚伪的道德!"(因为一个其自身欲望完全没有给她带来在意道德的人，很可能是精神病态，但我这里说的只是普通人的弱点)，相反，意识到一个理性的人可以有理由也**可以没有**理由做出道德恶行，这会促使她心想"嗯，一般而言道德当然是好的，而且我总的来说当然有理由遵守道德，但我只是在当下为了点微不足道的小事而违犯了道德要求，并不会遭到哪怕一点点不利的结果"。一旦放弃了道德权威性，一旦道德的实践效力取决于行为者偶然的欲望，并且行为者也知道事实如此，那么一个令人担忧的后果就是人们在任何场合都可以在一定程度上主动**决定**自己有没有理由做出符合道德的事：为了避开任何道德要求，人们都可以动摇自己的欲望(不道德的回报要是足够丰厚，还可以彻底改变欲望)。不道德的诱惑本身就鼓励人们这样做。

　　第三种类型的人有强烈而坚定的欲望来抵制这种错误的行为，由此产生了坚固而重要的理由来遵循道德。道德自然主义者想让我们觉得大多数人都属于这一类。他们可能是对的，但是在知道在道德自然主义者看来的"道德错误"(以及"道德正确"等)究竟指的哪一种(或者哪一组)在自然属性之前，我们还很难完全判定对错。我当然同意我们大多数人，在大多数情况下，确实有坚定的理由避免做出一般被认为是"道德错误"的行为：有好的理由不偷窃，避免违背诺言，避免施暴等等。道德自然主义把道德属性等同于某些自然主义属性，他们这样做的同时显然也想支持广泛接受的道德观念(无论他们把道德错误等同于什么自然属性，这种自然属性都是偷窃行为所具有的，无论他们把道德正确等同于什么自然属性，这种自然属性都是遵守诺言所具有的，诸如此类)，因此我同意他们很可能支持一种理论，该理论认为我们大多

206

数人在正常情况下都有可靠而有力的理由做道德的事情。比如,假设等同于道德错误的自然属性就是造成不必要的痛苦。这和我们的许多直观印象是一致的。我认为我们大多数人确实有很好的理由避免造成不必要的痛苦;因此,要是偷走宾馆走廊上的报纸会导致某些不必要的(虽然大概只是轻微的)痛苦,对于这种偷窃行为,我们的态度就会跟这第三类人一样。

但是,无论这第三类人的决断有多么坚定,他们对于道德的态度还是有些奇怪(至少是在不含影响力的道德自然主义得到支持的情况下)。问题在于,对于这类人的理由和动机而言,使用道德概念所做的思考似乎完全是多余的。如果她想知道为什么她不应该偷报纸,只要意识到那样做会造成不必要的痛苦,她就可以得出答案。把那种有因果效力的属性等同于道德**错误**似乎对她的理由和动机毫无增益。(把"造成不必要的痛苦"换成其他不含影响力的自然属性,结果也是一样。)其实既然道德错误**就是**这种有因果效力的属性,将这个行为视作道德错误**怎么可能**有所增益? 如果声称或认为这个行为是"道德错误"增添了某些实质性的东西,某些单凭声称或认为该行为具有没有自然性质无法得到的东西,这就构成了反对道德自然主义者的理论的证据。因此我们给这个道德自然主义者提出的问题是:"按照你的理论,为什么我们还要一套单独的道德话语呢?"为什么不开诚布公地说我们喜欢什么,不喜欢什么,什么有助于社会和谐,什么不利于社会和谐,什么东西我们能容忍,什么东西我们会惩罚?(我想起了鲍勃·迪伦写的上帝和亚伯拉罕的对话:"你想做什么就去做吧,亚伯,但下次你看见我来了最好赶紧逃跑。"[1])

207

1　鲍勃·迪伦,"Highway 61 Revisited"。

对于"我们为什么需要一套单独的道德话语？"的问题，我在本书前面的部分给出了一个答案（参见4.2节）。我提议说，相比非道德化的实践慎思，道德化的思考和言论能更好地抵挡意志薄弱。道德话语也是做出人际承诺的良好工具（4.3节）。但是那个论证的核心部分是以下观点：道德思维具有一种阻止算计和超越欲望的特殊实践力量，这种力量使得道德思维通常比精明的务实慎思更能抵挡诱惑。然而道德自然主义的支持者不能采用那个论证，因为根据假设，他相信道德慎思就是关于欲求何物和如何满足的。"这就不利于4.2节的论证了。"道德自然主义者也许会回应道[1]。但是，问题并不在于我提出的那个特定的论证，因为**每当**我们觉得"我们为什么需要一套单独的道德话语？"有个好答案时，支持不含影响力的道德自然主义的人们都不能采用这个答案。唯一的结论就是这个道德自然主义者不得不回答道："我们不需要。"作为道德的捍卫者（同样也是道德实在论的辩护者），这个道德自然主义者不得不承认道德话语和道德思维没有什么特定的功能，并且对我们的社会决策是多余的，这在他看来一定是极

1　对于我在4.3节提出的论证，这个自然主义者也得做出同样的回应，因为没有权威的道德不会是有效的人际承诺工具。在有风险的合作事业中，下面三种个人，我们会选谁作为伙伴：（A）一个是因为合作会带来实际好处而愿意合作的人，（B）一个因为合作是道德要求（不止是因为务实的原因）而愿意合作的人，但同时他也知道，改变自己的欲望就能让他的道德理由化为乌有，还是（C）一个因为合作是道德要求（不止是因为务实的原因）而愿意合作的人，但同时他也认为，无论他的欲望会怎么改变，他都有好的理由遵循道德？我想，很明显C会胜出。因此，如果被选中参与这种风险事业是适应的，那么在其他条件都正常的情况下，C类的人比其他人有更高的繁殖适应性。这表明，如果自然选择对于作为人际承诺工具的道德判断青眼有加，那它应该更偏爱把道德规定（以某种坚定但可能还不完全成熟的方式）看成是权威和不受普通的慎思标准制约的性状。这并不必然是在说，人们**事实上**总是有理由遵循道德的规定，而是说人们倾向于觉得他们有这样的理由。这个结果就意味着，那种认为不包含实践影响力的道德自然主义，不太能够符合我们日常观念里的道德。

为难受的[1]。

以上反对道德自然主义的种种考虑，分开来看大概都不是致命的，但放在一起，它们至少还是揭示了这个理论的尴尬后果。首先，不含影响力的道德自然主义似乎削弱了我们在道德上批评犯错人的能力；其次，它还可能鼓励某些人犯错；再次，它使得道德语言和道德思维完全成了多余的。这样的价值系统显然（再用一下之前的短语）太过虚弱，因而不会被误认作是道德。我在前面论证了，道德思维有着特定的（既是演化上的也是当代的）功能，而这一功能是那些只涉及我们想要什么和需要什么的慎思无法实现的。我们实践生活的**道德化**，通过准许惩罚，证成爱好和反感，以及把单独的个人联系在共同的决策框架里，从而帮助了我们的长远利益，也促进了更有效的集体协商。我认为，正是因为道德规范所谓的权威性和不可避免性使其能够实现这些功能。因此，缺乏实践影响力的价值系统无法如此有效地扮演我们赋予道德的社会角色；所以我们不能像使用道德那样**使用**这个系统，而这也就表明，实践影响力可以被看作是一个对道德而言至关重要的方面（即便我们只是在粗略地说）。

在6.3节，我评估了道德自然主义满足实践影响力这一所谓必要条件的可能性，并且下结论说希望渺茫。在本节中，我探讨了一种根本不想满足实践影响力的道德自然主义的前景，得到的结论也是一样的悲观。我最后的结论就是，实践影响力确实是任何道德理论的必要条件，

1　有人可能会觉得，这种道德语言的赘余性问题会困扰**任何**形式的道德自然主义，包括那些想要接纳实践影响力的道德自然主义类型。如果事实如此，对我倒是没有丝毫影响。但其实对于想要接纳实践影响力的自然主义者来说，这个问题并不是十分棘手，因为他不认为道德话语可以被有关愿望和需求的简单话语所取代。他把道德属性等同于某些（据说是）具有超越欲望的实践权威的属性，而且在他看来，对于这些自然属性的谈论仍然可以在个人和人际事务中起到阻止算计和终结对话的理想作用。

而且没有什么形式的道德自然主义能满足这一条件。这对道德自然主义可就更不利了。

6.5　重温哈曼的挑战

很多哲学家是全局自然主义者。要是没有选择某种非认知主义，他们所能认同的元伦理学立场就只能是某道德自然主义或者道德虚无主义。因此，对他们来说，如果以上的论证成功地否决了道德自然主义（并且非认知主义不在考虑之列），那这些论证也就成功地证明了道德事实根本不存在。需要注意，在奠定道德虚无主义的过程中，哈曼的挑战和人类道德能力的谱系学都没有扮演什么角色，可能顶多只是解释了我们为什么一直以来都被系统地误导以至于相信道德。

但是也有许多哲学家不是全局自然主义者。**道德非自然主义者**认为，道德属性是存在的，但在某种意义上独立于自然科学所描述的世界：道德属性不等同于，不能还原成，也不依附于任何自然属性。**道德超自然主义者**认为，道德属性是存在的，但其存在依赖于某些超自然的现象（最显著的例子就是上帝意志或命令）。即便这些立场在当代哲学家中不流行，但是我可以肯定，它们最为接近普通人的想法。因此哈曼的挑战还有任务要完成。考虑图6.3。回想一下，他的挑战是假说A有希望解释我们所有的道德判断，因此除非道德事实以某种方式隐藏在假说A之内，我们就没有必要预设任何道德事实的存在（即没有理由假设我们有任何道德判断是真的）。道德事实能这样隐藏的唯一可能情况就是道德自然主义是真的（参见6.2节）。前面两节内容给这种可能性打上了个大问号。于是我们就得面对图6.3，而这次奥卡姆的剃刀真的可以起作用了，因为非自然主义和超自然主义确实给世界预设了额 209

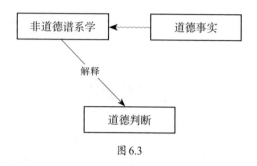

图 6.3

外的本体论,而非道德性的谱系学(假说A)表明这种本体论在解释上是多余的。

　　我在此细致地阐明不同立场之间的论辩关系,是因为我觉得这经常被误解。前面提到了,哈曼的挑战常被视作道德自然主义面临的问题。这个挑战确实要求道德主义者清晰地阐述自己的观点,揭示自然领域如何同道德领域联系起来,然而一旦他们的观点清晰阐述了,挑战也就消失了(事实上,很难想象自然主义者要是不能回应挑战还怎么能把理论表达地有说服力)。要是自然主义者能够有理有据,非自然主义和超自然主义就变得更不合理了。但要是自然主义者**做不到**有理有据,哈曼的挑战似乎也会让非自然主义和超自然主义显得无用。换言之:一旦我们有了一套完整的道德判断的非道德谱系学,如果道德自然主义成功了,非自然主义和超自然主义就没救了,而如果道德自然主义者失败了,非自然主义和超自然主义也一样没救。所以,在这场争论角逐中,非自然主义和超自然主义遭受的损失最为惨重,而道德自然主义者只是因为额外的,跟哈曼的挑战毫无关系的论证(即我在前两节提出的那种论证)才败下阵来。

　　这个论证的结果并不是道德虚无主义(道德虚无主义大意是说我们所有的道德判断都是错的)。指出我们没有理由相信道德事实,

并不意味着我们有理由**不相信**道德事实[1]。我没有理由相信我的头发 210
数量是奇数（即便排除了模糊性的问题），但我要是因此下结论说有
理由不信数量是奇数就很愚蠢了，因为那也就构成了相信数量是偶数
的理由，而显然，就像没有理由相信是奇数一样，我也没有理由相信是
偶数。虽然我没有根据认为我头发的数量就是奇数，但它仍然**可能**是
奇数（其实是奇数的概率还不小）。让我们回想一下信念药片的虚幻
故事。你发现了你那"拿破仑输掉了滑铁卢之战"的信念只是某个跟
他实际输赢无关的过程的产物，于是你就不得不认为你既没有理由支
持也没有理由反对这个信念。当时的结论是，你应该服下解药，从而
能带着开放的态度去寻找其他更可靠的理由来相信或不信那个命题。
（或者你也可以毫不在意，高高兴兴地在这个问题上保持不知情的状
态）。我从本章的论证中得出的结论也与此类似。对于我们的道德判
断如何起源，我们有了一个在经验上得到证实的理论（我们是这样假
定的）。这个理论没有直说也没有蕴涵那些判断是真的，也没有把它
们为真作为背后的假设，而且重要的是，它们之为真也没有借助任何
形式的道德自然主义而秘密藏在这个理论里面。这就等于发现了我
们的道德信念是一个与这种信念的真假完全无关的过程的产物，因此
我们就不得不承认，我们既没有理由坚持也没有理由反对这种信念。
它们**可能**是真的，但是我们没有理由这样认为。因此，在最初的阶段，
我们应该培养开放的态度，去寻找其他更可靠的理由来相信或不信道
德命题。

　　1　我在别处论证过更有力的结论：事实上我们应该**不相信**道德命题（而不是对道德抱着不可
知的态度）。我的看法并没有改变，只不过是在此把那些论证暂时搁置一旁罢了。

6.6　可靠主义者、保守主义者、
融贯主义者和基础主义者

　　虽然刚才得出的结论看起来很极端，但是有许多哲学家不会觉得担心，因为他们认为我们相信道德命题是有合理基础的。道德自然主义、道德非自然主义和道德超自然主义都可以说是**形而上学的**道德理论，因为他们的意图是揭示那些使得我们道德信念为真的事实的本体论地位。与此相反，还有一些人尝试纯粹在**认识论的**基础上维护道德信念。这些人的尝试假定了我们可以证成道德信念，无论使其为真的事实的本体论地位如何。在这最后一节，我将证明道德的演化谱系学

211　对于这些认识论上的努力确实提出了极大的挑战。我将依次讨论可靠主义、保守主义、融贯主义和基础主义，其中主要篇幅用于可靠主义。

　　也许有人会论证说，给一个信念（或一个形成信念的机制）提供一套演化谱系学，不但没有削弱这个信念，其实反而表明了这个信念是证成的。在一个名为"外在主义"（"externalism"，这不能跟4.2节提到的"动机外在主义"混为一谈）的认识论传统看来，一个人的信念可以由她主观上意识不到的因素得到证成。过程可靠主义者（Process Reliabilists，外在主义最主要的支持者）就认为，一个信念是证成的，当且仅当它是一个让信念和真理有可靠联系的过程的产物。如果自然选择是这样的过程，那么任何先天的信念都是证成的。彼得·克劳瑟斯（Peter Carruthers）[1]大致就是这样论证的：

　　1　克劳瑟斯是个认为知识不需要证成的可靠主义者。因此其实他的论证并不是要证明先天信念是证成的，而是要表明它们构成了知识。但是，显然我们可以对他的论证略加修订，使其结论成为：先天信念是证成的。我现在正是这么做的。

　　……有些动物的行为大都产生于信念和欲望的交互作用，对于任何这样的动物（比如我们）的生存而言，真信念都价值巨大。这是因为如果一个动物的计划是基于真的信念，该计划一般就会成功……长远来看，完全错误的信念没有促进存活的价值，而在演化选择中长远才是重要的。无可否认的是，如果生物的行为是基于真的信念，或至少近似为真的信念，那么长远来看，它们一般都能够存活。因此，如果某些先天的信念是从自然选择中诞生的，那么我们就应该认为它们至少近似是真的……我们可以想象在某些情况下一个错误的信念有助于存活。例如，相信某种植物有魔力（实际是包含一种强效药）的先天信念，对生活在那种植物生长繁茂地区的人们可能是有用的。但是一个信念要想被演化选择，就需要在广泛的环境里，同时也在相对人类历史而言极长的时间里，都能发挥作用。一旦记住这一点，那么我们就可以知道上面想象的这种情况是不大可能发生的。因此我断定，如果演化过程产生了任何的先天信念，那些信念都很有可能构成了知识（1992：111—113）。

然而，这个论证太过草率了。克劳瑟斯犯的错误体现了过程可靠主义的一个更深层的困难，即所谓的"笼统性问题"（Feldman 1986；Conee and Feldman 1998）。我们考虑一个具体的信念，并提问说产生该信念的那种过程是否可靠，但问题是这里说的究竟是何种过程一点都不清楚。这就好比指着一只狗，问它是哪种东西。正确的答案可以从非常笼统的（生物、脊椎动物等）到非常具体的（狗、腊肠犬等等），更不用提非生物性的范畴了（吵闹的东西、被指着的东西，等等）。类似地，一个特定的信念既是笼统过程的产物也是具体过程的产物。设想一个具体的信念形成过程，比如艾米透过薄雾眺望，进而相信田野那边有一头牛。如果我们思考这个过程属于哪一种笼统的类型，可能就会想到**知觉**（很多人觉得知觉是可靠的过程）。可是，这个过程也同样属于以下类型：视觉，清晨有雾时的视觉，艾米的知觉，以及艾米对于牲畜的知觉。这些信念形成的过程可能会不可靠得多（比如因为艾米是近视，或识别动物的能力非常差劲）。在最极端的情况下，相关的过程可能具体细化到只有一个个例：即我们当下谈论的这一个。在此情况下，这种过程会被视作是可靠的，当且仅当这一个信念是真的，那么这就蕴涵着一个不可接受的结论：一个信念是证成的，当且仅当它是真的。

笼统性问题是否推翻了可靠主义，这还在争论之中，我在此不会做出裁决（对该问题的有力支持，参见 Conee and Feldman 1998）。显然，要是这个问题无法被克服，我们就不需要再对这种思路做进一步的探讨了。如果可靠主义者**能够**解答笼统性问题，那就要提出一种选择恰当过程类型的标准，既不太过笼统，也不太具体。这就把我们带回了克劳瑟斯对自然选择是可靠的信念形成过程的简洁论证。我认为他没有找到适当的笼统程度。

为了讨论克劳瑟斯的论证，可以把我的观点解释成：道德信念是先天的（实际上我是不会这么说的，除非加上很多限定）。我们可以很有把握地假定，拥有信念在很大程度上是因为信念的形成可以灵活地反映环境的变化。如果有些信念是先天的，它们肯定是特例而不是常规现象。因此如果有先天信念的话，调控它们的心理机制肯定不同于控制信念形成的常规机制。另外，不大可能只有一种生成先天信念的机制；更为合理的解释是人类的心灵有一系列离散的心理机制，每一种分别都是被设计用来应对祖先环境里特定的威胁或机遇，而其中有些机制的作用是给个体提供固定的信念。比如有人论证过，人类对于语法，对于他人的心灵如何运作，以及对于义务和禁止，都有先天的信念。可靠主义者力图从形成具体信念的过程中找出适当的笼统性程度，他们不想把这些过程之间的差异掩盖了。产生关于语法的先天信念的过程，当然在一定程度上会同产生关于他人心灵的先天信念的过程有所重叠，但既然这些控制不同信念的心理机制是不同选择压力的产物，从而也是有不同工作程序的不同机制，那么相应的信念形成过程也是不同的。把这两种信念看成是源于同一种过程（"自然选择"），显然就犯了过度笼统的错误。

以上论证迫使我们在考虑可能导致先天信念的过程时要更加仔细，逐个考察。在这里自然选择的过程是无关的；自然选择是个形成诸多机制的笼统过程，而那些机制的各种作用才是可靠主义者应该关注的具体过程。所以克劳瑟斯的假定，即所有的先天信念都是一种过程的产物，必须要否决。然而，他考虑的也不乏道理。也许把他的论证逐个用在具体的情况上，还是可以支持以下结论：相应的先天信念是可靠过程的产物。

克劳瑟斯论证的基本想法是，从长远来看，错误的信念最终还是会令个体进行降低繁殖适应度的行为。如果我们考虑的是对于具体的环境因素以及各因素之间关系的信念，这个想法的确是非常有道理的。但是克劳瑟斯又给我们提供了一个可能的反例：相信某种有医用价值的植物有魔力。因为魔力是缥缈难测的东西，有可能某些人对其抱有错误信念，但从来没遇到实践上的麻烦。同样，现在相信鬼魂和祖先在天之灵的人们通常也不会在日常生活里遇到什么麻烦（这不是说这种信念就不愚蠢了）。相信世界起源的神话传说，相信死后会如何如何，相信什么超自然的或神圣的存在俯视芸芸众生——这些信念可能都对人类的决策没有负面影响，甚至要是恰当地跟原本就有益（促进繁殖适应度)的目标结合起来,其实还可能有正面影响。克劳瑟斯考虑的情况就是如此:在某些环境里,出于医学上的原因,吃下某种植物原本是有益的,所以再加上些"捉摸不定的涂层"(即魔力)可能不会给个体带来麻烦,反而有可能促进繁殖适应度(比如要是魔力能加强吃下这种植物的动机的话)。他的论证指出,这种情况并不寻常,因此他还是可以说自然选择造成的先天信念是可靠过程的产物,因为可靠的过程只

214 需要**在整体**上产生真信念。但我之前的反驳指出,把所有东西都等量齐观是不可接受的。如果某些植物有魔力的信念确实是先天信念,而这个信念是一个专门的、有特定演化历史的心理机制的产物,那么我们需要关注的(如果我们是过程可靠主义者的话)相关信念形成机制就是这个特定的机制。因为对于这里的信念形成机制如何运作,我们可以得出一套得到经验证实的解释,该解释甚至不需要预设那些信念是真的,所以,我们就可以得出结论说,任何这样的先天信念都是**不可靠**过程的产物。而至于这是个不寻常的情况,以及许多其他自然选择的先天信念形成机制的运作是**可靠的**过程,这些都是与我们的论述不相干的。

我们现在可以把这里的经验教训运用到先天道德信念的情况上。看上去比较明显的是,在一些重要的方面,这种信念就类似对植物魔力的虚幻信念。我们已经看到了,前几章简述的演化假说完全没有预设道德信念现在是或者曾经是真的。第四章展开的论证最后结论是:某些助人行为提高了生殖适应度,而把这些行为"道德化"增强了做出这些行为的动机。可以预期,一个相信每个角落都藏着捕食者的人,最终难免会遇上麻烦,但与此不同,把信念"道德化"的人似乎不大会遇上什么麻烦。道德上的事务足够"捉摸不定"(应该加上:还足够灵活),因此道德信念可以轻而易举地通过日常生活的检验,即便是在很长的

时间段和各种不同的环境里。假设一个人正确地相信（在环境C中）合作是符合她的长远利益的。假设另一个人相信（在C中）合作是有义务要做的，相信无论她的欲望是什么都要这样做，相信如果她不合作就得受惩罚（在她看来这些信念都是真的）。在什么情况下，后者那些道德化了的信念会导致她做出前者所能避免的、降低繁殖适应度的行为？在我看来，这样的情况是不存在的。（需要记住，将社会慎思道德化并不意味着赞同无条件的或过度普遍化的合作；参见4.2节最后一段。）因此我断定，即便从过程可靠主义者自己的角度看，一种有关先天道德信念如何演化出来的合理解释也会自然地引向以下结论：这些信念在认识上是没有证成的。

可靠主义认为，一个人即便没有任何正面证据的支持，也可以正当地持有一个信念。另外一个赞同这种观点的是认识保守主义。这种立场认为，一个人即便没有任何正面证据的支持，也可以正当地维持一个信念，而这只不过是因为已有的信念都被假定是理性的（它们在"被证明有罪之前都是清白的"）。然而，任何合理的保守主义原则都不能无视之前提出的论证。保守主义的任意一种说得过去的版本，都要能容纳以下常识观点：一个信念要是符合某些性质就会变得可疑。瓦尔特·辛诺-阿姆斯特朗很好地概括了这些认识上的规矩：

> ……设想一下，我们各自把一组数字加起来，我算出了一个总和，但你求得的总和却跟我不同。如果你是我的孩子，我在帮助你做功课，那也许相信我计算正确的就是理所应当的。但要是你的算术跟我一样好，那么当我们得到不同的答案时，我们就需要再检查一遍，看看是谁算错了，然后才能有理据地相信自己的答案是对的。（2005）

出于这些考虑，辛诺-阿姆斯特朗提出了以下原则："当人们意见不合并且没有不受影响的理由倾向某一方时，需要有进一步的确证才能证成地持有信念。"其他的情形也引出了更多的原则，以及最终的结论：

> 当一个信念是片面的、有争议的、情绪化的、被假象蒙蔽的、能够以可疑的起源（即不可靠的或有争议的起源）解释的，那么……证成的信念就需要进一步的确证……这些原则，或者与其类似的原则，在大多数人看来都是有道理的，也是为我们共同的认识实践所假定的。（同上）

辛诺—阿姆斯特朗列出的这五种性质，正是那些能够削弱信念的任何表面证成的性质，它们的存在使得信念需要得到进一步的证成。这一点并不是在反驳认识保守主义，只是在澄清一个信念被预设的证成在什么情况下会被推翻。一个在得到经验证实的理论，解释了我们道德信念的起源，但是完全没有蕴涵或预设这些信念是真的，这种理论的存在就是一种对预设证成的否决因素。这种情况属于辛诺-阿姆斯特朗列出的"一个信念能够以可疑的起源解释"。（顺便提一下，辛诺-阿姆斯特朗论文的目的是证明道德信念也体现出了推翻证成的其他性质。）

也许有人希望道德信念能从保守主义的认识论原则得到证成，但要是从中得不到的话，这些信念就需要详细的辩护。许多人通常求助于认识融贯主义[1]。融贯主义认为，对于"纳粹是邪恶的"的信念，只要能

1　这不能混同于修正信念的融贯主义**方法**（即反思均衡，"reflective equilibrium"），该方法最著名的运用见于约翰·罗尔斯的著作。

合适地容入一个其他信念构成的融贯框架中，就可以得到证成。（对于
融贯主义的一个标准反驳就是："纳粹是勇敢的"，这个信念也可以适当
地容入一个内容不同的但一样融贯的信念框架；但是我们现在不用考
虑这类问题。）然而，一旦我们意识到我们想借以构建一个融贯集合的
信念不只包括对"纳粹是邪恶的"信念，还包括（跟经验研究关系密切
的）关于这个信念的谱系的信念，事情就变得复杂了。假设这后一种信
念认为"人类那些关于邪恶的信念，是来自我们祖先的社会生活环境，
而这一谱系学完全没有预设这种信念是真的。"这就足以削弱前一种
信念原本享有的证成地位，因为这关于谱系的信念立刻促生了另一个
融贯集合的可能性：在这个集合里，前一种信念没有得到支持，而是被
解释消除掉了。另外，融贯主义者的信念集合大概也会包含一些在常
识上不言自明的认识论真理，比如辛诺–阿姆斯特朗表述的那些，其中
有的类似于"如果一个信念是由完全没有预设其为真的过程产生的，
那么人们就需要独立的确证才能够正当地持有这个信念。"要以最融
贯的方式把这些信念归到一起，就要断定原来的道德信念需要明确的
确证；因此，即便是**从融贯主义者自己的角度**看，原来的道德信念也是
可疑的。

要是我们接受了本章早些时候提出的一些论证，那么从融贯主义
的观点看，道德信念的境况就更加糟糕了。如果我们确实都认为道德
框架具有"不可避免的实践权威"，并且只有把这种权威看作是关于理
由的性质才能说得通，但是，对于理由是什么这一问题，我们最好的和
最合理的自然主义理论完全解释不了这种性质，而且同时我们又决定
要做全局的自然主义者，那么，要达到融贯，我们在自己的信念系统里
必须要有所取舍。究竟是在哪里犯了错误，我们可以有诸多选择，而且
也许都是同样融贯的（我认为，这本身就构成了融贯主义面临的一个一

般性问题)。但是道德谱系的存在就给舍弃道德信念提供了理据,因为这样一来,我们不光承认了错误,还能**解释那种错误的缘由**(这种解释还跟科学信念关系密切)。

融贯主义者的传统论敌是基础主义者,后者认为某些信念在认识论上是特殊的,不是由推论得到证成的。我想,这么说应该不失公允:经典的基础主义最能表达大多数普通人对道德认识论的模糊想法,尤其是在最极端和最发自内心的情况下。纳粹之邪恶难道不是**明摆着的**吗?我们甚至一般都不会觉得有必要证成对"纳粹是邪恶的"的信念,而要是遭到质问,我们大概会说类似"好吧,要是你就是不这么觉得,那就是你有问题了。"这样的话。这种回答听起来都不像是在说,那个信念在认识上应该是自我证成的,而更像是在指出,任何要求给出证成的人**在道德上**就很可疑[1]。如果后者是这种回答的意思,我们就要把注意力转到另一个道德判断上,("对于'纳粹是邪恶的'这个判断,我们不应该给它寻找明确的证成。")于是现在的问题就成了:"**这个判断是怎么证成的?**"

把经典的基础主义运用到道德的领域,就产生了道德直觉主义:这种立场认为,人们持有某些道德信念在认识上是证成的,即便他们不一定能够从别的信念推论出这些道德信念(粗略地说,就是主张某些道德真理是"明摆着的")。但是我们在此可以再次利用从辛诺-阿姆斯特朗那里得来的经验教训,从而说明道德直觉主义错在何处(事实上道德直觉主义是他的真正目标)。那些在常识看来会使得信念需要独立确证的那些原则(信念是片面的、有争议的、情绪化的、被假象蒙蔽的、能

---

1 "……要是一个人**事先**已经真的觉得,是否应当把诸如顺应法庭的判决,把无辜之人的处以死刑这样的行为纳入考虑之列,还是个悬而未决的问题——那么我就拒绝跟他辩论:他这个人的心术不正。"(Anscombe 1958:16—17)

够以可疑的起源解释的）无疑都适用于"道德直觉"。下面的两个例子旨在说明道德直觉如何被假象蒙蔽。辛诺-阿姆斯特朗引用卡内曼和特沃斯基（Kahneman & Tversky 1979）的研究：先给受实验者介绍一个想象的情况，然后要求他们对600人里孰生孰死做出判断。同样的一个选项，是被描述为"200人会得救"还是描述"400人会死去"，会引起实验者非常不同的道德直觉。另一个（辛诺-阿姆斯特朗没有提及的）实验表明，受实验者在双手从下往上顶桌子时，比起手放在桌面往下压桌子时，更容易正面评价不熟悉的汉字符号（Cacioppo et al. 1993）。对此的解释假说（威廉·詹姆斯在1884年已经预见到了这种说法）认为，一个物体的价值得到何种评估，部分取决于运动的过程，尤其取决于肌肉是弯曲的（往回拉）还是伸展的（往外推）。有很好的经验科学上的理由认为，我们发自内心的和貌似无可置疑的道德直觉经常都受到这些无关的因素影响。这就凸显了一个问题：**看起来**是证成的信念，实际上可能并没有证成。道德**看起来**是证成的，而且我们极不情愿承认它没有证成，这些事实都没有使道德真正成为证成的，其实这些事实本身就是谱系假说预料之中的现象。对哲学这门学科而言应觉尴尬的是，哲学 218 史上充满了这样一些思想家，他们拿出自己偏狭的、偶然的、个人的意见，观察到这些命题"是明摆着的"，随即把它们上升到"自明真理"的地位。在他的自传中，约翰·斯图尔特·密尔提到了为直觉主义所鼓励的教条主义的危险："我相信，当前那些认为不依赖观察和经验就能由直觉或意识而认识到心灵以外之真理的观念，给错误的学说和恶劣的体制在智识上提供了极大的支持。借助这一理论，每一种已经记不清由来的习惯信念和强烈情绪就可以免于用理性证成自身的义务，给自身构建起充分的担保和证成。这种把根深蒂固的偏见神圣化的工具过去还未曾有过。"（1879：225—226）基彻尔（2005：176）的话也表达了大致相同的精神："在伦理学里，就像在数学里一样，诉诸直觉是一种绝望认识论。"要是没有合理的理论说明道德直觉是如何自我证成的，这自然就会令人怀疑，其实真正需要解释的现象是为什么这种信念在我们**看起来**毋庸置疑，并且不需要进一步的证成。这种解释正是道德谱系学希望有所贡献的。这种"解释消除"的策略，要好过坚持那种本身就有问题的方案：力图证明我们的道德信念在认识上是证成的。这是因为，在前者之中没有残留着神秘的现象或未解答的问题；它在解释上是完整的。

最后的这些议论确实远不够全面，而且我也承认，一些复杂的问题和认识论理论还没有得到讨论。但我的主张是，如果经验证据支持的理论完整地解释了我们为什么会产生某个信念，而且该理论还不预设这个信念为真，那么在这种情况下，要是某个认识论理论还认为这个信念的证成地位并不受此影响，那这个理论就不值得拥护。任何在认识论上，令我们成为祖先繁殖能力的奴隶的理论，我们都应予以否决或修正。

结　语

与适应的心灵共存

> 要是他真认为美德和罪恶没有区别，那么，先生，不如等他离开房子以后咱们去数一数咱们的勺子吧。
>
> ——鲍斯威尔《约翰生传》

> 倘若有一个不从事哲学研究的人，对他人行为举止的了解大都是来自于约翰·麦基的行为，那么他做梦也不会想到用"道德怀疑主义"来解释这些行为。
>
> ——乔治·考克威尔，约翰·麦基纪念致辞，大学教堂，牛津，1982年2月27日

1883年，托马斯·赫胥黎在牛津大学做了罗曼尼斯讲座。在维多利时期的英格兰，因为他对演化论的激烈辩护，赫胥黎以"达尔文的斗牛犬"的称号而广为人知。《牛津杂志》提到了"华美的博士袍下讲者令人难忘的身形，那身袍子极好地衬托出他精致的轮廓和敏锐智慧

的头脑上面长长的白发。"尽管演讲经常被大厅外面石子路上的马车嘎嘎吱吱的响声淹没,赫胥黎还是给听众留下了难忘的短句:"让我们就此彻底明白,社会的伦理进步,并不在于模仿宇宙的进程(即自然选择导致的演化),更不在于回避这一进程,而在于与这一进程做斗争。"[(1893)1947:82]。一个世纪之后,乔治·C.威廉姆斯仍然赞同这一想法,给他的一篇文章取名为《自然母亲是个邪恶的老婆娘》("Mother Nature is a wicked old bitch",1993;参见 Dawkins 1981:3)。

我们不应该忽略这些态度不经意透漏出的反讽意味。如果我们的道德感受力本来就是生物自然选择赋予的,那么要是没有自然选择,我们就无法思考"社会的伦理进步"。假设赫胥黎和威廉姆斯都同意,拥有进行道德判断的能力(乃至使用这一能力来评价自然选择的过程)是值得赞赏的,那么自然母亲能有多邪恶呢? 他们的论证是搬起石头砸了自己的脚。衷心地跟自然选择"做斗争"就需要抵制道德感本身(在努力争取我们加入他的事业时,赫胥黎希望激发的偏偏正是这种能力)。

自然选择不应受到赫胥黎和威廉姆斯那样的批评。自然选择的过程让我们能够合群,能够参与合作性的交换,能够去爱,能产生共鸣和进行利他行为(让我们有能力直接关心他人的福祉,而不考虑回报),还把我们设计成能够用道德观念来看待自己和他人的关系。为什么自然母亲对我们如此慷慨? 倒也不是出于什么太值得称道的目的(所以我们也无须过分赞美她),无非只是因为为人友善可以帮助我们的祖先繁殖更多后代。如果觉得这些亲社会的倾向只牵涉非认知的感觉、行为倾向、意愿、厌恶和偏好,而不涉及信念,这是幼稚的。但承认了信念受到自然选择的影响,这也就引发了认识论上的担忧。因为当繁殖的成功才是标准时,准确地表征现实世界的只有偶然的工具价值,所以我们就要承认，假如在某些领域里，**错误的**信念能带来更多的后代，那自然选择就会每次都往这个方向走。道德思维很可能就是这样的领域。

很多所谓的"规范演化伦理学"都是从人的道德感是演化产物这一前提出发，然后试图从中提炼出某种道德结论。人们经常很有信心地回应道，单凭描述性和历史性的信息，不论有多少，都无法告诉一个人他应当做什么。但是我在上文论证了，演化伦理学也有更深刻也更令人担忧的一面。要是这些描述性和历史性的信息是关于他那种追问自己应当做什么的能力本身呢？假如这些信息揭示了他用以进行慎思的概念，其特性跟真理无关，而是来自10万年前非洲大草原上的社会状况，结果会如何呢？假如他意识到了，自己对质疑道德的那种抗拒（他那在哲学课堂上都想要为道德辩护的动机），本身也可以在同一个解释框架里得到说明呢？这些问题的答案，这些纯粹描述性的信息并不是告诉一个人应该做什么，而是这些信息对他的慎思有破坏作用。这里用"破坏"不是想表达贬义；如果你在某些问题上的想法，表面上好像是对于世界的准确表征，但其实并没有理由认为世界确实如此，那么，按照认识的标准，动摇这种想法就是件**好**事。

我在本书论证了，有关道德谱系的描述性知识（再结合一些哲学思辨），应当削弱我们对于自己的道德判断的信心。这一结论可以被视为一种道德怀疑主义。这里说的怀疑主义，在这个术语传统的意义上，是指证据既不支持也不否定某一命题，因此至少在新的证据浮现之前，我们应该选择（或者被要求）在相应问题上悬置判断。这就是我在书里偶尔提到的，在相应问题上"培养不可知论"。在宗教领域，不可知论这一观点内容是指我们无法知道上帝是否存在（这也确实是该术语的发明者托马斯·赫胥黎的本意）。但如果成为有神论者就等于是相信上帝存在，而成为无神论者就等于是相信上帝不存在（注意这两种立场都

222

没有提到知识），那么不可知论要与前两者鼎足而三，我们就必须将其理解为既没有相信上帝也没有不信上帝的立场[1]。无论如何，这是我对"不可知论"这个词的用法。另一种道德怀疑主义者则类似于无神论者，宣称我们有好的理由相信道德判断都不是真的。本书中的内容有可能包含了可以用来论证这一更极端的怀疑主义的内容，但我在此并没有想要如此论证。元伦理学的标签"错误论"（"error theory"，这个术语是由其拥护者约翰·麦基发明的）常常仅限于用在无神论式的道德怀疑主义者身上，但没有什么阻止我们把它的用法拓宽到本书所青睐的怀疑主义立场：道德判断在认识上都没有得到证成（关于这一术语的拓展，参见Kalderon 2005）。因此，只要心里清楚这两者的分别，我很乐意给本书论证的观点贴上"道德错误论"的标签[2]。这两种错误论有一点是共同的：两者都不相信道德命题（一个是因为道德命题不是真的，另一个则是因为我们没有权利赞同道德命题）。

我估计，不熟悉元伦理学争论的人们会对这一结论感到极为震惊。即便那些习惯了相关争论的人，可能也会觉得这个结论令人震惊，但至少他们不会对有人为其辩护感到惊讶。对于这种反应，我有两点想说。

第一，道德怀疑主义者很难被针对她立场的**道德**谴责挫败。如果一个人想要否决任何形式的道德怀疑论，但他的动机基础是道德上的

1　如果有人要坚持说，不可知论的观点是我们不知道上帝的存在，那么这就导致了两种可能的不可知论：有神论的不可知论（即相信上帝存在但承认不知道上帝是否存在）和无神论的不可知论（即不相信上帝的存在但承认不知道上帝是否存在）。这样一来，我们就需要更多的名号（不同类别的"可知论"），来形容那些有这些信念但同时又宣称知道上帝是否存在的人。这样的分类倒并不一定有什么毛病，但我想说的只是，人们通常并不是这样看待这些立场之间的关系的，我在此也不是这样看待的。

2　霍尔沃德·利勒哈默尔曾经论证过，从道德的谱系学不能直接推导出道德错误论，但在他那里，"错误论"的用法是有所限定的，其形式类似无神论。（Lillehammer 2003）

考虑,那么被他审查的理论就可以回应道:那种考虑是错的或者是没有证成的。任何一种旨在说明普遍存在的错误的理论当然会是违反直觉的。因此,道德怀疑主义者本来就会预料到,他的观点在很多人看来是明显错误的和有害的,所以不能用这种看法作为反驳其观点的考虑因素。如果仅仅是心怀震怒地对道德怀疑主义者的结论指指点点,其实只是回避了问题而已,对于反驳论证毫无帮助。 223

第二点,也是更为重要的是强调这种道德怀疑主义在实践上蕴涵的后果是非常不明确的,以此来缓解一下那种震惊的反应。约翰生博士(见本结语的开头引文)担心邀请道德怀疑主义者来家里喝茶可能危及家里的餐具,我认为是不正确的。道德怀疑主义者认识到偷窃行为没有或可能没有任何特定的**道德**错误,但他的观点完全不是在主张普通人毫无理由的避免偷窃(把这截然不同的两件事混作一谈是巨大的错误)。否则就等于是在承认,横亘在我们和野蛮放肆偷勺子的生活之间的,也只有道德责任感而已——这种想法实在令人沮丧。对某一个特定的规范框架提出质疑并不意味着"怎样都行"。作为参照,在更早的时代,有人担心宗教无神论会导致社会秩序的崩溃(要是不相信有神明监视着人间事务,人们一旦确信能够逃脱责罚,就没有理由避免恶行)。虽然我敢说现在有些人还是这么想的,但我们大多数人都意识到这是毫无根据的焦虑。(无神论者占人数比例最高的国家依次是新西兰、挪威、乌拉圭,它们都不以道德堕落著称;美国可以自夸是世界上宗教活动参与度最高的国家之一,但犯罪统计数据也最为糟糕。)就算没有愤怒的上帝在旁边盯着,就算没有神秘的道德责任禁止偷窃,就算她能够逃脱惩罚,一个普通人有许多理由避免偷窃(简单而有力的理由)。(其中一些理由的根据在于,人类被设计成为社会性的动物,而对于社会性的动物而言,真诚地参与社群能带来重要且不可替代的满足感。）这样说并不是否认相信上帝或道德责任能增强动机（也许实际上这正是这些信念的核心社会功能），而只是想指出，我们一般都具有独立于上帝或道德责任之类因素的理由，来进行"亲社会"行为。即便宗教信念和道德信念确实促使我们的亲社会动机和亲社会理由保持一致，我们也没有理由认为人类不能形成或强化某些其他的社会和心理机制（那些跟宗教或道德信念毫无相似之处的机制）来达到一样的良好效果。

另外，从认识的角度禁止道德信念，这对于道德**情感**的地位有何影响，也是不明确的。如果这些情感必然包含着道德信念，那么处于认识上的理由它们也会被禁止。但我在第三章花费一番工夫，论证了就连那些充满认知成分的情感也不需要信念——光是**想法**就够了。而第六章的内容，没有什么能构成反对某些特定想法的认识上的考虑。（相信你是世界上最好的网球选手几乎肯定在认识上是没有证成的[1]，但光是有这种想法，当作无伤大雅的幻想，也没有什么问题。）让我试着通过跟一种非道德情感进行比较来澄清这个问题。这种情感是接触某些物体时感到的恶心。在儿童时期，对于传染性污染（contagious contamination, "cooties"）的观念的固着（fixation）似乎是一种几乎人人都有而且经常是自发的现象。这种现象在没有得到相应文化的支持时会逐渐消失，但也可以在文化中表现得非常精致繁复，成为核心的社会原则。（参见 Rozin and Fallon 1987；Rozin and Nemeroff 1990；Kalish 1999；Greene 2002：195—196；Hejmadi et al. 2004。）这种情感似乎有先天的基础，可能是自然选择为了产生某些回避的动机而形成的，这些动机的产生不完美地对应于人类祖先时期面临的一种

1　我在此寄希望于没有什么顶尖的网球选手会阅读本书。

真正的威胁:病原体传染[1]。我们的问题是:理性的成年人应该怎么看待cooties？

"cooties"这个词最初指的是体虱,在书面用法里也经常指细菌;但我在这里遵循的是北美地区的用法,泛指某些看不见也说不清的有害污染物(比如,"girl cooties")。后一种意义上的cooties常常引起恶心,而病原体本身一般不会有这样的作用。注意以下两种感觉的区别:一种是即将从最近刚装过冷冻细菌的坛子(但已彻底清洁过)里喝水,另一种则是即将从最近刚装过福尔马林液,用来展示畸形胎儿的坛子(但已彻底清洁过)里喝水。(我的意思不是说人们会更不愿意选择后者,只是说这两种引发的感情是非常不一样的)。要是我们熟悉了这种恶心感是怎样演化出现的,我们应该怎么看待这些情感反应？如果面临着要穿上一件刚洗过的、曾经属于某个杀人犯的毛衣(Rozin et al. 1994),或者用一个崭新且干净无瑕的便盆喝苹果汁(Rozin et al.1999b),对于这些情景感觉到的恶心有多么理性呢？理性而有知识的成年人当然不应该**相信**这些物体可以传播什么看不见的污染物,然而他们可能会发现无法把这种幼稚的想法从脑海除去。光是**便盆**这个念头本身就会让 225 你想到某人把它用于它原本的用途。即便你知道从来没有人用过这个便盆,从一个真被弄脏的便盆里喝水,这个念头实在令人厌恶,你都没法把它抛之脑后,就好像一个人开车经过一起严重车祸现场时就是想

---

1 该假说的证据来自对于引发恶心的典型事物的考虑。植物常常含有毒素,但相比肉类而言,它们很少携带病原体或寄生虫。因为被感染的肉类通常不会有明显异样的味道或口感,食肉者通常要对肉的品质极为敏感。相当肯定的是,证据显示动物产品远比植物产品容易引发恶心(Fallon and Rozin 1983)。跨文化的研究也表明,对怀孕早期的女性来说,最有可能感到恶心的食物是肉类。与此发现相符合的是,怀孕期间女性的免疫系统受到了抑制(以便降低把"异物"排出体外的概率),使其更容易受感染或患病。对于个体因免疫系统受到抑制而更易受感染的问题,自然选择的解决办法似乎是一种暂时降低对目标产生恶心感的阈值的机制(Fessler 2002)。

要去窥探一番。也许这个想法和由它引发的原始抗拒感就足以让你对于从干净便盆里喝水这一情景感到恶心。但你不一定就因此而犯了任何认识或理性上的错误。但是情感**可以**是非理性的；我曾经认识一个在其他方面都算聪明的人，但她极其害怕气球。然而，无论用来判定情感的非理性的框架是什么，它都不同于用来判断信念的非理性的框架。也许有人想把不符合相应信念的情感称为非理性的，比如也许有人觉得我朋友对气球的恐惧症（pallophobia[1]）是非理性的，因为她并不真的相信气球是危险的。然而这肯定是不对的，因为读者对于小说的情感反应也跟相应的信念不一致，但（就我所知）只有一个哲学家愿意称他们是非理性的[2]。被归入非理性的情感状况一般都带有强迫和自毁的性质。但从干净便盆里喝水的情景而导致的恶心无须具有其中任何一种性质。

另外，对于理性的人而言，这一情感的反应本身还可以代表一个不从干净便盆里喝苹果汁的**理由**。要是他渴了，或者是别人给他十块钱让他喝，这个理由的分量可以被轻易盖过。但是假如没有支持他去喝的重要反对理由，那么他不想喝（无论这种不情愿是因为他无法把某些讨厌的画面抛之脑后，还是因为某种模模糊糊的怪念头）这件事本身就构成了拒绝的有力理由。我想指出的是，即使一个人遵循了认识上的要求，从脑海中去除了所有关于那种"一旦有接触，永不能祛除"的神奇关系的信念，但要是她继续有这样的念头，或感觉到与此念头相联系的恶心，或允许这一感受在自己的实践慎思中占有一定分量，这些都无须算作是认识上或理性上的失败。

1　即 globophobia——但后者的含义现在慢慢变成了对全球化的恐惧（这种恐惧倒可能完全理性的状况）。

2　这位哲学家是柯林·拉德福德（1995）。对拉德福德的反驳论证，参见 Joyce 2000a。

　　这些看法也适用于道德情感。即便某人遵循了认识上的要求，坚持道德的不可知论，但要是她的想法还是包含道德概念，或她还具有一整套的道德情感（虽然没有信念），或者她允许这些情感在自己的实践慎思中占有一定分量，这些都无须算作是认识上或理性上的错误。没 226 有人否认情感能够影响动机（也许有的人还会说情感必然影响动机），而如果人可以具有某些情感但缺乏平常与其相联系的信念，那么即便没有那些信念，也同样可以引起动机。更一般地说，我们需要记住，有充分的证据表明影响我们动机的因素可以是微妙的，惊人的，乃至多少有些莫名其妙的。圣奥古斯丁都已经注意到适当的肢体动作可以加强情感（比如俯身在地增强了虔诚感），但他随即补充说他也不知道个中缘由［Agustine（c.426）1968：360］。现代心理学的实验为他的观点提供了支持。自发的微笑确实对情感有积极的影响（Ekman and Davidson 1993），而一个人看喜剧节目时感到的快乐，可以被他嘴叼着铅笔的方式影响，因为铅笔在跟牙交叉的情况下会激活微笑用到的肌肉（Strack et al. 1998）。同样是被要求把词序打乱的句子排列好，面对的句子是关于老龄主题的那些受试人，比起排列关于其他主题的句子的受试人，在做完实验离开的时候要走的更慢一些（Bargh 1992）。一个刚在公用电话的退币口捡到一毛钱的人，帮路人捡起掉在人行道上的文件夹的概率要远远高于那些没找到一毛钱的人（Isen and Levin 1972）。在城郊的路上帮助贫困的陌生人的可能性，会受到周围环境有多少噪音的影响；比如，周围有一台汽油式割草机会严重降低提供帮助的概率（Mathews and Canon 1975）。我提及这些林林总总的研究，只是为了证明，人的动机比我们通常认为的要怪异得多，实践选择可以受到各种各样的影响。也许让道德想法和情感在人的心理秩序中扮演活跃的角色，**即便没有与之相联系的道德信念**，同样也是引起动机的一种不明显的方式。这些想法和情感或许会成为习惯,甚至融入个人性格之中[1]。我们没有明显的理由怀疑,这些想法和情感在人的生活中相当重要,甚至还能成为个人的或人际关系中的承诺。

我们还可以更进一步,不但说人们**可以**继续让道德想法和道德情感在他们生活中对动机施加影响,还说很多人**应该**这样做。如果我在第四章的说法(在一般人的生活中,道德思维起到了正面的工具作用)大体是对的,那么从人的心理中彻底清除道德,要付出的代价是很大227 的。如果在形成偏好和制定决策的过程中,没有信念的道德情感能够起到积极的作用,从而减小这种代价(而且为了论证我们假定没有更好的方式减小代价),那么人就应该让这些情感起作用(这里是务实的"应该");我们甚至可以说,如果一个人不这样做,那在实践上就是**不理性**的。以上这些都可以成立,但同时她仍然可以是个道德怀疑论者。

如果我们本质上就无法遵从这些关于我们"应当做"什么或"不应当相信什么"的教诲,那它们就会毫无意义。但是,我在导言中说过了,有关先天性的说法并不意味着**不可避免性**。人类的道德感明显极容易受到学习和环境的影响(而且可能这正是设计的结果),因而它似乎没有什么不可避免的地方。就像儿童似乎自然而然地对某种污染物持有特定的信念一样,道德信念要是没有文化的支持可能也会逐渐消失。也许这看起来不大可能,而且没有益处。然而类似的主张,比如所谓会因为触碰下贱种姓的人而遭到污染,在某些人看来也是一样的不大可能和有害,因为在他们深浸其中的文化里,这种纯洁和污染的观念已经成为个人、体制和国家的相当繁复的规范基础。我们能不能通过自我

---

1 在讨论道德感演化的过程中,达尔文觉得引用马克·奥勒留(Marcus Aurelius)的说法很是恰当:"这是你习惯的想法,这也将成为你心灵的性格;因为灵魂是会被想法浸染的。"[《沉思录》,第五卷,引用于Darwin(1879)2004:148]

训练，不再认真地赞同道德信念，就像通过自我训练不再相信某种污染物一样？如果有了必要的文化支持，是很有可能的。但是即使答案最终是否定的，这也不意味着我们就是机器人，总是无法理解道德在认识论上的地位。休谟说"要不是自然的抵制力太强大，哲学就会让我们全都变成皮浪主义者（Pyrrhonian）[1]"，这也许没错，但这本身并没能驳倒怀疑论者的论证。

　　休谟在那本18世纪的道德心理学杰作中，解释了人类道德的起源。他满足于将其归结于人类具有自然的同情心这一单纯的事实：

> 　　我们的研究没有必要更进一步，去追问我们为什么有仁慈之心，或者为什么能把别人视为同伴。知道这是我们能体验到的人性原则就够了。我们对于起源的考察必须得有个终点；每种科学都有一些普遍的原则，想再找出一些更为普遍的原则是没有希望的事。[（1751）1983：43]

休谟的解释没有更进一步，因为他力不能及。但在他死后不到百年，达尔文就带来了可以推进对人类道德的研究的工具，他给我们提供了一套理论，来处理"自然"（在休谟的著作里，"自然"经常是用以解释其他事物的要素）为什么偏偏把我们塑造成这样的问题。但是，虽然达尔文提供了一套值得尊重也可以验证真假的道德谱系学，他对这套谱系学在元伦理学上的含义却言之甚少（这或许也可以理解）。一方面，他完全了解，我们的道德本性是一个特定演化历程的产物，这一事实就使得道德再无法称得上客观。在一次奇思异想中，他设想了假如我们是从

228

　　1　皮浪主义者（该名称来自Pyrrho of Elea）是全局的怀疑论者，对什么都不表示赞同。

类似蜜蜂的生物演化而来的,那我们会是怎样的。他的结论是:"未婚的女性会像工蜂一样,把杀死自己的兄弟视为一项神圣的职责,母亲会努力杀死不育的女儿;而没有谁会想要阻止这些行为。"〔(1879) 2004:122〕但同时他又似乎很信赖自己那套维多利亚时代的道德观念,轻松愉快地提到了"野蛮人的道德低下",把奴隶制称为"严重罪行",自如地使用"高贵"、"邪恶"和"野蛮"这些词汇。很不清楚的是,达尔文为什么觉得由大英帝国特定的文化进程所塑造出来的人的道德感,就可以产生真的或证成的道德观念(即便正如他所言,所有大规模群居的人类最终都会具有这些观念)。他的一条评论指出,那些涉及他人福利的道德规则"受到我们人类同胞**和理性**的认同。"(同上;147),但他并没有展开阐释,让人空有期待。他的意思是不是说,以上设想的那些像蜜蜂一样的生物,它们杀害兄弟姐妹的行为就是**非理性的**吗[1]?

有些跟达尔文同时代的人意识到了他的谱系学给道德造成的威胁。弗朗西丝·柯布指责他的道德感演化观是"马基雅维利之后出现的最危险的学说"(1872:11)。在她看来,对于道德良心的达尔文式解释"为了……给伦理学致命一击,于是宣称我们的道德感不仅来自不值得特别尊重的起源,也不符合任何外部的或持久的(更别说是普遍的或永恒的)客观实在,还宣称我们的道德感只不过是临时的和暂定的,是(我们可以这么说)这个小小世界及其居民的地方偏见,要是让在火星上那些更有见识的人看到了,他们只会报以嘲弄的微笑。"(同上:10—11)但是大部分这样怀疑达尔文的道德演化观有害处的人,他们的推理方向都反了:因为一些模糊的所谓的危险,他们就想要抵制和否定达尔

---

1 据我估计,达尔文应该会很同情彼得·辛格所拥护的那种道德基础。本书第六章的内容隐含了对于这种观点的批评。

文主义的理论。自不必说，这种态度完全应当反对。无论如何，至于现在讨论的个例，我已经论证了，担心我们生活方式会遭到严重破坏是没有根据的。但即便这种担心成立，唯一一种诚实而有尊严的应对方式，就是承认证据和我们最好的理论推断所揭示的结论，并处理相关的实践后果。［连柯布都承认，如果科学真能证实达尔文"危险的学说"，那就必须"坦然面对其后果"（同上；11）。］如果令人难受的真相就摆在那里，我们应该找到并像理智的成年人一样面对这些真相，而不是避开虚心开明的研究，也不是编造些什么哲学理论，其唯一的优点就是有希望带来令人宽慰的好消息：我们所有发自内心的信念都是真的。

229

230

参考文献

Adolphs, R., Tranel, D., and Damasio, A. R. 2003. "Dissociable neural systems for recognizing emotions." *Brain and Cognition* 52: 61–69.

Aiello, L. C., and Dunbar, R. I. M. 1993. "Neocortex size, group size, and the evolution of language." *Current Anthropology* 34: 184–193.

Aiello, L. C., and Wheeler, P. 1995. "The expensive-tissue hypothesis." *Current Anthropology* 36: 199–221.

Ainslie, G. 1992. *Picoeconomics: The Strategic Interaction of Successive Motivational States within the Person.* Cambridge University Press.

Alexander, R. 1987. *The Biology of Moral Systems.* Aldine de Gruyter.

Allen, C. 1999. "Animal concepts revisited: The use of self-monitoring as an empirical approach." *Erkenntnis* 51: 33–40.

Allen, C., and Hauser, M. 1991. "Concept attribution in non-human animals: Theoretical and methodological problems in ascribing complex mental processes." *Philosophy of Science* 58: 221–240.

Allen, C., Bekoff, M., and Lauder, G., eds. 1998. *Nature's Purposes: Analyses of Function and Design in Biology.* MIT Press.

Allman, J. 2000. *Evolving Brains.* Scientific American Library.

Anderson, S. R., Bechara, A., Damasio, H., Tranel, D., and Damasio, A. R. 1999. "Impairment of social and moral behavior related to early damage in human prefrontal cortex." *Nature Neuroscience* 2: 1032–1037.

Anscombe, G. E. M. 1958. "Modern moral philosophy." *Philosophy* 33: 1–19.

Aristotle. 1941. *The Basic Works of Aristotle*. Random House.

Aristotle. 1992. *Nicomachean Ethics*. Oxford University Press.

Augustine. c. 426. "The care to be taken for the dead." In *The Fathers of the Church*, volume 27. Catholic University of America, 1968.

Austin, J. L. 1971. "Performative-constative." In *The Philosophy of Language*, ed. J. Searle. Oxford University Press.

Austin, J. L. 1970. "Performative utterances." In *The Philosophy of Language*, ed. A. Martinich. Oxford University Press, 1990.

Axelrod, R. 1984. *The Evolution of Cooperation*. Basic Books.

Ayer, A. J. 1936. *Language, Truth and Logic*. Penguin, 1971.

Bandura, A. 1999. "Moral disengagement in the perpetration of inhumanities." *Personality and Social Psychology Review* 3: 193–209.

Bandura, A., Barbaranelli, C., Caprara, G. V., and Pastorelli, C. 1996. "Mechanisms of moral disengagement in the exercise of moral agency." *Journal of Personality and Social Psychology* 71: 364–374.

Bargh, J. A. 1992. "Does subliminality matter to social psychology? Awareness of the stimulus versus awareness of its influence." In *Perception without Awarenes*, ed. R. Bornstein and T. Pittman. Guilford.

Barkow, J. H. 1992. "Beneath new culture is old psychology: Gossip and social stratification." In *The Adapted Mind*, ed. J. Barkow et al. Oxford University Press.

Barrett, K. C. 1995. "A functionalist approach to shame and guilt." In *Self-Conscious Emotions*, ed. J. Tangney and K. Fischer. Guilford.

Barrett, L., Dunbar, R., and Lycett, J. 2002. *Human Evolutionary Psychology*. Palgrave.

Bateson, P. P. 1966. "The characteristics and context of imprinting." *Biological Reviews* 41: 177–220.

Bateson, P. 1991. "Are there principles of behavioural development?" In *The Development and Integration of Behaviour*, ed. P. Bateson. Cambridge University Press.

Batson, C. D. 1991. *The Altruism Question: Toward a Social-Psychological Answer.* Erlbaum.

Batson, C. D. 2001. "Unto Others: A service . . . and a disservice." In *Evolutionary Origins of Morality*, ed. L. Katz. Imprint Academic.

Baumeister, R. F., Stillwell, A. M., and Heatherton, T. F. 1994. "Guilt: An interpersonal approach." *Psychological Bulletin* 115: 243–267.

Beer, J. S., Heerey, E. A., Keltner, D., Scabini, D., and Knight R. T. 2003. "The regulatory function of self-conscious emotion: Insights from patients with orbitofrontal damage." *Journal of Personality and Social Psychology* 85: 594–604.

Benedict, R. 1946. *The Chrysanthemum and the Sword.* Houghton Mifflin.

Bennett, K. Forthcoming. "Exclusion again."

Bingham, P. M. 2000. "Human evolution and human history: A complete theory." *Evolutionary Anthropology* 9: 248–257.

Blackburn, S. 1981. "Reply: Rule-following and moral realism." In *Wittgenstein: To Follow a Rule*, ed. S. Holtzman and C. Leich. Routledge and Kegan Paul.

Blair, R. J. R. 1995. "A cognitive developmental approach to morality: Investigating the psychopath." *Cognition*: 57: 1–29.

Blair, R. J. R., Jones, L., Clark, F., and Smith, M. 1997. "The psychopathic individual: A lack of responsiveness to distress cues?" *Psychophysiology* 34: 192–198.

Boghossian, P. A., and Velleman, J. D. 1989. "Colour as a secondary quality." *Mind* 98: 81–103.

Boyd, R., and Richerson, P. J. 1985. *Culture and the Evolutionary Process.* University of Chicago Press.

Boyd, R., and Richerson, P. J. 1988. "The evolution of reciprocity in sizable groups." *Journal of Theoretical Biology* 132: 337–356.

Boyd, R., and Richerson, P. J. 1989. "The evolution of indirect reciprocity." *Social Networks* 11: 213–236.

Boyd, R., and Richerson, P. J. 1992. "Punishment allows the evolution of coopera-tion (or anything else) in sizable groups." *Ethology and Sociobiology* 13: 171–195.

Boyd, R., and Richerson, P. J. 2000. "Memes: Universal acid or a better mouse trap?" In *Darwinizing Culture*, ed. R. Aunger. Oxford University Press.

Boyer, P. 2001. *Religion Explained: The Evolutionary Origins of Religious Thought*. Basic Books.

Brink, D. 1989. *Moral Realism and the Foundations of Ethics*. Cambridge University Press.

Brink, D. 1997. "Kantian rationalism: Inescapability, authority, and supremacy." In *Ethics and Practical Reason*, ed. G. Cullity and B. Gaut. Oxford University Press.

Brown, D. E. 1991. *Human Universals*. Temple University Press.

Brown, D. E. 2000. "Human universals and their implications." In *Being Human: Anthropological Universality and Particularity in Transdisciplinary Perspectives*, ed. N. Roughley. Walter de Gruyter.

Bruening, W. H. 1971. "G. E. Moore and 'is-ought'." *Ethics* 81: 143–149.

Butterworth, B. 1999. *What Counts: How Every Brain Is Hardwired for Math*. Free Press.

Cacioppo, J. T., Priester, J. R., and Bernston, G. G. 1993. "Rudimentary determination of attitudes, II: Arm flexion and extension have differential effects on attitudes." *Journal of Personality and Social Psychology* 65: 5–17.

Calder, A. J., Keane, J., Manes, F., Antoun, N., and Young, A. W. 2000. "Impaired recognition and experience of disgust following brain injury." *Nature Neuroscience* 3: 1077–1078.

Campbell, R. 1996. "Can biology make ethics objective?" *Biology and Philosophy* 11: 21–31.

Carpenter, J., Matthews, P., and Ong'Ong'a, O. 2004. "Why punish? Social reciproc-ity and the enforcement of prosocial norms." *Journal of Evolutionary Economics* 14: 407–429.

Carroll, L. 1895. "What the Tortoise said to Achilles." *Mind* 4: 278–280.

Carruthers, P. 1992. *Human Knowledge and Human Nature*. Oxford University Press.

Casebeer, W. D. 2003. *Natural Ethical Facts: Evolution, Connectionism, and Moral Cognition*. MIT Press.

Chagnon, N. A., and Bugos, P. E., Jr. 1979. "Kin selection and conflict: An analysis of a Yanomamö ax fight." In *Evolutionary Biology and Human Social Behavior*, ed. N. Chagnon and W. Irons. Duxbury.

Cheney, D. L., and Seyfarth, R. M. 1990. "The representation of social relations by monkeys." *Cognition* 37: 167–196.

Cheng, P. W. and Holyoak, K. J. 1989. "On the natural selection of reasoning theories." *Cognition* 33: 285–313.

Cicero. 45 B.C. *On Moral Ends*. Cambridge University Press, 2001.

Cobbe, F. P. 1872. *Darwinism in Morals and Other Essays*. Williams and Norgate.

Conee, E., and Feldman, R. 1998. "The generality problem for reliabilism." *Philosophical Studies* 89: 1–29.

Connor, R. C. 1995. "Altruism among non-relatives: Alternatives to the Prisoner's Dilemma." *Trends in Ecology and Evolution* 10: 84–86.

Copp, D. 2001. "Realist-Expressivism: A neglected option for moral realism." *Social Philosophy and Policy* 18: 1–43.

Copp, D. 2004. "Moral naturalism and three grades of normativity." In *Normativity and Naturalism*, ed. P. Schaber. Ontos-Verlag.

Corballis, M. C. 1999. "The gestural origins of language." *American Scientist* 87: 138–145.

Cosmides, L., and Tooby, J. 1989. "Evolutionary psychology and the generation of culture, part II: Case study: A computational theory of social exchange." *Ethology and Sociobiology* 10: 51–97.

Cosmides, L., and Tooby, J. 1997. "Dissecting the computational architecture of social inference mechanisms." In *Characterizing Human Psychological Adaptations*, ed. G. Bock and G. Cardew. Wiley.

Covert, M. V., Tangney, J. P., Maddux, J. E., and Heleno, N. M. 2003. "Shame-proneness, guilt-proneness, and interpersonal problem solving: A social cognitive analysis." *Journal of Social and Clinical Psychology* 22: 1–12.

Cummins, D. D. 1996a. "Evidence of deontic reasoning in 3- and 4-year-old children." *Memory and Cognition* 24: 823–829.

Cummins, D. D. 1996b. "Evidence for the innateness of deontic reasoning." *Mind and Language* 11: 160–190.

Daly, M., and Wilson, M. I. 1988. *Homicide*. Aldine de Gruyter.

Damasio, A. R. 1994. *Descartes' Error: Emotion, Reason and the Human Brain*. Quill.

Damon, W. 1988. *The Moral Child*. Free Press.

Darwin, C. 1859. *The Origin of Species*. Modern Library, 1998.

Darwin, C. 1872. *The Expression of the Emotions in Man and Animals*. HarperCollins, 1999.

Darwin, C. 1879. *The Descent of Man, and Selection in Relation to Sex*. Penguin, 2004.

Darwin, F., ed. 1887. *The Life and Letters of Charles Darwin*, volume 2. John Murray.

Dasser, V. 1988. "A social concept in Java monkeys." *Animal Behaviour* 36: 225–230.

Dawkins, R. 1981. *The Selfish Gene*. Granada.

Dennett, D. C. 1987. *The Intentional Stance*. MIT Press.

Dennett, D. C. 1995. *Darwin's Dangerous Idea*. Simon and Schuster.

de Waal, F. B. M. 1992. "The chimpanzee's sense of social regularity and its relation to the human sense of justice." In *The Sense of Justice*, ed. R. Masters and M. Gruter. Sage.

de Waal, F. B. M. 1996. *Good Natured: The Origins of Right and Wrong in Primates and Other Animals*. Harvard University Press.

de Waal, F. B. M., and Luttrell, L. 1988. "Mechanisms of social reciprocity in three primate species: Symmetrical relationship characteristics or cognition." *Ethology and Sociobiology* 9: 101–118.

Dugatkin, L. A. 1999. *Cheating Monkeys and Citizen Bees*. Harvard University Press.

Dugatkin, L. A., and Reeve, H. K. 1994. "Behavioral ecology and levels of selection:—Dissolving the group selection controversy." *Advances in the Study of Behavior* 23: 101–133.

Dunbar, R. I. M. 1993. "Coevolution of neocortical size, group size and language in humans." *Behavioral and Brain Sciences* 16: 681–735.

Dunbar, R. I. M. 1996. *Grooming, Gossip, and the Evolution of Language.* Harvard University Press.

Durham, W. H. 1991. *Coevolution: Genes, Culture and Human Diversity.* Stanford University Press.

Dwyer, S. 1999. "Moral competence." In *Philosophy and Linguistics,* ed. K. Murasugi. Westview.

Ehrlich, P. R. 2000. *Human Natures: Genes, Cultures, and the Human Prospect.* Penguin.

Elster, J. 1984. *Ulysses and the Sirens.* Cambridge University Press.

Emde, R. N. 1980. "Levels of meaning for infant emotions: A biosocial view." In *Development of Cognition, Affect, and Social Relations,* ed. W. Collins. Erlbaum.

Emler, N. 1990. "A social psychology of reputations." *European Journal of Social Psychology* 1: 171–193.

Emler, N. 1992. "The truth about gossip." *Social Psychology Newsletter* 27: 23–37.

Enquist, M., and Leimar, O. 1993. "The evolution of cooperation in mobile organisms." *Animal Behaviour* 45: 747–757.

Essock-Vitale, S. M., and McGuire, M. T. 1980. "Predictions derived from the theories of kin selection and reciprocation assessed by anthropological data." *Ethology and Sociobiology* 1: 233–243.

Fallon, A. E., and Rozin, P. 1983. "The psychological bases of food rejections by humans." *Ecology of Food and Nutrition* 13: 15–26.

Fanaei, A. 2003. The Methods of Moral Inquiry: An Inquiry into the Problem of Justification in Moral Epistemology. Doctoral dissertation, University of Sheffield.

Fehr, E., and Fischbacher, U. 2004. "Third party punishment and social norms." *Evolution and Human Behavior* 25: 63–87.

Feldman, R. 1985. "Reliability and justification." *Monist* 68: 159–174.

Ferguson, T. J., Stegge, H., Miller, E. R., and Olsen, M. E. 1999. "Guilt, shame, and symptoms in children." *Developmental Psychology* 35: 347–357.

Fessler, D. M. T. 2002. "Reproductive immunosuppression and diet: An evolutionary perspective on pregnancy sickness and meat consumption." *Current Anthropology* 43: 19–39, 48–61.

Fessler, D. M. T., and Haley, K. J. 2003. "The strategy of affect: Emotions in human cooperation." In *The Genetic and Cultural Evolution of Cooperation*, ed. P. Hammerstein. MIT Press.

Fiddick, L. 2003. "Is there a faculty of deontic reasoning? A critical re-evaluation of abstract deontic versions of the Wason selection task." In *Evolution and the Psychology of Thinking*, ed. D. Over. Psychology Press.

Fiddick, L. 2004. "Domains of deontic reasoning: Resolving the discrepancy between the cognitive and moral reasoning literatures." *Quarterly Journal of Experimental Psychology* 57A: 447–474.

Finck, H. T. 1887. *Romantic Love and Personal Beauty*. Macmillan.

Fisher, R. A. 1930. *The Genetical Theory of Natural Selection*. Oxford University Press, 1999.

Fiske, A. P. 1991. *Structures of Social Life*. Free Press.

Flack, J. C., and de Waal, F. B. M. 2001. "'Any animal whatever': Darwinian building blocks of morality in monkeys and apes." In *Evolutionary Origins of Morality*, ed. L. Katz. Imprint Academic.

Fodor, J. A. 1975. *The Language of Thought*. Harvard University Press.

Fodor, J. A. 1994. *The Elm and the Expert: Mentalese and Its Semantics*. MIT Press.

Foot, P. 1958. "Moral arguments." *Mind* 67: 502–513. Reprinted in Foot, *Virtues and Vices* (Blackwell, 1978).

Foot, P. 1972. "Morality as a system of hypothetical imperatives." *Philosophical Review* 81: 305–316.

Frank, R. H. 1988. *Passions within Reason: The Strategic Role of the Emotions*. Norton.

Frankena, W. 1939. "The naturalistic fallacy." *Mind* 48: 464–477.

Frazer, J. G. 1890. *The Golden Bough: A Study in Magic and Religion*, abridged edition. MacMillan, 1925.

Frege, G. 1897. "Logic." In *The Frege Reader*, ed. M. Beaney. Blackwell, 1997.

Freud, S. 1929. *Civilization and Its Discontents*. Hogarth Press and Institute of Psycho-Analysis, 1975.

Garner, R. T. 1990. "On the genuine queerness of moral properties and facts." *Australasian Journal of Philosophy* 68: 137–146.

Garner, R. T. 1994. *Beyond Morality*. Temple University Press.

Ghiselin, M. T. 1974. *The Economy of Nature and the Evolution of Sex*. University of California Press.

Gibbard, A. 1990. *Wise Choices, Apt Feelings*. Harvard University Press.

Gimpl, G., and Fahrenholz, F. 2001. "The oxytocin receptor system: Structure, function, and regulation." *Physiological Reviews* 81: 629–683.

Godfrey-Smith, P. 1996. *Complexity and the Function of Mind in Nature*. Cambridge University Press.

Godfrey-Smith, P. 2004. "On folk psychology and mental representation." In *Representation in Mind: New Approaches to Mental Representation*, ed. H. Clapin et al. Elsevier.

Gould, S. J. 1977. "The nonscience of human nature." In Gould, *Ever Since Darwin*. Norton.

Gould, S. J. 1978. "Sociobiology: The art of storytelling." *New Scientist* 80: 530–533.

Gould, S. J., and Lewontin, R. C. 1979. "The spandrels of San Marco and the Panglossion paradigm: A critique of the adaptationist programme." *Proceedings of the Royal Society: Biological Sciences* 205: 581–598.

Gray, J. M., Young, A. W., Barker, W. A., Curtis, A., and Gibson, D. 1997. "Impaired recognition of disgust in Huntington's disease gene carriers." *Brain* 120: 2029–2038.

Green, O. H. 1992. *The Emotions: A Philosophical Theory*. Kluwer.

Greene, J. D. 2002. The Terrible, Horrible, No Good, Very Bad Truth about Morality and What to Do About It. Doctoral dissertation, Princeton University.

Greene, J. D., and Haidt, J. 2002. "How (and where) does moral judgment work?" *Trends in Cognitive Sciences* 6: 517–523.

Greene, J. D., Sommerville, R. B., Nystrom, L. E., Darley, J. M., and Cohen, J. D. 2001. "An fMRI investigation of emotional engagement in moral judgment." *Science* 293: 2105–2108.

Griffiths, P. E. 1997. *What Emotions Really Are: The Problem of Psychological Categories.* University of Chicago Press.

Griffiths, P. E. 2002. "What is innateness?" *Monist* 85: 70–85.

Grinde, B. 2002. *Darwinian Happiness: Evolution as a Guide for Living and Understanding Human Behavior.* Darwin Press.

Gruen, L. 2002. "The morals of animal minds." In *The Cognitive Animal*, ed. M. Bekoff et al. MIT Press.

Güth, W., and Tietz, R. 1990. "Ultimatum bargaining behavior: A survey and comparison of experimental results." *Journal of Economic Psychology* 11: 417–449.

Haidt, J. 2001. "The emotional dog and its rational tail: A social intuitionist approach to moral judgment." *Psychological Review* 108: 814–834.

Haidt, J. 2003a. "The moral emotions." In *Handbook of Affective Sciences*, ed. R. Davidson et al. Oxford University Press.

Haidt, J. 2003b. "The emotional dog does learn new tricks: A reply to Pizarro and Bloom (2003)." *Psychological Review* 110: 197–198.

Haidt, J., and Joseph, C. 2004. "Intuitive ethics: How innately prepared intuitions generate culturally variable virtues." *Daedalus* 133: 55–66.

Haidt, J., Koller, S. H., and Dias, M. G. 1993. "Affect, culture, and morality, or is it wrong to eat your dog?" *Journal of Personality and Social Psychology* 65: 613–628.

Hamilton, W. 1964. "The genetical evolution of social behavior" I and II. *Journal of Theoretical Biology* 7: 1–52.

Hare, R. M. 1952. *The Language of Morals.* Oxford University Press.

Hare, R. M. 1963. *Freedom and Reason.* Oxford University Press.

Harman, G. 1975. "Moral relativism defended." *Philosophical Review* 84: 3–22.

Harman, G. 1977. *The Nature of Morality: An Introduction to Ethics.* Oxford University Press.

Harman, G. 1985. "Is there a single true morality?" In *Morality, Reason and Truth*, ed. D. Copp and D. Zimmerman. Rowman and Allanheld.

Harman, G. 1986. "Moral explanations of natural facts: Can moral claims be tested against moral reality?" In *Spindel Conference: Moral Realism* (*Southern Journal of Philosophy* suppl. 24), ed. N. Gillespie.

Harnden-Warwick, D. 1997. "Psychological realism, morality, and chimpanzees." *Zygon* 32: 29–40.

Harris, P. L., and Núñez, M. 1996. "Understanding of permission rules by preschool children." *Child Development* 67: 1572–1591.

Hauser, M. 2000. *Wild Minds: What Animals Really Think*. Henry Holt.

Heinsohn, R. G., and Packer, C. 1995. "Complex cooperative strategies in group-territorial lions." *Science* 269: 1260–1262.

Hejmadi, A., Rozin, P., and Siegal, M. 2004. "Once in contact, always in contact: Contagious essence and conceptions of purification in American and Hindu Indian children." *Developmental Psychology* 40: 467–476.

Henrich, J., and Boyd, R. 1998. "The evolution of conformist transmission and the emergence of between-group differences." *Evolution and Human Behavior* 19: 215–242.

Henrich, J., and Boyd, R. 2001. "Why people punish defectors: Weak conformist transmission can stabilize costly enforcement of norms in cooperative dilemmas." *Journal of Theoretical Biology* 208: 79–89.

Henrich, J., Boyd, R., Bowles, S., Camerer, C., Fehr, E., Gintis, H., and McElreath, R. 2001. "Cooperation, reciprocity and punishment in fifteen small-scale societies." *American Economic Review* 91: 73–78.

Hinckfuss, I. 1987. The moral society: Its structure and effects. Discussion Paper in Environmental Philosophy 16, Philosophy Program (RSSS), Australian National University.

Hirshleifer, J., and Martinez Coll, J. C. 1988. "What strategies can support the evolutionary emergence of cooperation?" *Journal of Conflict Resolution* 32: 367–398.

Hoffman, M. 1982. "Affect and moral development." In *New Directions for Child Development*, ed. D. Cicchetti and P. Hesse. Jossey-Bass.

Hollos, M., Leis, P. E., and Turiel, E. 1986. "Social reasoning in Ijo children and adolescents in Nigerian communities." *Journal of Cross Cultural Psychology* 17: 352–374.

Hughes, A. L. 1988. *Evolution and Human Kinship*. Oxford University Press.

Hume, D. 1740. *A Treatise of Human Nature*. Clarendon, 1978.

Hume, D. 1742. "The sceptic." In *Essays, Moral, Political, and Literary*, revised edition, ed. E. Miller. Liberty Classics, 1987.

Hume, D. 1751. *An Enquiry Concerning the Principles of Morals*. Hackett, 1983.

Hume, D. 1762. "A new letter to Hugh Blair from July 1762." *Mind* 95 (1986): 411–416.

Huxley, T. H. 1894. "Evolution and ethics." In T. H. Huxley and J. Huxley, *Evolution and Ethics 1893–1943*. Pilot, 1947.

Isen, A. M., and Levin, P. F. 1972. "Effect of feeling good on helping: Cookies and kindness." *Journal of Personality and Social Psychology* 21: 384–388.

Jankowiak, W. R., ed. 1995. *Romantic Passion: A Universal Experience?* Columbia University Press.

Jankowiak, W. R., and Fisher, E. F. 1992. "A cross-cultural perspective on romantic love." *Ethnology* 31: 149–155.

Johnson-Laird, P. N., and Oatley, K. 2000. "Cognitive and social construction in emotions." In *Handbook of Emotions*, second edition, ed. M. Lewis and J. Haviland-Jones. Guilford.

Johnston, V. S. 1999. *Why We Feel: The Science of Human Emotions*. Perseus Books.

Joyce, R. 1999. "Apologizing." *Public Affairs Quarterly* 13: 159–173.

Joyce, R. 2000a. "Rational fear of monsters." *British Journal of Aesthetics* 40: 209–224.

Joyce, R. 2000b. "Darwinian Ethics and Error." *Biology and Philosophy* 15: 713–732.

Joyce, R. 2001a. *The Myth of Morality*. Cambridge University Press.

Joyce, R. 2001b. "Moral realism and teleosemantics." *Biology and Philosophy* 16: 723–731.

Joyce, R. 2002. "Expressivism and motivation internalism." *Analysis* 62: 336–344.

Joyce, R. 2003. "Paul Bloomfield: *Moral Reality*." *Mind* 112: 94–99.

Joyce, R. 2004. "Why humans judge things to be good—Robert A. Hinde's *Why Good Is Good*." *Biology and Philosophy* 19: 809–817.

Joyce, R. 2005. "Moral fictionalism." In *Fictionalism in Metaphysics*, ed. M. Kalderon. Oxford University Press.

Joyce, R. Forthcoming a. "Expressivism, motivation internalism, and Hume." In *Reason, Motivation, and Virtue*, ed. C. Pigden. University of Rochester Press.

Joyce, R. Forthcoming b. "What neuroscience can (and cannot) contribute to metaethics." In *Moral Psychology: Morals in the Brain*, ed. W. Sinnott-Armstrong.

Joyce, R. Forthcoming c. "Is morality innate?" In *The Innate Mind: Culture and Cognition*, ed. P. Carruthers et al.

Kagan, J. 1984. *The Nature of the Child*. Basic Books.

Kahneman, D., and Tversky, A. 1979. "Prospect theory: An analysis of decision under risk." *Econometrica* 47: 263–292.

Kalderon, M. E. 2005. *Moral Fictionalism*. Oxford University Press.

Kalish, C. W. 1999. "What young children know about contamination and contagion and what that tells us about their concepts of illness." In *Children's Understanding of Biology and Health*, ed. M. Siegal and C. Peterson. Cambridge University Press.

Kant, I. 1783. *Groundwork for the Metaphysic of Morals*. Oxford University Press, 2002.

Keddy-Hector, A., Allen, C., and Friend, T. H. Forthcoming. "Cognition in domestic pigs: Relational concepts and error recognition."

Keltner, D. 2003. "Expression and the course of life: Studies of emotion, personality, and psychopathology from a social-functional perspective." In *Emotions Inside Out* (*Annals of the New York Academy of Sciences* 1000), ed. P. Ekman et al.

Keltner, D., and Buswell B. N. 1996. "Evidence for the distinctness of embarrassment, shame, and guilt: A study of recalled antecedents and facial expressions of emotion." *Cognition and Emotion* 10: 155–172.

Keltner, D., Moffitt, T. E., and Stouthamer-Loeber, M. 1995. "Facial expressions of emotion and psychopathology in adolescent boys." *Journal of Abnormal Psychology* 104: 644–652.

Ketelaar, T., and Au, W. T. 2003. "The effects of feelings of guilt on the behavior of uncooperative individuals in repeated social bargaining games: An affect-as-information interpretation of the role of emotion in social interaction." *Cognition and Emotion* 17: 429–453.

Kiehl, K. A., Smith, A. M., Hare, R. D., Mendrek, A., Forster, B. B., Brink, J., and Liddle, P. F. 2001. "Limbic abnormalities in affective processing by criminal psycho-paths as revealed by functional magnetic resonance imaging." *Biological Psychiatry* 50: 676–684.

Kitcher, P. 1985. *Vaulting Ambition*. MIT Press.

Kitcher, P. 1994. "Four ways of 'biologizing' ethics." In *Conceptual Issues in Evolutionary Ethics*, second edition, ed. E. Sober. MIT Press.

Kitcher, P. 1998. "Psychological altruism, evolutionary origins, and moral rules." *Philosophical Studies* 89: 283–316.

Kitcher, P. 2005. "Biology and ethics." In *The Oxford Handbook of Ethics*, ed. D. Copp. Oxford University Press.

Knutson, B. 2004. "Sweet revenge?" *Science* 305: 1246–1247.

Korsgaard, C. 1996. *The Sources of Normativity*. Cambridge University Press.

Kort, L. F. 1975. "What is an apology?" *Philosophy Research Archives* 1: 80–87.

Kummer, H. 1978. "Analogs of morality among nonhuman primates." In *Morality as a Biological Phenomenon*, ed. G. Stent. University of California Press.

Laakso, M. P., Vaurio, O., Koivisto, E., Savolainen, L., Eronen, M., Aronen, H. J., Hakola, P., Repo, E., Soininen, H., and Tiihonen, J. 2001. "Psychopathy and the posterior hippocampus." *Behavioural Brain Research* 118: 186–193.

Lahti, D. C. 2003. "Parting with illusions in evolutionary ethics." *Biology and Philosophy* 18: 639–651.

Lamarque, P. 1981. "How can we fear and pity fictions?" *British Journal of Aesthetics* 21: 291–304.

Lamarque, P. 1991. "Essay review of *Mimesis and Make-Believe*." *Journal of Aesthetics and Art Criticism* 49: 161–166.

Lerner, M. J. 1980. *The Belief in a Just World: A Fundamental Delusion*. Plenum.

Levins, R., and Lewontin, R. C. 1985. *The Dialectical Biologist*. Harvard University Press.

Levy, R. I. 1973. *Tahitians*. University of Chicago Press.

Lewis, D. K. 1970. "How to define theoretical terms." *Journal of Philosophy* 67: 426–446.

Lewis, D. K. 1989. "Dispositional theories of value." In Lewis, *Papers in Ethics and Social Philosophy*. Cambridge University Press, 2000.

Lewis, M. 1992. "Self-conscious emotions and the development of self." In *Affect: Psychoanalytic Perspectives*, ed. T. Shapiro and R. Emde. International Universities Press.

Lewontin, R. C. 1970. "The units of selection." *Annual Review of Ecology and Systematics* 1: 1–18.

Lewontin, R. C., Rose, S., and Kamin, L. J. 1984. *Not in Our Genes*. Pantheon.

Lieberman, D., Tooby, J., and Cosmides, L. 2003. "Does morality have a biological basis? An empirical test of the factors governing moral sentiments relating to incest." *Proceedings of the Royal Society: Biological Sciences* 270: 819–826.

Lillehammer, H. 2003. "Debunking morality: Evolutionary naturalism and moral error theory." *Biology and Philosophy* 18: 566–581.

Locke, J. 1693. *Some Thoughts Concerning Education*. Clarendon, 1989.

Lorenz, K. 1937. "The companion in the bird's world." *Auk* 54: 245–273.

Lycan, W. G. 1987. *Consciousness*. MIT Press.

Mackie, J. L. 1977. *Ethics: Inventing Right and Wrong*. Penguin.

Mackie, J. L. 1982. *The Miracle of Theism*. Clarendon.

Marler, P. 1991. "The instinct for vocal learning: Songbirds." In *Plasticity of Development*, ed. S. Brauth et al. MIT Press.

Marler, P., and Tamura, M. 1964. "Culturally transmitted patterns of vocal behavior in sparrows." *Science* 146: 1483–1486.

Mathews, K. E., and Canon, L. K. 1975. "Environmental noise level as a determinant of helping behavior." *Journal of Personality and Social Psychology* 32: 571–577.

Maynard Smith, J. 1998. "The origin of altruism." *Nature* 393: 639–640.

McAdams, R. H. 1997. "The origin, development, and regulation of norms." *Michigan Law Review* 96: 338–443.

McBrearty, S., and Brooks, A. S. 2000. "The revolution that wasn't: A new interpretation of the origin of modern human behavior." *Journal of Human Evolution* 39: 453–563.

Mellars, P. 1995. *The Neanderthal Legacy: An Archaeological Perspective from Western Europe.* Princeton University Press.

Mithen, S. 1996. *The Prehistory of the Mind.* Thames and Hudson.

Moll, J., de Oliveira-Souza, R., Eslinger, P. J., Bramati, I. E., Mourão-Miranda, J., Andreiuolo, P. A., and Pessoa, L. 2002. "The neural correlates of moral sensitivity: A functional magnetic resonance imaging investigation of basic moral emotions." *Journal of Neuroscience* 22: 2730–2736.

Moll, J., de Oliveira-Souza, R., and Eslinger, P. J. 2003. "Morals and the human brain: A working model." *NeuroReport* 14: 299–305.

Moore, G. E. 1903. *Principia Ethica.* Cambridge University Press, 1948.

Murdock, G. P. 1980. *Theories of Illness: A World Survey.* University of Pittsburgh Press.

Nagel, T. 1978. *The Possibility of Altruism.* Princeton University Press.

Neill, A. 1995. "Emotional responses to fiction: Reply to Radford." *Journal of Aesthetics and Art Criticism* 53: 75–78.

Nesse, R. M. 2001. "Natural selection and the capacity for subjective commitment." In *Evolution and the Capacity for Commitment*, ed. R. Nesse. Russell Sage Press.

Nichols, S., and Folds-Bennett, T. 2003. "Are children moral objectivists? Children's judgments about moral and response-dependent properties." *Cognition* 90: 23–32.

Nichols, S. 2004. *Sentimental Rules: On the Natural Foundations of Moral Judgment.* Oxford University Press.

Niedenthal, P. M., Tangney, J. P., and Gavanski, I. 1994. "'If only I weren't' versus 'if only I hadn't': Distinguishing shame and guilt in counterfactual thinking." *Journal of Personality and Social Psychology* 67: 585–595.

Nolan, D., Restall, G., and West, C. 2005. "Moral fictionalism versus the rest." *Australasian Journal of Philosophy*: 83: 307–329.

Nowak, M., and Sigmund, K. 1993. "A strategy of win-stay, lose-shift that outperforms tit-for-tat in the prisoner's dilemma game." *Nature* 364: 56–58.

Nowak, M., and Sigmund, K. 1998. "Evolution of indirect reciprocity by image scoring." *Nature* 393: 573–577.

Nucci, L. P. 1986. "Children's conceptions of morality, societal convention, and religious prescription." In *Moral Dilemmas*, ed. C. Harding. Precedent.

Nucci, L. P. 2001. *Education in the Moral Domain*. Cambridge University Press.

Nucci, L. P., Turiel, E., and Encarnacion-Gawrych, G. E. 1983. "Social interactions and social concepts: Analysis of morality and convention in the Virgin Islands." *Journal of Cross Cultural Psychology* 14: 469–487.

Nunner-Winkler, G., and Sodian, B. 1988. "Children's understanding of moral emotions." *Child Development* 59: 1323–1338.

O'Connell, S. M. 1995. "Empathy in chimpanzees: Evidence for theory of mind?" *Primates* 36: 396–410.

Öhman, A., Flykt, A., and Esteves, F. 2001. "Emotion drives attention: Detecting the snake in the grass." *Journal of Experimental Psychology: General* 130: 466–478.

Öhman, A., and Mineka, S. 2001. "Fears, phobias, and preparedness: Toward an evolved module of fear and fear learning." *Psychological Review* 108: 483–522.

Paine, R. 1967. "What is gossip about? An alternative hypothesis." *Man* 2: 278–285.

Panchanathan, K., and Boyd, R. 2003. "A tale of two defectors: The importance of standing for the evolution of reciprocity." *Journal of Theoretical Biology* 224: 115–126.

Panchanathan, K., and Boyd, R. 2004. "Indirect reciprocity can stabilize cooperation without the second-order free rider problem." *Nature* 432: 499–502.

Pigden, C. 1989. "Logic and the autonomy of ethics." *Australasian Journal of Philosophy* 67: 126–151.

Pilliavin, J. A., and Charng, H. W. 1990. "Altruism: A review of recent theory and research." *American Sociological Review* 16: 26–65.

Pillutla, M. M., and Murnighan, J. K. 1996. "Unfairness, anger, and spite: Emotional rejections of ultimatum offers." *Organizational Behavior and Human Decision Processes* 68: 208–224.

Pinker, S. 1994. *The Language Instinct: How the Mind Creates Language.* William Morrow.

Place, U. T. 1956. "Is consciousness a brain process?" *British Journal of Psychology* 47: 44–50.

Plutchik, R. 1980. *Emotion: A Psychoevolutionary Synthesis.* Harper and Row.

Pollock, G. B., and Dugatkin, L. A. 1992. "Reciprocity and the evolution of reputation." *Journal of Theoretical Biology* 159: 25–37.

Premack, D. 1983. "The codes of man and beasts." *Behavioral and Brain Sciences* 6: 125–167.

Premack, D. 1984. "Pedagogy and aesthetics as sources of culture." In *Handbook of Cognitive Neuroscience*, ed. M. Gazzaniga. Plenum.

Premack, D., and Woodruff, G. 1978. "Does the chimpanzee have a theory of mind?" *Behavioral and Brain Sciences* 4: 515–526.

Prior, A. N. 1960. "The autonomy of ethics." *Australasian Journal of Philosophy* 38: 199–206.

Quine, W. V. 1960. *Word and Object.* Wiley.

Radford, C. 1995. "Fiction, pity, fear, and jealousy." *Journal of Aesthetics and Art Criticism* 53: 71–75.

Railton, P. 1986. "Moral realism." *Philosophical Review* 95: 163–207.

Railton, P. 2000. "Darwinian building blocks." In *Evolutionary Origins of Morality*, ed. L. Katz. Imprint Academic.

Ray, L. 1998. "Why we give: Testing economic and social psychological accounts of altruism." *Polity* 30: 383–415.

Richards, R. J. 1986. "A defense of evolutionary ethics." *Biology and Philosophy* 1: 265–293.

Ridgeway, D., Waters, E., and Kuczaj, S. A. 1985. "Acquisition of emotion-descriptive language: Receptive and productive vocabulary norms for ages 18 months to 6 years." *Developmental Psychology* 21: 901–908.

Roberts, S. 1979. *Order and Dispute: An Introduction to Legal Anthropology.* St. Martin's Press.

Robinson, R. 1950. *Definition.* Clarendon.

Rosenberg, A., and Sommers, T. 2003. "Darwin's nihilistic idea: Evolution and the meaninglessness of life." *Biology and Philosophy* 18: 653–668.

Roth, A. E. 1995. "Bargaining experiments." In *The Handbook of Experimental Economics*, ed. J. Kagel and A. Roth. Princeton University Press.

Rousseau, J.-J. 1758. "Discourse on the origin and foundations of inequality among men." In Rousseau, *The Discourses and Other Early Political Writings.* Cambridge University Press, 1997.

Rozin, P., and Fallon, A. E. 1987. "A perspective on disgust." *Psychological Review* 94: 23–41.

Rozin, P., Fallon, A. E., and Augustoni-Ziskind, M. 1985. "The child's conception of food: The development of contamination sensitivity to 'disgusting' substances." *Developmental Psychology* 21: 1075–1079.

Rozin, P., Haidt, J., Imada, S., and Lowery, L. 1999a. "The CAD triad hypothesis: A mapping between three moral emotions (contempt, anger, disgust) and three moral codes (community, autonomy, divinity)." *Journal of Personality and Social Psychology* 76: 574–586.

Rozin, P., Haidt, J., McCauley, C. R., Dunlop, L., and Ashmore, M. 1999b. "Individual differences in disgust sensitivity: Comparisons and evaluations of paper-and-pencil versus behavioral measures." *Journal of Research in Personality* 33: 330–351.

Rozin, P., Haidt, J., and McCauley, C. R. 2000. "Disgust." In *Handbook of Emotions*, second edition, ed. M. Lewis and J. Haviland-Jones. Guilford.

Rozin, P., Markwith, M., and McCauley, C. R. 1994. "The nature of aversion to indirect contact with other persons: AIDS aversion as a composite of aversion to strangers, infection, moral taint and misfortune." *Journal of Abnormal Psychology* 103: 495–504.

Rozin, P., and Nemeroff, C. J. 1990. "The laws of sympathetic magic: A psychological analysis of similarity and contagion." In *Cultural Psychology*, ed. J. Stigler et al. Cambridge University Press.

Ruse, M. 1986. *Taking Darwin Seriously*. Blackwell.

Ruse, M., and Wilson, E. O. 1986. "Moral philosophy as applied science." *Philosophy* 61: 173–192.

Sachs, J. L., Mueller, U. G., Wilcox, T. P., and Bull, J. J. 2004. "The evolution of cooperation." *Quarterly Review of Biology* 79: 135–160.

Sahlins, M. D. 1965. "On the sociology of primitive exchange." In *The Relevance of Models for Social Anthropology*, ed. M. Banton. Tavistock.

Sanfey, A. G., Rilling, J. K., Aronson, J. A., Nystrom, L. E., and Cohen, J. D. 2003. "The neural basis of economic decision making in the Ultimatum Game." *Science* 300: 1755–1757.

Sapontzis, S. F. 1987. *Morals, Reason, and Animals*. Temple University Press.

Saver, J. L., and Damasio, A. R. 1991. "Preserved access and processing of social knowledge in a patient with acquired sociopathy due to ventromedial frontal damage." *Neuropsychologia* 29: 1241–1249.

Sayre-McCord, G. Forthcoming. "Rational agency and normative concepts."

Schelling, T. C. 1980. "The intimate contest for self-command." *Public Interest* 60: 94–118.

Schilpp, P. A., ed. 1942. *The Philosophy of G. E. Moore*. Northwestern University Press.

Segal, N. L., and Hershberger, S. L. 1999. "Cooperation and competition between twins: Findings from a prisoner's dilemma game." *Evolution and Human Behavior* 20: 29–51.

Segerstråle, U. 2000. *Defenders of the Truth: The Sociobiology Debate*. Oxford University Press.

Seligman, M. E. P. 1970. "On the generality of the laws of learning." *Psychological Review* 77: 406–418.

Seligman, M. E. P. 1971. "Phobias and preparedness." *Behavior Therapy* 2: 306–320.

Shaffer, J. 1983. "An assessment of emotion." *American Philosophical Quarterly* 20: 161–173.

Shepher, J. 1971. "Mate selection among second generation kibbutz adolescents and adults: Incest avoidance and negative imprinting." *Archives of Sexual Behavior* 1: 293–307.

Shepher, J. 1983. *Incest: The Biosocial View*. Academic Press.

Shweder, R. A, Mahapatra, M., and Miller, J. G. 1987. "Culture and moral development." In *The Emergence of Morality in Young Children*, ed. J. Kagan and S. Lamb. University of Chicago Press.

Simpson, E. H. 1951. "The interpretation of interaction in contingency tables." *Journal of the Royal Statistical Society B* 13: 238–241.

Sinnott-Armstrong, W. 2005. "Moral intuitionism meets empirical psychology." In *Metaethics after Moore*, ed. T. Horgan and M. Timmons. Oxford University Press.

Smart, J. J. C. 1959. "Sensations and brain processes." *Philosophical Review* 48: 141–156.

Smart, J. J. C. 1984. *Ethics, Persuasion and Truth*. Routledge and Kegan Paul.

Smetana, J. G. 1981. "Preschool children's conceptions of moral and social rules." *Child Development* 52: 1333–1336.

Smetana, J. G. 1993. "Understanding of social rules." In *The Development of Social Cognition*, ed. M. Bennett. Guilford.

Smetana, J. G., and Braeges, J. L. 1990. "The development of toddlers' moral and conventional judgments." *Merrill-Palmer Quarterly* 36: 329–346.

Smetana, J. G., Kelly, M., and Twentyman, C. T. 1984. "Abused, neglected and non-maltreated children's conceptions of moral and social-conventional transgressions." *Child Development* 55: 276–287.

Smith, M. 1994. *The Moral Problem*. Oxford University Press.

Sober, E. 1988. "What is evolutionary altruism?" In *New Essays on Philosophy and Biology (Canadian Journal of Philosophy* suppl. 14), ed. M. Matthen and B. Linsky.

Sober, E., and Wilson, D. S. 1998. *Unto Others: The Evolution and Psychology of Unselfish Behavior*. Harvard University Press.

Song, M. J., Smetana, J. G., and Kim, S. Y. 1987. "Korean children's conceptions of moral and conventional transgressions." *Developmental Psychology* 23: 576–582.

Sprengelmeyer, R., Young, A. W., Schroeder, U., Grossenbacher, P. G., Federlein, J., Büttner, T., and Przuntek, H. 1999. "Knowing no fear." *Proceedings of the Royal Society: Biological Sciences* 266: 2451–2456.

Sripada, C. S. 2005. "Punishment and the strategic structure of moral systems." *Biology and Philosophy* 20.

Sripada, C. S., and Stich, S. Forthcoming. "A framework for the psychology of moral norms." In *The Innate Mind: Culture and Cognition*, ed. P. Carruthers et al.

Starnecker, G., and Hazel, W. N. 1999. "Convergent evolution of neuroendocrine control of phenotypic plasticity in pupal colour in butterflies." *Proceedings of the Royal Society: Biological Sciences* 266: 2409–2412.

Steen, F. F., and Owen, S. A. 2001. "Evolution's pedagogy: An adaptationist model of pretense and entertainment." *Journal of Cognition and Culture* 1: 289–321.

Sterelny, K. 1996. "The return of the group." *Philosophy of Science* 63: 562–584.

Sterelny, K., and Fitness, J., eds. 2003. *From Mating to Mentality: Evaluating Evolutionary Psychology*. Psychology Press.

Sterelny, K., and Griffiths, P. 1999. *Sex and Death: An Introduction to Philosophy of Biology*. University of Chicago Press.

Stevenson, C. L. 1937. "The emotive meaning of ethical terms." *Mind* 46: 14–31.

Strack, F., Martin, L. L., and Stepper, S. 1988. "Inhibiting and facilitating conditions of the human smile: A nonobtrusive test of the facial feedback hypothesis." *Journal of Personality and Social Psychology* 54: 768–777.

Sturgeon, N. L. 1985. "Moral explanations." In *Morality, Reason and Truth*, ed. D. Copp and D. Zimmerman. Rowman and Allanheld.

Sturgeon, N. L. 1986. "Harman on moral explanations of natural facts." In *Spindel Conference: Moral Realism (Southern Journal of Philosophy* suppl. 24), ed. N. Gillespie.

Sugden, R. 1986. *The Economics of Rights, Co-operation and Welfare*. Blackwell.

Sugiyama, L. S. 1996. In Search of the Adapted Mind: A Study of Human Cognitive Adaptations among the Shiwiar of Ecuador and the Yora of Peru. Doctoral dissertation, University of California, Santa Barbara.

Sugiyama, L. S., Tooby, J., and Cosmides, L. 2002. "Cross-cultural evidence of cognitive adaptations for social exchange among the Shiwiar of Ecuadorian Amazonia." *Proceedings of the National Academy of Sciences* 99: 11536–11542.

Tangney, J. P. 1992. "Situational determinants of shame and guilt in young adulthood." *Personality and Social Psychology Bulletin* 18: 199–206.

Tangney, J. P. 2001. "Constructive and destructive aspects of shame and guilt." In *Constructive and Destructive Behavior*, ed. A. Bohart and D. Stipek. American Psychological Association.

Tangney, J. P., and Fischer, K. W., eds. 1995. *Self-Conscious Emotions: The Psychology of Shame, Guilt, Embarrassment, and Pride*. Guilford.

Thalberg, I. 1978. "Could affects be effects?" *Australasian Journal of Philosophy* 56: 143–154.

Tinbergen, N. 1963. "On the aims and methods of ethology." *Zeitschrift für Tierpsychologie* 20: 410–433.

Tisak, M. S., and Turiel, E. 1984. "Children's conceptions of moral and prudential rules." *Child Development* 55: 1030–1039.

Trivers, R. L. 1971. "The evolution of reciprocal altruism." *Quarterly Review of Biology* 46: 35–57.

Trivers, R. L. 1985. *Social Evolution*. Benjamin Cummings.

Turiel, E. 1983. *The Development of Social Knowledge: Morality and Convention*. Cambridge University Press.

Turiel, E. 1998. "The development of morality." In *Handbook of Child Psychology*, fifth edition, volume 3, ed. W. Damon. Wiley.

Turiel, E., Killen, M., and Helwig, C. C. 1987. "Morality: Its structure, functions, and vagaries." In *The Emergence of Morality in Young Children*, ed. J. Kagan and S. Lamb. University of Chicago Press.

Uvnäs-Moberg, K. 2003. *The Oxytocin Factor*. Da Capo.

Vidmar, N., and Miller, D. T. 1980. "Social psychological processes underlying attitudes toward legal punishment." *Law and Society Review* 14: 401–438.

Waller, B. N. 1997. "What rationality adds to animal morality." *Biology and Philosophy* 12: 341–356.

Wang, L., and Fischer, K. W. 1994. The Organization of Shame in Chinese. Cognitive Development Laboratory, Harvard University.

Wheatley, T., and Haidt, J. 2005. "Hypnotically induced disgust makes moral judgments more severe." *Psychological Science* 16.

Williams, B. 1981. "*Ought* and moral obligation." In Williams, *Moral Luck*. Cambridge University Press.

Williams, G. C. 1966. *Adaptation and Natural Selection: A Critique of Some Current Evolutionary Thought*. Princeton University Press.

Williams, G. C. 1993. "Mother Nature is a wicked old witch!" In *Evolutionary Ethics*, ed. M. Nitecki and D. Nitecki. State University of New York Press.

Williams, P. A. 1993. "Can beings whose ethics evolved be ethical beings?" In *Evolutionary Ethics*, ed. M. Nitecki and D. Nitecki. State University of New York Press.

Wilson, D. S. 2002. *Darwin's Cathedral: Evolution, Religion, and the Nature of Society*. University of Chicago Press.

Wilson, J. 2002. "The accidental altruist: Biological analogues for intention." *Biology and Philosophy* 17: 71–91.

Wilson, J. Q. 1993. *The Moral Sense*. Free Press.

Wootten, J. M., Frick, P. J., Shelton, K. K., and Silverthorn, P. 1997. "Ineffective parenting and childhood conduct problems: The moderating role of callous-unemotional traits." *Journal of Consulting and Clinical Psychology* 65: 301–308.

Wright, R. 1994. *The Moral Animal*. Vintage Books.

Yamakazi, K., Beauchamp, G. K., Curran, M., Bard, J., and Boyse, E. A. 2000. "Parent-progeny recognition as function of MHC odortype identity." *Proceedings of the National Academy of Sciences* 97: 10500–10502.

Yau, J., and Smetana, J. G. 2003. "Conceptions of moral, social-conventional, and personal events among Chinese preschoolers in Hong Kong." *Child Development* 74: 646–658.

Yu, P., and Fuller, G. 1986. "A critique of Dennett." *Synthese* 66: 453–476.

Zahavi, A., and Zahavi, A. 1997. *The Handicap Principle: A Missing Piece of Darwin's Puzzle*. Oxford University Press.

Zahn-Waxler C., and Kochanska, G. 1989. "The origins of guilt." In *Socioemotional Development*, ed. R. Thompson. University of Nebraska Press.

索 引

（条目后的数字为原书页码，见本书边码）